BIBLIOTHÈQUE DES ÉCOLES FRANÇAISES D'ATHÈNES & DE ROME
PUBLIÉE
SOUS LES AUSPICES DU MINISTÈRE DE L'INSTRUCTION PUBLIQUE

II, 4

LE REGISTRE DE BENOIT XI

RECUEIL DES BULLES DE CE PAPE
PUBLIÉES OU ANALYSÉES
D'APRÈS LE MANUSCRIT ORIGINAL DES ARCHIVES DU VATICAN

PAR
CH. GRANDJEAN

QUATRIÈME FASCICULE
Feuilles 53 à 78 (Col. et pag. 831 à 1088).

PARIS
ERNEST THORIN, ÉDITEUR
LIBRAIRE DES ÉCOLES FRANÇAISES D'ATHÈNES ET DE ROME
L'ÉCOLE NORMALE SUPÉRIEURE
Rue de Médicis, 7

MODE DE PUBLICATION.

Le *Régistre de Benoît XI* formera un beau volume grand in-4° cavalier, à deux colonnes, en beaux caractères neufs. Il sera publié en fascicules par 15 à 20 feuilles environ, de 8 pages chacune, avec couverture imprimée. Le prix est fixé à 80 centimes par feuille de texte et à *un franc* par chaque planche de *fac-simile*. Aucun fascicule ne sera vendu séparément. Tout souscripteur s'engage à retirer les livraisons au fur et à mesure qu'elles paraîtront. L'ouvrage complet se composera de 80 à 100 feuilles. — Le cinquième fascicule est sous presse. Prix des quatre premiers fascicules, 43 fr. 80.

Ernest THORIN, Éditeur, rue de Médicis, 7, à Paris.

BIBLIOTHÈQUE DES ÉCOLES FRANÇAISES D'ATHÈNES ET DE ROME

PREMIÈRE SÉRIE (Format grand in-8°).

EN VENTE :

FASCICULE PREMIER. — 1. Etude sur le *Liber Pontificalis*, par M. l'abbé Duchesne. — 2. Recherches sur les manuscrits archéologiques de Jacques Grimaldi, par M. Eugène Muntz. — 3. Etude sur le mystère de sainte Agnès, par M. Clédat... 10 fr.

FASCICULE SECOND. — Essai sur les monuments grecs et romains relatifs au mythe de Psyché, par M. Maxime Collignon, ancien membre de l'École française d'Athènes, professeur suppléant à la Faculté des lettres de Paris.......... 5 fr. 50

FASCICULE TROISIÈME. — Catalogue des vases peints du musée de la Société archéologique d'Athènes, par M. Maxime Collignon, ancien membre de l'École française d'Athènes, professeur suppléant à la Faculté des lettres de Paris (*avec sept planches gravées hors texte*). 10 fr.

FASCICULE QUATRIÈME. — Les arts à la cour des papes pendant le XVe et le XVIe siècle, recueil de documents inédits tirés des archives et des bibliothèques romaines, par M. Eugène Muntz, ancien membre de l'École française de Rome, bibliothécaire-archiviste de l'École nationale des Beaux-Arts, membre résidant de la Société nationale des antiquaires de France. — Première partie : Martin V. — Pie II (1417-1464). *Net*.... 15 fr.

Ouvrage couronné par l'Institut.

N. B. — Ce fascicule ne se vend qu'avec le IXe et le XXVIIIe contenant les deuxième et troisième parties du travail de l'auteur.

FASCICULE CINQUIÈME. — Inscriptions inédites du pays des Marses, recueillies par M. E. Fernique, ancien membre de l'École française de Rome. ... 1 fr. 50

FASCICULE SIXIÈME. — Notice sur divers manuscrits de la bibliothèque Vaticane. — Richard le Poitevin, moine de Cluny, historien et poète, par M. Élie Berger, ancien membre de l'École française de Rome et lauréat de l'Institut (*avec une planche en héliogravure*). 5 fr.

FASCICULE SEPTIÈME. — Du rôle historique de Bertrand de Born (1175-1200), par M. Léon Clédat, ancien élève de l'École des Chartes et de l'École pratique des Hautes-Etudes, ancien membre de l'École française de Rome, professeur à la Faculté des lettres de Lyon.. 4 fr.

FASCICULE HUITIÈME. — Recherches archéologiques sur les îles Ioniennes. — I. **Corfou**, par M. Othon Riemann, ancien membre de l'École française d'Athènes, maître de conférences à l'École normale supérieure (*avec deux planches hors texte, et trois bois intercalés dans le texte*).......... 9 fr.

Voir Fascicules XII et XVIII.

FASCICULE NEUVIÈME. — Les arts à la cour des papes pendant le XVe et le XVIe siècle, recueil de documents inédits tirés des archives et des bibliothèques romaines, par M. Eugène Muntz, ancien membre de l'École française de Rome, bibliothécaire-archiviste de l'École nationale des Beaux-Arts, membre résidant de la Société nationale des antiquaires de France. — IIe partie : Paul II (1464-1471). 1 vol. (*avec deux planches en héliogravure.*) 12 fr.

Ouvrage couronné par l'Institut.

Ce fascicule ne se vend qu'avec le XXVIIIe contenant la troisième partie du travail de l'auteur. (*Voir également fascicule* IVe.)

FASCICULE DIXIÈME. — Recherches pour servir à l'histoire de la peinture et de la sculpture chrétiennes en Orient avant la querelle des iconoclastes, par M. Ch. Bayet, ancien élève de l'École normale, ancien membre de l'École française de Rome et de l'École française d'Athènes, professeur à la Faculté des lettres de Lyon.......... 4 fr. 50

FASCICULE ONZIÈME. — Études sur la langue et la grammaire de Tite-Live, par M. Othon Riemann, ancien membre de l'École française d'Athènes, maître de conférences à l'École normale supérieure.......... 9 fr.

FASCICULE DOUZIÈME. — Recherches archéologiques sur les îles Ioniennes. — II. **Céphalonie**, par M. Othon Riemann, ancien membre de l'École française d'Athènes, maître de conférences à l'École normale supérieure (*avec une carte*).......... 3 fr.

Voir Fascicules VIII et XVIII.

FASCICULE TREIZIÈME. — De codicibus mss. græcis Pii II, in bibliotheca Alexandrino-Vaticana schedas excussit L. Duchesne, gallicæ in urbe scholæ olim socius.......... 1 fr. 50

FASCICULE QUATORZIÈME. — Notice sur les manuscrits des poésies de saint Paulin de Nole, suivie d'observations sur le texte, par M. Émile Chatelain, ancien membre de l'École française de Rome, lauréat de l'Institut de France, répétiteur à l'École pratique des Hautes-Études.......... 4 fr.

FASCICULE QUINZIÈME. — Inscriptions doliaires latines. Marques de briques relatives à une partie de la *gens Domitia*, recueillies et classées par M. Ch. Descemet (*avec un très grand nombre de bois et de figures*)..... 12 fr. 50

FASCICULE SEIZIÈME. — Catalogue des terres cuites du musée de la Société archéologique d'Athènes, par M. J. Martha, ancien élève de l'École normale supérieure, ancien membre de l'École française d'Athènes, maître de conférences à la faculté des lettres de Paris (*avec un bois intercalé dans le texte, et huit belles planches en héliogravure hors texte*).......... 12 fr. 50

FASCICULE DIX-SEPTIÈME. — Étude sur Préneste, ville du Latium, par M. Emmanuel Fernique, ancien élève de l'École normale supérieure, ancien membre de l'École française de Rome, professeur d'histoire au collège Stanislas. (*avec une grande carte et trois planches en héliogravure*).......... 7 fr. 50

FASCICULE DIX-HUITIÈME. — Recherches archéologiques sur les îles Ioniennes. — III. **Zante**. — IV. **Cérigo**. — V. **Appendice**, par M. Othon Riemann, ancien membre de l'École française d'Athènes, maître de conférences à l'École normale supérieure (*avec deux cartes hors texte*)..... 3 fr. 50

Voir Fascicules VIII et XII.

FASCICULE DIX-NEUVIÈME. — Chartes de Terre Sainte provenant de l'abbaye de N.-D. de Josaphat, publiées par H. François Delaborde, ancien élève de l'École des Chartes, ancien membre de l'École française de Rome. (*avec deux planches en héliogravure*).......... 5 fr.

TABLE ANALYTIQUE.

Nous reproduisons ci-dessous la table des matières qui figure dans le manuscrit du Vatican, et dont on trouvera une description détaillée à l'Introduction du présent ouvrage[1]. *Cette table laisse beaucoup à désirer. Elle devrait contenir la liste complète des documents insérés dans le Registre et l'analyse fidèle de chacun d'eux. Or elle présente de nombreuses lacunes et la rédaction des analyses n'a pas toujours été faite avec soin. Toutefois, grâce aux additions et aux corrections que nous y avons introduites, on pourra la consulter utilement. Les additions sont précédées d'une croix* (†), *les corrections importantes indiquées en note ou entre crochets. Quant aux rectifications de détail, qu'on a pu faire en toute assurance d'après le texte du manuscrit, il ne nous a pas paru nécessaire de les signaler au lecteur. Le numéro qui accompagne chaque analyse se réfère au numéro d'ordre que porte la pièce correspondante dans la publication.*

LETTRES COMMUNES.

Nº. 1	Littera coronationis missa per mundum.
2	Ranerio electo Vercellensi. Quod possit recipere munus consecrationis.
3	Johanni episcopo Auximano, vicario nostro in Urbe. Super causa quam habent .. preceptor et fratres Sancti Spiritus de Urbe cum Jacobo Henrici de Paparescis, cive Romano.
4	Confertur prioratus Asisinatis ecclesie Guidoni Pucii.
5	Bartholomeo electo Pistoriensi. Preficitur in episcopum Pistoriensem.
6	Committitur comiti de Cercaldo rectoria Campanie et Maritime in spiritualibus.
7	Angelo episcopo Mothonensi. Committitur sibi ecclesia Mothonensis.
8	Luce electo Castrensi. Preficitur in episcopum Castrensem.
9	Confertur Pontio de Alayraco prioratus monasterii sancti Bartholomei de Benavento, Lemovicensis diocesis.
Nº. 10	Conceditur Dithero archiepiscopo Treverensi, quod possit conferre beneficia ecclesiastica que tanto tempore vacaverunt in sua civitate et diocesi, quod eorum collatio est ad Sedem Apostolicam devoluta.
11	.. Episcopo Papiensi. Super construendo quodam monasterio sancte Clare in civitate Laudensi.
12	Mandatur provideri de abbatissa monasterio sancte Marie de Baxiliano, ordinis sancti Benedicti, Mediolanensis diocesis.
13	Committitur monasterium sancte Clare Ravellensis .. generali et .. provinciali ordinis fratrum Minorum Terre Laboris.
14	Committitur Guidoni abbati monasterii Belli Loci, Cluniacensis ordinis, Virdunensis diocesis cura preficiendi ecclesie Potentine virum idoneum in pastorem.
15	Quod cedente vel decedente magistro ordinis Predicatorum, generalis procurator ordinis possit uti libere procuratorio sibi ante concesso.

1. Deuxième partie : *Le manuscrit du Vatican*, § Les Tables.

N°.	
16	Luce electo Castrensi. Quod possit recipere munus consecrationis.
17	Confertur Egidio de Barben prebenda Virdunensis cum dignitate quam duxerit acceptandam.
18	Indulgetur Thome de Bailliaco[1], canonico Parisiensi, quod possit facere deserviri per vicarium in prebenda sua.
19	Pontio de Alayraco. Quod possit retinere canonicatum ecclesie Uticensis una cum prioratu monasterii sancti Bartholomei de Benavento.
20	Confertur Octaviano, nato quondam Manni Judicis de Massa[2], plebanatus plebis de Trecafi, Massanensis diocesis.
21	Suspenditur constitutio super quarta obventionum et sepultura usque ad Apostolice Sedis beneplacitum in civitate Metensi.
22	Conceditur Guidocto de Mediolano, canonico Paduano, quod possit adoptare prebendam in eadem ecclesia.
23	.. Priori sancti Quintini in Monticello, Lucane diocesis. Quod non permittat monasterium seu oratorium construi infra spatium ducentarum cannarum contiguum loco ordinis Predicatorum Lucanorum.
24	Conceditur Bartholomeo de Capua, regni Sicilie logothete, quod possit facere celebrari sibi et familie sue in locis ecclesiastico supposilis interdicto.— † In e. m. pro aliis.
25	Conceditur Bartholomeo comiti Thelesie quod possit eligere sibi confessorem. — † Eidem, quod habere valeat altare portatile. Ejus uxori similia conceduntur.
26	.. Archiepiscopo Lundensi, Suetie primati. Super dispensatione super irregularitate cum clericis regni Datie.

1. Et non *Bailliato*, comme le porte le ms. et comme je l'ai transcrit col. 23.
2. Cette leçon paraît préférable à celle que j'ai adoptée col. 25 : « quondam Manni, judicis de Massa. »

N°.	
27	Eidem. Super absolutione Erici regis Datie et aliorum de regno et relaxando interdicto.
28	Licentia de mutuo contrahendo pro Nicolao episcopo Albinganensi.
29	Scribitur judicibus quod reducant in possessionem .. magistrum et fratres domus Militie Templi monasterii sancti Justini de Arno, ordinis sancti Benedicti, Perusine diocesis.
30	Dispensatio super matrimonio regis Datie.
31	Dispensatio super fructibus percipiendis in studio.
32	Dispensatio super fructibus [percipiendis] studendo in curia.
33	Conceditur licentia studendi in theologica facultate Alexandro [Bonino] de Alexandria.
34	Bonohomini de Sublacu. Reservatur sibi dignitas seu personatus in ecclesia Cameracensi.
35	Confertur Nicolao nato Mathie Pancie prebenda Pisana cum dispensatione.
36	Dithero[1] archiepiscopo Treverensi. Quod relaxet suspensionis et interdicti sententias latas in capitulum et ecclesiam Treverensem.
37	Indulgentia concessa cuidam capelle in civitate Neapolitana.
38	Venerabili fratri .. episcopo Tullensi. Quod impendat munus consecrationis Thome electo Virdunensi.
39	Conceditur Sibotono electo Spirensi, quod possit recipere munus consecrationis a quocumque maluerit antistite.
40	Conceditur Guillelmo de Cuciaco prebenda sancti Pauli Narbonensis cum dignitate, si vacat; alioquin, etc.
41	Dispensatio super matrimonio in civitate Parmensi.

1. Col. 46, l. 15, lire *Dithero* et non « Dichoro. »

Nº. 42	Citatio personalis ad instantiam magistri Armanni Mantelli, canonici ecclesie Modoetiensis.	Nº. 54	Confertur Francisco Cortivecke [Lambertucii] beneficium quod duxerit acceptandum in civitate vel diocesi Lucana.
43	Confertur Leoni Francisci de filiis Ursi archidiaconatus Bisuntinus.	55	Commictitur cura .. priorisse et sororum monasterii sancti Pauli de Urbeveteri .. magistro Predicatorum et .. priori provinciali Romane provincie.
44	Conceditur Johanni episcopo Reatino quod possit facere recipi in sancti Johannis Réatini et sancti Eleutherii ecclesiis singulas personas ydoneas [in canonicos].	56	Super eodem.
45	Eidem. Quod possit facere visitari per alium [suam civitatem et diocesim].	57	Venerabili fratri .. episcopo Firmano. Super constitutione quam edidit Bo[nifatius] papa VIII super quarta obventionum, etc.
46	Indulgetur nobili mulieri Beatrici comitisse Drocensi, quod sex clerici sui possint usque ad quinquennium percipere fructus beneficiorum suorum.	58	Ingeranno episcopo Morinensi. Quod possit facere reconciliari ecclesias et cimiteria sue civitatis et diocesis.
47	Eidem. Quod possit facere celebrari in locis ecclesiatico suppositis interdicto. — † Eidem. Quod aliqua monasteria et loca religiosorum ordinum ingredi valeat.	59	Conceditur .. abbati monasterii sancti Germani de Pratis juxta Parisius quod possit habere altare portatile.
48	Raynaldo episcopo olim Vicentino, in archiepiscopum Ravennatem electo. Preficitur in archiepiscopum Ravennatem.	60	.. Archiepiscopo Lugdunensi. Super faciendo restitui libertati Gaufridum priorem monasterii sancti Petri Matisconensis.
49	Mandatur fieri permutatio de archipresbyteratu ecclesie Viterbiensis et prebenda ecclesie Civitatensis, Viterbiensis diocesis.	61	Indulgetur nobili viro Roberto duci Calabrie, quod quatuor clerici sui possint percipere usque ad sex annos fructus beneficiorum suorum.
50	Conceditur Francisco sancte Marie in Cosmedin diacono cardinali, quod possit conferre in sancti Bartholomei Leodiensis et in Nivellensi, Leodiensis diocesis, ecclesiis canonicatus et prebendas, etc.	62	Eidem. Quod possit facere celebrari cum pervenerit ad loca ecclesiastico supposita interdicto. — † Eidem. Quod sibi possit eligere confessorem.
51	Conceditur tabellionatus officium Nicolao Raynulfi de Fractis.	63	Fernando Alvari canonico Legionensi. Dispensatio super defectu et super pluralitate.
52	.. Archidiacono et capitulo ecclesie Narbonensis. Quod possint percipere fructus primi anni beneficiorum vacantium in civitate et diocesi Narbonensi usque ad quinquennium.	64	.. Episcopo Legionensi. Quod dispenset super irregularitate cum clericis archidiaconatus de Majorica in ecclesia Legionensi.
53	Confirmatur .. rectori et scolaribus domus in Puketoft Ripensi parrochialis ecclesia Haening, Ripensis diocesis.	65	Conceditur indulgentia centum dierum plebi de Retena, Aretine diocesis.
		66	Indulgentia de fructibus percipiendis ad quinquennium pro Johanne preposito ecclesie Turicensis, Constantiensis diocesis.

N°.	
N°. 67	Indulgetur Alberto regi et E[lisabet] ejus uxori regine Romanorum, quod possint facere celebrari in locis ecclesiastico suppositis interdicto.
68	Dispensatio super matrimonio.
69	Dispensatio super matrimonio.
70	Dispensatio super matrimonio.
71	Confirmatur quedam ordinatio facta per dominum Bonifatium papam VIII in ecclesia Anagnina.
72	Super eodem.
73	Raymondo episcopo Tarviensi. Quod possit exercere officium visitationis per alium.
74	Conceditur .. abbatisse et conventui monasterii de Grecal, Metensis diocesis, ecclesia de Wylre, dicte diocesis.
75	Indulgentia ad fabricam pro ecclesia sancti Piati Sicliniensis, [Tornacensis diocesis].
76	Confirmatur Francisco Judicis Angeli Petri Mathei de Urbe ruralis ecclesia sancte Fidis, Appamiarum diocesis.
77	Citatur personaliter .. episcopus Valvensis.
78	Indulgentia de fructibus percipiendis pro Corrado, preposito ecclesie Verdensis, Coloniensis diocesis.
79	Isarno archiepiscopo Lundensi. Quod possit conferre tribus personis officium tabellionatus.
80	† Confertur magistro Huguitioni de Vercellis canonicatus in ecclesia Leodiensi.
81	† Executoria super fructibus ministrandis Johanni sanctorum Marcellini et Petri presbytero cardinali.
82	† Reservatur Berardo Sui Sari canonicatus cum beneficio in ecclesia Neapolitana.
N°. 83	.. Priori et conventui heremi sancte Crucis Fontis Avellane. Quod possint facere asportari res eis necessarias sine solutione pedagii.
84	Dispensatio super matrimonio in civitate Tullensi.
85	Conceditur canonicis ecclesie Cathalaunensis quod fructus primi anni omnium beneficiorum vacantium in civitate et diocesi Cathalaunensi [possint percipere].
86	.. Priori fratrum Predicatorum Januensi. Quod possit absolvere xx et duas personas a sententiis excommunicationum [quas incurrerunt] accedendo in Alexandriam, etc.
87	Leonardo episcopo Albanensi. Quod possit conferre scolastriam ecclesie Spirensis.
88	Quedam pensio concessa Johanni de Cipro laico.
89	Reservatio facta pro Laurentio de Circulis de beneficio in civitate vel diocesi Perusina.
90	Mandatur absolvi Petrus dictus Vulpes de Venetiis laicus pro eo quod portavit res prohibitas Sarracenis.
91	.. Episcopo Urbevetano. Quod moneat Urbevetanos super represaliis concessis contra homines de Bulseno.
92	Cambio abbati monasterii sancti Salvatoris Reatini. Preficitur in abbatem dicti monasterii.
93	Confertur Conrado de Lorche prebenda Maguntina.
94	Dispensatur cum nobili viro Bertoldo filio comitis de Cazenelinbogen super pluralitate. — † Gratia eadem conceditur alii filio dicti comitis.
95	Dispensatio super matrimonio.

N°.	
N°. 96	Statuitur J[acobus] Sutrinus episcopus vicarius in spiritualibus in Urbe.
97	Dispensatio super matrimonio.
98	Conceditur conventui fratrum Predicatorum Januensi quod possint recipere de male ablatis usque ad summam M librarum Turonensium parvorum.
99	Indulgentia concessa ecclesie sancti Petri de Coronata, Januensis diocesis.
100	† In e. m. pro ecclesia sancti Pauli de Moraleia de Gomez, Abulensis diocesis.
101	Dispensatio super matrimonio.
102	Providetur [fratri Martino] de abbatia monasteriorum de Marola et de Campagnola, Reginensis diocesis. — † Eidem abbati. Quod possit recipere munus benedictionis[1].
103	Trivioni canonico Lundensi. Dispensatur cum eo super defectu.
104	Isarno archiepiscopo Lundensi. Super recolligenda pecunia votorum [in regno Datie].
105	Indulgentia pro hospitali sancti Gregorii Senensis.
106	Licentia de mutuo pro Mauricio archiepiscopo Cassellensi.
107	Confertur Roderico Didaci archidiaconatus Salamantinus.
108	Super reformatione pacis in civitate Esculana.
109	Super reformatione civitatis Camerinensis et restituendis bonis Ramboto episcopo Camerinensi.
110	Quedam gratie concesse Isarno archiepiscopo Lundensi[2].
N°. 111	Super eodem.
112	Michaeli electo Strigoniensi. Preficitur in archiepiscopum Strigoniensem.
113	Augustino electo Zagabriensi. Preficitur in episcopum Zagabriensem.
114	† .. Archiepiscopo Colocensi. Quod eidem electo munus consecrationis impendat.
115	Confirmatur numerus [canonicorum] in ecclesia Anagnina.
116	† .. Archidiacono Tornacensi. Quod se faciat ad superiores ordines promoveri.
117	Mandatur dispensari cum Bernardino de Polenta super defectu natalium.
118	Commictitur R[ogerio] abbati monasterii Vallis Umbrose monasterium sancti Michaelis de Pasignano, Fesulane diocesis.
119	.. Episcopo Aretino. Quod dispenset cum Gregorio Hondedei, sue diocesis, [super quadam macula].
120	† .. Priori generali fratrum Heremitarum. Quod dispenset cum quodam presbytero sui ordinis super defectu natalium.
121	Mauricio electo Cassellensi. Preficitur in archiepiscopum Cassellensem.
122	Mandatur provideri Bartholomeo, priori sancte Marie de Corneto, de beneficio in provincia Capuana.
123	Indulgetur Carolo regi Sicilie quod XII clerici sui possint usque ad decennium percipere fructus beneficiorum suorum.
124	Fratri Wlfranno electo Bethleemitano. Quod possit recipere munus consecrationis.
125	Recipitur regnum Servie sub protectione.
126	† Quedam gratia concessa .. archiepiscopo Antibarensi.

1. Col. 94, l. 23, au lieu de *consecrationis*, lire : « benedictionis. »
2. Col. 102, cette pièce doit être datée du 27 *novembre*, et non du 27 décembre.

N°. 127 Indulgentia concessa ecclesie sancti Dominici in Serzana, Lunensis diocesis.

128 .. Episcopo Uticensi. Super quadam capella erecta in civitate Uticensi.

129 Reservatur Peponi de Circulis beneficium quod duxerit acceptandum in Florentina vel Fesulana civitatibus vel diocesibus.

130 Mandatur provideri monasterio sancte Marie de Alfiolo, Eugubine diocesis.

131 Regnaudo de Vallibus confertur prebenda Autissiodorensis.

132 Super dispensatione matrimonii.

133 Dispensatur super defectu natalium cum Francisco nato Manfredi comitis de Pupio, Aretine diocesis.

134 Monetur O[rosius] rex Servie ad unitatem matris Ecclesie properare.

135 Dispensatio super defectu natalium cum fratre Peregrino de Ratispona.

136 Confertur magistro Bernardo Bedocii prebenda Biterrensis.

137 Licentia de mutuo pro Isarno archiepiscopo Lundensi.

138 Mandatur provideri monasterio Jotrensi, Meldensis diocesis, de abbatissa.

139 Conceditur monasterio de Gordiano, ordinis sancte Clare, Valvensis diocesis, ruralis ecclesia sancti Donati prope monasterium predictum.

140 Reservatur Guidoni Bosonis de Eugubio beneficium quod duxerit acceptandum in civitate vel diocesi Perusina [1].

141 Conceditur Augustino episcopo Zagabriensi quod non teneatur ad solutionem alicujus decime sive collecte.

1. Col. 117, l. 34, lire *Perusina* au lieu de « Pisana. »

N°. 142 Eidem. Quod possit condere testamentum.

143 † Eadem gratia concessa .. episcopo Reatino.

144 Commictitur monasterium sancte Marie de Altaripa Jadrensis .. magistro ordinis Predicatorum et priori provinciali provincie Jadrensis.

145 Super eodem.

146 Marino archiepiscopo Antibarensi. Quod recipiat resignationem Stephani episcopi Scutarensis. — † Eidem. Super resignatione .. Suatinentis episcopi similiter recipienda.

147 Magistro Ranucino de Murro archidiacono Vernecensi in ecclesia Burgensi. Quod possit visitare per alium archidiaconatum suum.

148 Franciscbino de Ziliano. Dispensatur cum eo super defectu natalium.

149 Dispensatur super eodem cum Nicolao Bombari, clerico Cenetensi.

150 † Indulgentia centum dierum pro ecclesia sancti Stephani Cathalaunensis.

151 † Indulgentia unius anni pro ecclesia fratrum Predicatorum de Serzana, Lunensis diocesis.

152 Dispensatio super matrimonio in Urbe [1].

153 Mandatur citari personaliter Guido episcopus Trajectensis ad petitionem Octaviani Calliboconi civis et mercatoris Romani.

154 Dispensatio super matrimonio in Parma.

155 Dispensatio super defectu natalium cum Jacobo Leonis de Malacapellis clerico Paduano.

156 Confertur Johanni, nato Guidonis marchionis de Monte sancte Marie, prebenda Ebroicensis quam duxerit acceptandam.

1. Col. 124, l. 14, rétablir *idus* à la date.

N°. 157	Octobono electo Ferrariensi. Preficitur in episcopum Ferrariensem.
158	Mandatur inquiri contra Angelum Romei qui se gerit pro abbate monasterii sancti Eugenii prope Senas.
159	Dispensatur super defectu etatis cum Bandino de Romena, clerico Aretine diocesis.
160	Marino archiepiscopo Antibarensi. Quod possit corrigere et reformare circa personas ecclesiasticas in regno Servie et aliis terris ibi adjacentibus, etc., ut in littera.
161	Dispensatio super matrimonio in insula Cipri.
162	Conceditur quod possit construi monasterium monialium in ecclesia sancte Marie in Petrocio de Urbe.
163	Mandatur absolvi Bernardus Giraldi, laicus Agathensis diocesis, pro eo quod portavit res vetitas Sarracenis.
164	Mandatur poni in possessionem prioratus de sancta Columba, Appamiarum diocesis, frater Nicolaus Aurioli, capellanus domini pape.
165	Commictitur L[uce] sancte Marie in Via Lata diacono cardinali [cura et protectio] de Marola et de Campagnola monasteriorum, Reginensis diocesis.
166	† Indulgentia concessa ecclesie sancti Angeli Viterbiensis.
167	Licentia de mutuo contrahendo pro Uberto episcopo Bononiensi.
168	Indulgetur eidem episcopo, ut duo clerici sui possint usque ad quinquennium percipere fructus beneficiorum suorum.
169	Mandatur citari frater Benignus ordinis Predicatorum ad instantiam Mascate de Masceris civis Paduani.
N°. 170	Mandatur denuntiari absolutus Bodoinus natus Johannis de Cremona militis, clericus Ispalensis.
171	Mandatur conferri magistro Gentili de Piczulo abbatia secularis ecclesie sancti Silvestri [de Collebrizono] Aquilensis.
172	Indulgetur .. priorisse et sororibus monasterii sancte Agnetis de Bononia, quod non teneantur ad prestationem decimarum.
173	Commictuntur .. priorissa et sorores monasterii sancti Dominici Foroliviensis cure .. magistri et .. prioris provincialis Lombardie Inferioris ordinis Predicatorum.
174	† Super eodem.
175	Dispensatur super pluralitate cum Symone de Pellizonis de Taurino.
176	Dispensatur super eodem cum Peregrino rectore ecclesie de Coverna, Treverensis diocesis.
177	Dispensatur super defectu natalium cum Albertino nato Jacobi de Carraria, clerico Paduano.
178	Mandatur provideri Sergio Siginulfi de uno vel duobus beneficiis in civitate, diocesi vel provincia Salernitana.
179	Confirmatur monasterio Mediolicensi, Treverensis diocesis, ecclesia de Wadrella, dicte diocesis.
180	Manuelli de Orlandis notario, clerico Placentino. Confertur sibi officium tabellionatus.
181	Super facto decime.
182	Indulgetur Manfredo de Nordiglis canonico Imolensi quod possit percipere fructus beneficiorum suorum.
183	† Nicolao Neapoleonis de filiis Ursi, archidiacono de Famenna in ecclesia Leodiensi. Quod possit facere visitari per alium archidiaconatum suum.

N°. 184 Mandatur conferri Leoni de Cornea plebanatus plebis sancte Marie de Paiacio, Perusine diocesis [1].

185 † .. Episcopo Bononiensi. Quod possit condere testamentum.

186 † .. Episcopo Auximano. Super eodem.

187 Confirmatur Tucio Lotoringi domus de Asello sita in territorio Castri Florentini,

188 Confertur Bernabono [2] Bergognoni de Riczolo prebenda Baiocencis, quam duxerit acceptandam.

189 Confertur Laurentio de Capocinis de Urbe prebenda Lincolniensis, quam duxerit acceptandam.

190 Executoria de mutuo contrahendo pro Mauritio archiepiscopo Cassellensi.

191 Confirmatur fratri Andree prioratus sancti Martini Tervisini [3].

192 Confertur Johanni nato Mathei Vicecomitis de Mediolano prebenda Lincolniensis, quam duxerit acceptandam.

193 Conceditur officium tabellionatus Petro Johannis de Trivio, civi Bononiensi.

194 Super discordia que vertitur inter .. episcopum ex parte una, et .. decanum et capitulum Ambianenses ex altera, super confirmatione electionis quondam Philippi electi in abbatem monasterii sancti Acheoli siti juxta civitatem Ambianensem.

195 Mandatur citari .. episcopus Wratislaviensis.

196 Confirmatur mense capitulari Cesaraugustane ecclesia de Pina, Cesaraugustane diocesis.

1. A la date de cette pièce lire *novembre* au lieu de « décembre. »

2. Col. 150, l. 1, lire *Bernabono* au lieu de « Bernavo. »

3. A la date de cette pièce lire IIII *nonas* au lieu de « III nonas. »

N°. 197 Mandatur citari .. archiepiscopus Mediolanensis.

198 Mandatur provideri Petriolo Benvenuti de Bectonio, laico Asisinatis diocesis, de certa quantitate frumenti in quibusdam ecclesiis predicte diocesis.

199 Confertur prebenda Aquensis Jouselino [1] nato quondam Guifredi comitis de Lomello.

200 Confirmantur quedam possessiones Lamberto Guidonis de Polenta.

201 Dispensatur super defectu natalium cum Bertuco [2] Nicolai Quirini de Venetiis.

202 Dispensatur super eodem cum Petro Guidonis de Bonacolsis.

203 Dispensatur super eodem cum Flasambene [3] nato Guidonis predicti.

204 Commictitur rectoria civitatis Beneventane Riccardo Mathie Pancie de Anibaldis de Urbe.

205 Reservatur Meliori Masii de Abbatibus [4] beneficium quod duxerit acceptandum in civitate vel diocesi Florentina.

206 Conceditur B[artholomeo] episcopo Eduensi quod possit facere visitari per alium suam civitatem et diocesim.

207 Mandatur provideri Thome Pandulfi de prebenda sancti Eleutherii Reatini.

208 Confertur Neapoleoni Fortibrachie prebenda cum personatu quem duxerit acceptandum in ecclesia Remensi.

209 Jacobo archimandrite monasterii sancti Elie de Carbone, ordinis sancti Basilii. Preficitur in archimandritam ejusdem monasterii.

1. Col. 199, l. 18, lire *Jouselino* au lieu de « Joncelino. »

2. Col. 170, l. 36, *Bertuco* au lieu de « Bercuco. »

3. Col. 171, l. 4, *Flasambene* au lieu de « Nasambene. »

4. Col. 172, l. 1, *Abbatibus* au lieu de « Alberibus. »

Nº. 210	Confertur Johanni quondam Mathie de sancto Eustachio de Urbe prebenda ecclesie Baiocensis, quam duxerit acceptandam.
211	Indulgentia de fructibus percipiendis pro Stephano de Pileo archidiacono Suessionensi.
212	Guillelmo electo Salernitano prorogatur tempus consecrationis.
213	Confertur Alexandro Michaeli Maurecino de Venetiis prebenda Cameracensis cum personatu.
214	Providetur Egidio Guidalocti de Perusio de beneficio quod duxerit acceptandum in civitate vel diocesi Perusina.
215	Confertur prebenda Caturcensis cum dignitate Raynerio de Pistorio.
216	Mandatur provideri Bartholomeo Jacobi Zacarie de beneficiis ad collationem .. archiepiscopi Neapolitani spectantibus usque ad summam, etc.
217	Executoria de mutuo pro Nicolao episcopo Albinganensi.
218	Johanni electo Spoletano. Preficitur in episcopum Spoletanum.
219	Theobaldo episcopo Dolensi. Quod possit facere recipi duas personas in ecclesia Dolensi.
220	.. Priori et fratribus Predicatorum Novariensibus. Quod possint recipere de usuris et male ablatis usque ad summam Vc florenorum auri.
221	† Indulgentia pro ecclesia eorumdem fratrum.
222	Confertur magistro Michaeli de Appogniaco prebenda Senonensis cum dignitate.
223	Jacobo electo Mantuano. Preficitur in episcopum Mantuanum.
Nº. 224	Bartholomeo episcopo Tridentino. Preficitur in episcopum Tridentinum.
225	Angelo episcopo Mothonensi. Restituitur ad ecclesiam Mothonensem.
226	Albertino Moratinno de Venetiis. Quod possit habere altare portatile.
227	† Indulgentia pro ecclesia sancte Marie Nove Uticensis.
228	Guillelmo Bernardini de Polenta. Dispensatur cum eo super defectu natalium.
229	† Conservatoria pro capitulo ecclesie sancti Martini Turonensis.
230	Mandatur provideri de abbate monasterio sancti Martini Canigonensis, Elnensis diocesis.
231	Confertur Manueli de Spinolis prebenda Belvacensis cum dignitate.
232	Reservatur Francisco Vallutii beneficium sine cura quod duxerit acceptandum in civitate vel diocesi Tudertina.
233	Bertuldo electo Agrigentino. Preficitur in episcopum Agrigentinum.
234	Rogerio electo Montisregalis. Preficitur in archiepiscopum Montisregalis [1].
235	Titio electo Panormitano. Preficitur in archiepiscopum Panormitanum.
236	Jacobo electo Cephaludensi. Preficitur in episcopum Cephaludensem.
237	Guidotto electo Messanensi. Preficitur in archiepiscopum Messanensem.
238	Dominico electo Siracusano. Preficitur in episcopum Siracusanum.
239	Fulconi electo Mazariensi. Preficitur in episcopum Mazariensem.

1. Col. 186, l. 14, lire *archiepiscopum* au lieu de « episcopum. »

N°. 240	G[uillelmo] electo Salernitano. Super collectione decime.	N°. 255	.. Decano et capitulo ecclesie Tullensis. Quod possint exercere censuram ecclesiasticam in malefactores eorum.
241	Commictitur R[aynaldo] in archiepiscopum Ravennatem electo quod possit providere de pastore in ecclesia Foropopuliensi.	256	Indulgetur Guillelmo Accursii de Bononia, quod possit percipere fructus beneficiorum suorum.
242	Conceditur Matheo Carazulo quod possit visitare per alium archidiaconatum suum in ecclesia Rothomagensi.	257	Eidem. Quod possit visitare per alios archidiaconatus suos.
243	Commictitur rectoria provincie Romaniole Theobaldo de Brusiato, civi Brixiensi.	258	Conceditur Bonanno de Crescentionibus de Urbe, quod possit visitare per alium archipresbyteratum suum ecclesie Turonensis.
244	† Commictitur rectoria ejusdem provincie in spiritualibus Uberto de Notis de Mediolano.	259	Super relaxatione interdicti in civitate Lugdunensi.
245	Carissimo in Christo filio A[lberto] regi Romanorum illustri. Quod habeat recommendatum Batholomeum Tridentinum episcopum.	260	† Super eodem.
		261	Magistro Armanno Mantelli canonico Parmensi. Quod possit percipere fructus beneficiorum suorum.
246	Altegrado electo Vicentino. Quod possit providere de canonicatibus et prebendis in quibusdam ecclesiis sue diocesis.	262	Berardo electo Ferentinati. Preficitur in episcopum Ferentinatem.
247	† Dispensatio super irregularitate.	263	Mandatur dispensari super defectu natalium cum Octone de Gevel, Bambergensis diocesis.
248	Dispensatio super matrimonio.		
249	† Indulgentia concessa ecclesie beatorum apostolorum Philippi et Jacobi de Arcubus de Janua.	264	Quedam gratia concessa .. episcopo Pataviensi.
		265	† .. Episcopo Eduensi. Quod possit compellere abbates, priores et conventus sue diocesis, quod in prioratibus sibi subjectis teneant competentem numerum monachorum.
250	† Indulgentia concessa ecclesie monasterii sancte Crucis Venetiarum.		
251	Confertur Petro de Imola beneficium quod duxerit acceptandum in civitate vel diocesi Imolensi.	266	† Eidem. Quod possit compellere rectores parrochialium ecclesiarum sue diocesis ad faciendum residentiam.
252	Indulgentia ad fabricam pro ecclesia sancti Johannis Baptiste Taurinensis.	267	† .. Episcopo Matisconensi. Quod possit compellere abbates, etc., ut supra in secunda superiori.
253	† Indulgentia pro visitantibus eandem ecclesiam.	268	.. Priorisse et conventui monasterii sancte Marie de Ripalta Jadrensis. Quod possint uti privilegiis concessis ordini Predicatorum.
254	Dispensatio super matrimonio.		

N°.	
N°. 269	Conceduntur Tano de Loglano omnes possessiones et terre quas habet in castro Medicine ac ejus territorio [Romana Ecclesia].
270	† .. Rectori Patrimonii beati Petri in Tuscia. Super occupatione illicita castri Jovis, Ameliensis diocesis.
271	Dispensatio super matrimonio cum Rogerono de Loria et Ysabella nata Friderici regis Trinacrie.
272	† .. Abbatissa et sorores monasterii sancti Silvestri de Capite de Urbe a quadam excommunicationis sententia absolvuntur.
273	† Indulgentia pro ecclesia prioratus sancti Angeli foris Portam in civitate Perusina.
274	Leonardo electo Cathaniensi. Preficitur in episcopum Cathaniensem.
275	Mandatur provideri Paulo Nicholai dicto Quantapoi de prebenda in ecclesia Verulana.
276	Thomasino de Inzola de Parma militi providetur de rectoria Campanie et Maritime.
277	Providetur certis personis de officio tabellionatus.
278	Quedam gratie concesse .. preceptori et fratribus hospitalis novi de Spoleto, ab isto capitulo usque ad capitulum CCXLVII (*sc. n° 283*).
284	Reservatur Petro Leonardi de Galbo beneficium quod duxerit acceptandum in civitate vel diocesi Tridentina.
285	.. Episcopo Ruthenensi. Quod possit facere recipi duas personas in canonicos et in fratres in ecclesia Ruthenensi.
286	Reservatur Guerre de sancto Quirico beneficium quod duxerit acceptandum in civitate vel diocesi Aretina.
N°. 287	Reservatur Andree, plebano plebis sancti Johannis de Castro Penne beneficium quod duxerit acceptandum in civitate vel diocesi Firmana.
288	.. Abbati et conventui monasterii sancti Pauli de Urbe. Quod possint locare feuda ad eos devoluta.
289	Revocantur quedam statuta edita per dominum B[onifatium] papam VIII contra monasterium sancti Silvestri de Capite de Urbe.
290	.. Episcopo Ruthenensi. Quod possit exercere officium visitationis per alium.
291	Mandantur commicti ecclesia sancti Bartholomei de Maccaversana et capella sancti Nicolai de Collevitelli monasterio sancte Agnetis Reatine.
292	Dispensatur super defectu natalium cum Petro Leonardi de Galbo, clerico Tervisino.
293	Andree priori claustrali monasterii sancti Georgii de Venetiis. Quod exerceat officium visitationis in monasterio sancte Marie de Virginibus de Venetiis.
294	Bartholomeo episcopo Tridentino. Quod quatuor clerici sui possint percipere fructus beneficiorum suorum.
295	Confirmatur electio facta in ecclesia Conseranensi.— † In e. m. in ecclesia Baionensi.
296	.. Archiepiscopo Pisano. Quod concedat quendam hortum .. priori et fratribus Predicatorum Pisanis.
297	Johanne de Aquila. Quod possit habere altare portatile.
298	.. Priori et fratribus Predicatorum Pisanis. Super confirmatione cujusdam permutationis.
299	Venerabili fratri .. episcopo Ostiensi. Super quibusdam bonis cujusdam heretici de civitate Pisana.

N°. 300	Licentia de mutuo contrahendo pro Fernando archiepiscopo Ispalensi.	N°. 314	Reservatur magistro Johanni ad Clavas prebenda Cathalaunensis cum personatu, etiam si apud Sedem Apostolicam vacet.
301	Guillelmo de Madagoto, canonico Nemausensi, ordinis sancti Augustini. Quod possit audire jus canonicum.	315	Leonardo electo Cathaniensi. Quod possit conferre duabus personis canonicatum ecclesie Brugensis, Tornacensis diocesis.
302	Magistro Antonio de Laveza confertur prebenda Wellensis.	316	Super receptione quorumdam fratrum de ordine Carmelitarum ad ordinem Predicatorum.
303	Nobili viro Nicolao de Lucio, civi Paduano. Confirmantur sibi quedam decime.	317	Mandatur recipi magister Radulphus de Marla in ecclesia Parisiensi.
304	Bartholomeo abbati monasterii sancti Nicolai de Litore Venetiarum. Preficitur in abbatem ejusdem monasterii.	318	Fratri Jacobino electo Mantuano. Super relaxandis quibusdam statutis et processibus.
305	.. Priori et fratribus ordinis Predicatorum de Ripatransonis, Firmane diocesis. Quod possint recipere de male ablatis.— † Eadem gratia pro fratribus Recanatensibus.	319	Venerabili fratri G[uichardo] episcopo Trecensi. Quod possit conferre uni persone ydonee officium tabellionatus.
306	Remictitur quedam pensio .. magistro ordinis Humiliatorum.	320	Eidem. Quod possit per alium visitare, etc.
307	Confirmatur ecclesia de Pina, Cesaraugustane diocesis, mense capituli Cesaraugustani.	321	Conceduntur .. priori et fratribus Predicatorum Narniensibus quedam domus que fuerunt quorumdam hereticorum.
308	Mandantur concedi eisdem quedam decime prediales.	322	Dispensatur cum Lupo Petri de Vrinza, canonico ecclesie Pampilonensis, quod non obstante defectu natalium possit ad administrationes sui ordinis assumi.
309	Dispensatur super defectu natalium cum Berengario Raymundi Fulconis [vicecomitis de Cardona], Urgellensis diocesis.	323	Dispensatio super matrimonio.
310	Dispensatur super eodem cum Heylimanno de Herbipoli, monacho Eystetensis diocesis.	324	Dispensatio super eodem.
311	Confertur Pilato Almerici de Forra beneficium quod duxerit acceptandum in civitate vel diocesi Cenetensi.	325	Francisco Bartollucii militi Anagnino. Conceditur sibi molendinum de Vallerano sub censu XX^{ti} florenorum auri.
312	Confertur Alberto Antonii de Galluciis beneficium ecclesiasticum, etiam si dignitas vel personatus existat, in civitate vel diocesi Bononiensi.	326	Venerabili fratri E[gidio] archiepiscopo Bituricensi. Quod possit exercere per alium officium visitationis.
313	Confertur Manfredo Johannis de Calcina prebenda Bononiensis, etc.	327	Indulgentie concesse quibusdam ecclesiis ordinis Predicatorum.

N°.	
328	Petro episcopo Ilerdensi. Quod possit visitare per alium.
329	Indulgentia ad fabricam pro ecclesia Aquilensi.
330	Episcopo Aquilensi. Quod exnunc possit facere recipi in sua cathedrali et duabus collegiatis ecclesiis singulas personas. — † Eidem. Super recollectione cujusdam quarte.
331	Conceditur .. priori et fratribus Predicatorum de sancto Severino, quod possint recipere de usuris et rapinis usque ad certam summam. — † Eisdem. Indulgentia pro eorum ecclesia.
332	Guillelmo episcopo Tricastrino[1]. Quod possit per alium visitare.
333	Littere protectionis pro Stephano de Pileo archidiacono Suessionensi.
334	Reservatur Philippo de Quinto de Advocatis beneficium in civitate vel diocesi Mediolanensi.
335	Littera de mutuo contrahendo pro Nicolao electo Milevitano.
336	Confertur Percevallo de Barbania prebenda Gebennensis.
337	Dispensatur super defectu natalium cum Guillelmo de Comitibus scolari Paduano.
338	G[uichardo] episcopo Trecensi. Quod duo clerici sui possint percipere fructus beneficiorum suorum.
339	Conceditur eidem episcopo quod possit per alium visitare.
340	Eidem episcopo. Quod possit facere recipi duas personas in ecclesia Trecensi in canonicos et in fratres.
341	Mandatur dispensari super defectu cum Guillelmo dicto Drugnemant, clerico Aurelianensis diocesis. — † In e. m. pro Johanne de Dohem, clerico Morinensi.

1. Col. 242, l. 36 et 40, lire : *Tricastrino*.

N°.	
342	Johanni episcopo Lincolniensi. Quod possit facere reconciliari ecclesias et cymiteria.
343	† Dispensatio super pluralitate.
344	Guillelmo de Longis de Pergamo. Quod possit facere visitari archidiaconatum suum Drocensem in ecclesia Carnotensi.
345	Petro Alvari canonico Legionensi. Super pluralitate non obstante defectu natalium.
346	Johanni Siginulfi civi Beneventano. Conceditur sibi officium judicatus et tabellionatus.
347	† Indulgentia pro ecclesia sancti Flaviani de Montefiascone, Balneoregensis diocesis.
348	Dispensatur super defectu natalium cum Jacobino Manuelis de Cataneis Lendenarie, clerico Adriensi.
349	Efficitur rector in Campania in spiritualibus Gaspar de Montasia, canonico Cumano.
350	Mandatur dispensari super matrimonio.
351	Mandatur absolvi quidam de Venetiis qui portavit lignamina in Alexandriam.
352	Baldeberto cantori ecclesie Bambergensis. Super pluralitate.
353	Executoria de mutuo contrahendo pro Uberto episcopo Bononiensi.
354	Guillelmo episcopo Tricastrino. Quod possit condere testamentum.
355	Andree electo Noviomensi. Preficitur in episcopum Noviomensem.
356	Regi Francie. Quod Andream predictum recommendatum[1] habeat.

1. Col. 252, corrigez la date. La pièce a été donnée à Saint-Pierre et non au Latran, comme je l'ai imprimé inexactement.

N°. 357	Rogerio de Armanniaco. Quod possit visitare per alium archidiaconatum suum Agenensem.
358	† Executoria super eodem.
359	Dispensatio super matrimonio.
360	Dispensatur cum magistro Johanne de Ancona phisico super pluralitate.
361	Fratri Jacobo de Orto ordinis fratrum Heremitarum sancti Augustini. Efficitur magister in theologia.
362	.. Episcopo Astensi. Quod provideat de loco fratribus Predicatoribus in civitate Astensi.
363	Dispensatio super defectu natalium pro Theobaldo de Archo, Tridentine diocesis.
364	Dispensatio super eodem pro Fernando Garsie de Calatambio.
365	Dispensatio super pluralitate pro Tancredo [1] plebano plebis de Buriano, Grossetane diocesis.
366	Indulgentia pro hospitali pauperum leprosorum [sancti Antonii prope muros civitatis Aquinatis.]
367	Octoni episcopo Vigintimiliensi. Preficitur in episcopum Vigintimiliensem.
368	Confirmatur quoddam relictum factum domui sancti Johannis de Alexandria, ordinis Humiliatorum.
369	Conceditur officium tabellionatus Francisco Petri Aliate, civi Ferrariensi.
370	.. Priori et fratribus ordinis Predicatorum Paduanis. Quod possint recipere de male ablatis usque ad summam M florenorum auri.
371	Indulgentia concessa ecclesie monasterii monialium sanctorum Gervasii et Protasii Belunensis.

1. Une faute d'impression m'a fait écrire (col. 256) : *Tanordo*.

372	Ludovico archiepiscopo Lugdunensi. Quod possit facere recipi duos nepotes suos in ecclesia Lugdunensi.
373	Leoni episcopo Cumano. Quod possit facere recipi octo personas in octo collegiatis ecclesiis suarum civitatis et diocesis.
374	Reservatur Andree Nicolai de Galluciis beneficium, quod duxerit acceptandum in civitate vel diocesi Lucana.
375	.. Potestati, .. capitaneo et comuni Cesenatibus. Quod possint recipere pedagium pro quodam ponte construendo.
376	Venerabili fratri N[icolao] episcopo Ostiensi. Quod provideat de abbate monasterio de Nonantula, Mutinensis diocesis.
377	Dispensatio super matrimonio.
378	.. Episcopo Ostiensi, Apostolice Sedis legato. Quod inhibeat comuni Pistoriensi quod non vexent Baldum Raynerii.
379	Bonifacio episcopo Sedunensi. Quod possit facere recipi duas personas in ecclesia Sedunensi.
380	Reservatur Petro de Treva prebenda Metensis cum dignitate.
381	Conceditur locus Saccorum de Senis pro quadam capella construenda.
382	Reservatur Petro de Narbona prebenda Carnotensis cum dignitate.
383	Dispensatio super matrimonio.
384	Mandatur dispensari super defectu natalium cum Thomasino [1] Armanni, Paduane diocesis.
385	† Electo Vicentino. Super confirmatione primicerii ecclesie sancti Marci de civitate Candide.

1. Col. 266, l. 1, lisez *Thomasino* au lieu de « Thomasio ».

1. Ms : « Berthelowo. »

N°. 413	Indulgentia concessa monasterio sancte Agnetis prope Urbemveterem.
414	† Indulgentia concessa plebi sancti Angeli de Castelione, Aretine diocesis.
415	.. Abbati monasterii Sancti Spiritus prope Panormum. Super prioratu sancte Marie de Ustica, Panormitane diocesis, restituendo monasterio Casemarii, etc.
416	Mandatur ministrari fructus beneficiorum suorum Berardo de Podio Bastonis, canonico Reatino, studenti in theologia.
417	Dispensatur super defectu cum Vanuzulo Manentis de Trevio, Spoletane diocesis.
418	† .. Priori et conventui fratrum Predicatorum Ferrariensibus. Quod possint recipere de male ablatis usque ad certam summam.
419	Indulgentia ad fabricam concessa monasterio sancti Memmii Cathalaunensis.
420	Inquisitoribus heretice pravitatis in Lombardia. Super quadam constitutione edita per Bonifatium papam VIII.
421	Confertur Cintio Johannis Arletti prebenda Turonensis cum personatu.
422	.. Priori et conventui monasterii sancti Orientii Auxitani. Super construendo quodam oratorio.
423	.. Priori et fratribus ordinis Predicatorum Parmensibus. Super concessione quarumdam domorum [ipsis facta] ab .. abbate et conventu monasterii Fontisvivi, Parmensis diocesis.
424	.. Abbati et conventui monasterii Fontisvivi, Cisterciensis ordinis, Parmensis diocesis. Super eodem.
425	Papiniano episcopo Parmensi. Super predictis.
426	Wlvingo episcopo Bambergensi. Preficitur in episcopum Bambergensem.
N°. 427	Dispensatio super matrimonio.
428	Dispensatio super defectu natalium.
429	Mandantur citari personaliter .. abbas monasterii sancti Ausardi[1], Caturcensis diocesis, et quidam alii, etc.
430	.. Archiepiscopo Maguntino. Quod consecret ecclesiam monasterii monialium de Clarendale, ordinis sancte Clare, sue diocesis.
431	Mandatur restitui Radulphus ad prioratum de Flawigneio, Tullensis diocesis.
432	Confertur Stephano Andree Garreti prebenda Lexoviensis.
433	Petro Baudrici presbytero. Conceditur sibi quod possit retinere ecclesiam beate Marie de Beceda, Appamiarum diocesis.
434	† Indulgentia concessa ecclesie beate Marie de Podio Serdani, Urgellensis diocesis.
435	† Indulgentia concessa ecclesie beate Marie Virginis de Caritate de Arena Paduane.
436	Eximitur hospitale constructum prope ecclesiam sancte Marie ad Gradus Viterbiensis, ordinis fratrum Predicatorum, a jurisdictione .. episcopi et capituli Viterbiensium.
437	Committitur predictum hospitale .. priori et conventui fratrum ordinis Predicatorum sancte Marie predicte.
438	† Fratribus ordinis Predicatorum Astensibus. Quod possint recipere de male ablatis usque ad certam summam.
439	Dispensatur super defectu natalium cum Georgio nato Guillelmi Alferii, clerico Astensi.
440	Indulgentia generalis pro ordine Predicatorum.

1. Col. 290 et 291 lisez *Ausardi* et non « Ansardi. »

N°. 441	Indulgetur .. priorisse et sororibus monasterii sancti Dominici Imolensis quod non teneantur ad prestationem decimarum, etc.	N°. 454	Committitur monasterium Sublacense [fratri Nicolao de Mileto, priori monasterii sancti Anastasii de Urbe.
442	Committitur monasterium sororum sancti Petri martyris [1] de Regio cure .. magistri et .. prioris provincialis Lombardie Inferioris ordinis fratrum Predicatorum.	455	Licentia de mutuo contrahendo pro Frederico electo Rigensi.
443	† De eodem.	456	Indulgentia pro hospitali sancti Petri Senensis.
444	† Committitur monasterium sororum sancte Marie Magdalene juxta muros Basilienses cure .. magistri et .. prioris provincialis provincie Theotonie ordinis fratrum Predicatorum.	457	Citatio super ecclesia sancti Leonardi de Casagentino [1], Alatrine diocesis.
445	Conceditur officium tabellionatus quibusdam.	458	† .. Abbati monasterii sancti Johannis in Acerreto, Faventine diocesis. Quod possit dispensare cum quodam monacho dicti monasterii super macula.
446	Magistro Thome de Balliaco, canonico Parisiensi. Quod possit facere deserviri in prebenda sua per vicarium, etc.	459	Conceditur officium tabellionatus Jacobo Jacobi Feiapanen. [2], civi Velletrensi.
447	Andree electo Noviomensi. Quod possit facere recipi duas personas in ecclesia Noviomensi.	460	Conservatoria pro hospitali sancte Marie ad Gradus Viterbiensis.
448	Francisco Malcacie presbytero confertur canonicatus in ecclesia Capuana cum uno vel duobus beneficiis, etc.	461	Conservatoria pro monasterio sancti Syxti de Urbe [presertim] in regno Anglie.
449	Johanni electo Pactensi. Preficitur in episcopum Pactensem.	462	Indulgentia concessa ecclesie sancti Petri Ferrentinatis.
450	Omnes libertates [et immunitates] .. magistro et fratribus Hospitalis sancti Johannis Jerosolimitani [concessas confirmat].	463	† In e. m. pro capella domus leprosorum prope muros civitatis Aquinatis.
451	† In e. m. pro .. magistro et fratribus domus Militie Templi Jerosolimitani.	464	Conservatoria pro monasterio Fontisvivi, Parmensis diocesis.
452	† .. Episcopo Massiliensi. Conservatoria pro fratribus Hospitalis sancti Johannis Jerosolimitani.	465	Conservatoria pro Matheo episcopo Imolensi.
453	.. Episcopo Aretino. Quod possit conferre officium tabellionatus Bandino Fructi civi Aretino.	466	Confirmatur senarius canonicorum numerus in plebe de Sorbulo, Parmensis diocesis.
		467	Altegrado electo Vicentino. Prorogatur tempus consecrationis.
		468	Dispensatur cum Bernardo Tardini, presbytero Appamiarum diocesis, supêr pluralitate.

1. Col. 296, l. 28, lire « sancti Petri *martyris*. »

1. Col. 304, l. 6, lire *Casagentino* au lieu de « Casagentium. »
2. Ms : « Fraapanen. »

N°.	
N°. 469	.. Generali et universis prioribus et fratribus Servorum sancte Marie, ordinis sancti Augustini. Approbatur regula eorum.
470	Magistro Jacobo de Ispania canonico Londoniensi. Quod non teneatur comparere coram .. archiepiscopo Cantuariensi, etc., ut in littera.
471	Dispensatio super defectu natalium pro Multobono[1] Ymelde Veugnan., clerico Bononiensis diocesis.
472	† .. Electo Vicentino. Quod duo clerici sui possint percipere fructus beneficiorum suorum.
473	Hugolino de Marciano. Quod possit visitare per alium archidiaconatum suum, quem obtinet in ecclesia Xanctonensi.
474	Fratri Symoni inquisitori heretice pravitatis in Romana provincia. Super facto inquisitionis et relaxationis.
475	Stephano diacono, rectori ecclesie de Jussiaco, Autissiodorensis diocesis. Quod non currat sibi tempus pro eo quod non suscepit ordinem presbyteratus infra tempus statutum.
476	Privilegium pro monasterio Sancti Spiritus de Sulmone, Valvensis diocesis.
477	Dispensatio super matrimonio.
478	Humberto de Monte Olivo, rectori ecclesie de Falzeto, Terraconensis diocesis.
479	Licentia de mutuo pro Olavo, episcopo Roskildensi.
480	Mandatur procedi contra Octonem et Conradum marchiones Brandeburgenses et officiales ipsorum.
481	.. Archiepiscopo Gneznensi. Super discordia que vertitur inter Mirozlaum archidiaconum Glogoviensem et Henricum episcopum Wratislaviensem.

1. Col. 313, l. 12, lisez *Multobono* au lieu de « Mulcobono. »

N°.	
N°. 482	Nicolao electo Milevitano. Preficitur in episcopum Milevitanum.
483	Executoria de mutuo contrahendo pro Nicolao electo Milevitano.
484	.. Priori et fratribus Predicatorum Esculanis. Quod possint recipere de male acquisitis usque ad mille florenos auri.
485	Roderico Calaguritano et Calciatensi episcopo. Preficitur in episcopum earumdem [ecclesiarum].
486	Mandatur inquiri in monasterio sancti Benedicti de Gualdo, Nucerine diocesis.
487	Statuitur certus canonicorum numerus in ecclesia sancte Marie de Castello Januensis.
488	Super permutatione beneficiorum.
489	Olavo episcopo Roskildensi. Preficitur in episcopum Roskildensem.
490	Conservatoria pro .. abbate et conventui monasterii Carevallis, Cisterciensis ordinis, Mediolanensis diocesis.
491	Conservatoria pro Jacobo Mathei Ursi, archidiacono Senonensi.
492	Mandatur dispensari super defectu natalium cum Manino Judicis Samarii, subdiacono Vigiliensis diocesis.
493	Conceditur .. abbati et conventui monasterii sancti Pauli de Urbe quod possint relocare feuda, etc.
494	.. Abbati monasterii sancti Pauli de Urbe. Super resignatione monasterii sancti Clementis Tiburtini recipienda.
495	Conservatoria pro .. magistro et fratribus domus Militie Templi.
496	.. Priori generali fratrum Heremitarum. Quod possit absolvere fratres sui ordinis.

N°. 497	.. Preceptori et fratribus hospitalis pauperum de Perpiniano. Quod possint habere capellam seu oratorium.	N°. 518	Johanni episcopo Forosinfroniensi. Preficitur in episcopum Forosinfroniensem.
498	† Magistro Frederico de Borgorellis. Confirmatur sibi archipresbyteratus plebis de sancto Genesio, Parmensis diocesis.	519	Johanni episcopo Vestano. Preficitur in episcopum Vestanum.
499	Quedam gratia concessa Thome electo Virdunensi.	520	Indulgentia ad fabricam pro ecclesia Lemovicensi.
500	† Eidem. Quod possit concedere duabus personis tabellionatus officium.	521	Mandantur citari aliqui ad instantiam .. abbatis et conventus monasterii Vallis Serene, Cisterciensis ordinis, Parmensis diocesis.
501	† Eidem. Quod possit dispensare cum quibusdam clericis super irregularitate.	522	Fernando archiepiscopo Ispalensi. Quod possit providere de beneficiis que tanto tempore vacaverunt, etc.
502	† Eidem. Quod compellat nonnullos clericos sue diocesis ad residendum.	523	† Eidem. Quod possit absolvere nonnullos clericos et dispensare cum eis.
503	Indulgentia concessa ecclesie sancte Christine de Vulsena.	524	Confertur Laurentio de Levanto, Lunensis diocesis, beneficium quod duxerit acceptandum ad collationem capituli ecclesie Januensis.
504	Citatio ad instantiam Daynesii de Casalia.		
505	Reservatur Oliverio Cabrii de Modoetia beneficium quod duxerit acceptandum in civitate vel diocesi Mediolanensi.	525	Petro olim episcopo Cassanensi. Committitur sibi ecclesia Larinensis.
506	Conceduntur .. archiepiscopo et capitulo Lugdunensibus fructus primi anni omnium beneficiorum que vacabunt usque ad triennium in civitate, diocesi ac provincia Lugdunensibus.	526	Francisco electo Satrianensi. Preficitur in episcopum Satrianensem.
		527	† Eidem. Quod possit recipere munus consecrationis.
		528	Quedam gratia concessa hospitali de Brolio Mediolanensi.
507	† .. Archiepiscopo Barensi. Quod possit concedere officium tabellionatus.	529	† Super eodem.
508	Super facto inquisitionis heretice pravitatis in partibus Vicentinis.	530	† Monasterio monialium sancte Margarite Vercellensis quedam bona confirmat.
509	† Super eodem.	531	Mandatur inquiri in monasterio sancti Nicasii Remensis.
510	Gratie concesse ordini Humiliatorum, ab isto capitulo usque ad capitulum CCCCXLIII (*sc. n° 516*).	532	.. Archiepiscopo Lundensi. Super provisione de pastore in ecclesia Othoniensi.
517	† Indulgentia pro quadam capella Morinensis diocesis.	533	Mauro abbati monasterii sancti Benedicti de Padolirono, Mantuane diocesis. Preficitur in abbatem ejusdem monasterii.

N°.	
N°. 534	Super facto decime.
535	† Indulgentia pro ecclesia sancti Bartholomei Tervisini.
536	Confertur magistro Symoni de Guibervilla prebenda Baiocensis.
537	Petro de Salis. Quod possit licite retinere prioratum de Verziano, Cluniacensis ordinis, Brixiensis diocesis.
538	† Dispensatio super matrimonio.
539	Mandatur citari personaliter frater Clarus monachus monasterii sancti Morentii, Forosinfroniensis diocesis.
540	Conceditur officium tabellionatus cuidam persone.
541	† In e. m. pro aliis.
542	† In e. m. pro alia persona.
543	† Indulgentia concessa ecclesie monasterii sancti Syxti de Urbe.
544	Michaeli de Encra, canonico Atrebatensi, clerico et familiari nostro. Quod possit percipere fructus beneficiorum suorum.
545	.. Potestati, .. capitaneo, consilio et comuni Pisanis. Super quadam revocatione de hiis que [edicta sunt contra eos qui] portant res prohibitas Sarracenis.
546	† In e. m. comuni Januensi.
547	Super quadam permutatione beneficiorum.
48	Guidoni episcopo Xanctonensi. Quod possit visitare per alium.
549	Eidem. Quod possit facere recipi magistrum Petrum Radulfi in ecclesia Xanctonensi.
550	.. Magistro et fratribus hospitalis pauperum de Brolio Mediolanensis. Quod possint percipere de rapinis usque ad summam mille florenorum auri.
N°. 551	† Indulgentia pro eodem hospitali.
552	Indulgentia pro ecclesia sancti Pauli Narbonensis.
553	Confertur Oberto de Vicecomitibus prebenda ecclesie Constantiensis.
554	Super instituendo certo monachorum numero in monasterio sancti Mansueti Tullensis.
555	† Conservatoria pro .. episcopo Treconsi.
556	Super revocatione cujusdam pensionis concesse per Bo[nifatium] papam VIII Hugolino Rustichelli de Massa Pisana.
557	Efficitur Gaspar de Montasia [1] rector in spiritualibus in Campania [et Maritima].
558	.. Priori et fratribus ordinis Predicatorum de Cherio, Taurinensis diocesis. Quod possint recipere de male acquisitis usque ad summam mille florenorum auri.
559	Mandatur provideri de abbate in monasterio sanctorum Gorgonii et Viti Pisane civitatis.
560	Reservatur Bartholomeo de Cazago beneficium quod duxerit acceptandum in civitate vel diocesi Brixiensi.
561	.. Decano et capitulo Morinensibus. Quod possint convertere duo milia librarum Parisiensium relicta per H[enricum] episcopum Morinensem in reparationem ecclesie Morinensis.
562	Deodato abbati monasterii sancti Petri de Latigniaco [2], Parisiensis diocesis. Preficitur in abbatem ejusdem monasterii.
563	Super non observanda quadam consuetudine in civitate et diocesi Tarviensi.

1. Ms : « Montanea. »
2. Col. 870, l. 38, lisez *Latigniaco*, au lieu de « Latignaco. »

N°.		N°.	
N°. 592	Consilio et comuni castri Matelice. Quod possint sibi assumere potestates et officiales.	N°. 605	Rogero [1] de Waltham rectori ecclesie de Langenenton, Dunelmensis diocesis. Super pluralitate.
593	Magistro Petro de Reate providetur de prebenda et dignitate in ecclesia Eduensi.	606	Mandatur provideri de archipresbyteratu ecclesie Paduane alicui persone ydonee.
594	Frederico archiepiscopo Rigensi. Preficitur in archiepiscopum Rigensem.	607	Mandatur provideri Johanni dicto Alegre, canonico Barchinonensi de aliqua prepositura, que *mensata* vulgariter appellatur.
595	Guillelmo abbati monasterii sancti Winnoci Bergensis, Morinensis diocesis. Preficitur in abbatem ejusdem monasterii.	608	Gratie concesse Petro episcopo quondam Noviomensi in archiepiscopum Arelatensem electo, ab isto capitulo usque ad capitulum DXVIII (*sc. n° 616.*)
596	Statuitur certus numerus canonicorum in ecclesia Vicentina.	617	Carissimo in Christo filio C[arolo] regi Sicilie illustri. Super creatione prebendarum et dignitatum in ecclesia civitatis Sancte Marie olim vocate *Lucerie*.
597	Confertur Jacobo Bartholomei de Senis archipresbyteratus plebis de Colle, Wlterane diocesis.	618	† Ponzello quondam Ursi de filiis Ursi. Quod possit habere altare portatile.
598	Mandatur provideri Geraldo Jaqueti de aliquo beneficio ecclesiastico spectante ad collationem episcopi Carcassonensis.	619	Mandatur citari comune Lucanum super eo quod occupaverunt nonnulla castra, terras et loca ad [Lunensem] episcopum et ecclesiam spectantia.
599	Mandantur recipi quedam persone, quas Matildis comitissa Atrebatensis duxerit nominandas, una in Atrebatensi et alia in sancti Audomari ecclesiis.	620	Submictitur monasterium monialium de Rosindal, Cisterciensis ordinis, Treverensis diocesis, .. abbati monasterii Claustri [de] Hymmeroch, ejusdem ordinis, dicto diocesis.
600	.. Episcopo Constantiensi. Quod reducat fratres Predicatores ad locum quem habebant in castro Zovingen., sue diocesis.	621	Conceditur Tiberio Gufredi [2] de Laturre beneficium cum dignitate in civitate vel diocesi Aquilegensi.
601	† .. Priori et conventui ordinis Predicatorum Argentinensibus. Quod possint percipere de rapinis usque ad certam summam. — In e. m. pro aliis.	622	† Electo Tharsensi pallium destinatur.
602	† Petro episcopo Signino. Quod ecclesie sue curam gerat sollicitam.	623	† Beatricem de Sabaudia sub Apostolice Sedis protectione suscipit.
603	Antonio episcopo Dunelmensi. Quod possit contrahere mutuum.	624	Dispensatio super matrimonio.
604	Providetur Armanino de Pomponesco, clerico Cremonensi, de beneficio ecclesiastico in civitate vel diocesi Aquilegensi.		

1. Ms : « Rogerio. »
2. Ms : « Gaufredi. »

N°.	
N°. 625	Ordinatio facta super discordia que vertebatur inter .. priorem et conventum fratrum Predicatorum Majoricenses ex parte una, et .. episcopum Majoricensem et capitulum ex altera.
626	.. Cancellario ecclesie Parisiensis. Super concedenda licentia regendi duobus in theologica facultate.
627	Huguitioni electo Novariensi. Preficitur in episcopum Novariensem.
628	Radulfo patriarche Jerosolimitano. Quod possit conferre duabus personis officium tabellionatus.
629	†.. Priori de Roda, Ilerdensis diocesis. Super executione cujusdam sententie late contra moniales monasterii de Zizena, dicte diocesis.
630	Andree electo Noviomensi. Quod possit recipere munus consecrationis.
631	† .. Priori et conventui ordinis Predicatorum Papiensibus. Quod possint recipere de rapinis usque ad certam summam.
632	†.. Priori et fratribus ordinis Predicatorum Nivernensibus. Super quadam compositione cum comite Nivernensi.
633	.. Priori et fratribus ordinis Predicatorum Papiensibus. Super permutatione loci.
634	.. Episcopo Dunelmensi. Quod possit providere Hugoni Bibliensi episcopo de prioratu de Goldingham, Sancti Andree diocesis.
635	Petro Rigardi [1] de Chambariaco [2]. Quod possit recipere fructus ecclesie sue de Mansaco, Tholosane diocesis.
636	Mandatur exhiberi Leonardo electo Cathaniensi fructus prebende quam obtinebat in ecclesia Cameracensi.
N°. 637	Conceditur Matildi comitisse Atrebatensi quod tres clerici sui possint percipere fructus beneficiorum suorum.
638	Super constituenda quadam canonia in villa Dole, Bisuntine diocesis.
639	Dispensatio super matrimonio.
640	Executoria de mutuo pro Olavo episcopo Roskildensi.
641	Mandatur provideri Aynulfo de Robiate, laico Mediolanensis diocesis, de aliqua superstancia.
642	Capitulo ecclesie Lateranensis. Super certo canonicorum et beneficiatorum ac acolitorum numero.
643	† Magistro Bernardo Royardi. Super visitatione archidiaconatus sui Suessionensis.
644	Confertur Zocmio de Loglano beneficium sine cura quod duxerit acceptandum in civitate vel diocesi Veronensi.
645	† Magistro Neapoleoni de filiis Ursi, archidiacono de Maiorica Legionensi. Super visitatione archidiaconatus sui.— In e. m. eidem pro archidiaconatu suo Stadiensi in ecclesia Cathalaunensi.
646	Guidoni electo Ferrariensi. Preficitur in episcopum Ferrariensem.
647	† Confirmantur indulgentie concesse ecclesie fratrum ordinis Predicatorum civitatis Padue.
648	Dispensatur super defectu natalium cum Raynaldo Manfredi Scrovegni clerico Paduano.
649	Johanni episcopo Tusculano. Super confirmatione quorumdam castrorum.
650	Dispensatio super matrimonio.

1. Ms : « Rigaudi. »
2. Ms : « Chamberiaco. »

Nº.	
651	Dispensatio super defectu pro Eberhardo Henrici [de Alecho] acolito Pataviensis diocesis.
652	Dispensatio super defectu natalium cum Francisco monacho monasterii Mosacensis, Aquilegensis diocesis.
653	† Rudolfo duci Austrie. Quod possit facere celebrari in locis suppositis interdicto.
654	† Johanni episcopo Pactensi. Quod ecclesie sue curam sollicitam gerat.
655	Mandatur dispensari cum Johanne de Reigancri[1] subdiacono Coloniensis diocesis.
656	† .. Rectori provincie Romaniole. Quod possit in locis interdictis audire divina.
657	Mauricio archiepiscopo Cassellensi. Super absolvendis quibusdam de suis civitate, diocesi et provincia.
658	† Indulgentia concessa ecclesie monasterii sancti Petri martiris de Bononia.
659	.. Priori et conventui fratrum ordinis Predicatorum de Clugia. Confirmatur eis locus quem construxerunt in Clugia.
660	† Confirmantur indulgentie concesse ecclesie fratrum Predicatorum civitatis Esculane.
661	Mandatur dispensari cum Beltrando Maustini, canonico monasterii beate Marie prope muros civitatis Carpentoratensis.
662	Octobono de Carreto preposito ecclesie Brugensis, Tornacensis diocesis. Quod possit providere quinque clericis in ecclesia Brugensi.
663	Percivallo de Carreto archidiacono Leodiensi. Super visitatione archidiaconatus sui.
664	Mandatur quod non fiat novitas per comune Pistoriense contra Baldum de Floraventis civem Pistoriensem.

1. Ms : « Beigenari. »

Nº.	
665	Civibus Beneventanis. Super eligendis consulibus et officialibus.
666	Mandatur quod .. guardianus et conventus fratrum ordinis Minorum Aquenses possint remanere in loco suo.
667	Dispensatio super matrimonio.
668	Conceditur ordini Cartusiensi ecclesia sancti Ciriaci in Termis de Urbe.
669	Dispensatio super matrimonio.
670	Conservatoria pro monasterio sancti Andree Vercellensis.
671	† .. Episcopo Dunelmensi. Super taxatione fructuum et proventuum ecclesie sancti Andree de Cestratona, Elyensis diocesis, occasione solutionis decime.
672	Octobono de Carreto preposito ecclesie Brugensis, Tornacensis diocesis. Quod duo clerici sui possint percipere fructus beneficiorum suorum.
673	† Dispensatio super matrimonio.
674	Mandatur absolvi Petrus Malocelli pro eo quod portavit nonnulla mercimonia in Alexandriam.
675	Eracleo de sancto Nectereo[1] canonico ecclesie Brivatensis, Claromontensis diocesis. Reservatur sibi dignitas in eadem ecclesia.
676	Reservatur dignitas seu personatus magistro Phylippo de Mornayo, canonico Baiocensi, in eadem ecclesia.
677	Mandatur conferri Jacobo Parisii de Bononia feudum in territorio castri Orcle, Viterbiensis diocesis.
678	Conservatoria pro .. priorissa et conventu monasterii sancte Marie de Revello, Taurinensis diocesis.

1. Col. 431, l. 3, lisez *Nectereo* au lieu de « Nercereo ».

N°. 679 Indulgentia pro hospitali sancti Martini de Castrosa, Feltrensis diocesis.

680 Conservatoria pro eodem hospitali.

681 Super restitutione quorumdam de Vercellis ad statum et honores.

682 Confertur Petro dicto Nannetis [1] prebenda Nannetensis cum personatu.

683 Pandulfo de Sabello, notario nostro. Quod possit percipere fructus omnium beneficiorum suorum.

684 Commictitur monasterium sancte Marie Magdalene extra muros Spirenses cure .. magistri et .. prioris provincialis provincie Theotonie ordinis fratrum Predicatorum.

685 Commictitur monasterium de Pruliano, Appamiarum diocesis, .. magistro et .. priori provinciali provincie Tholosane [ejusdem ordinis].

686 Confirmantur eidem monasterio quedam ecclesie parrochiales gubernande, etc.

687 † .. Priori et fratribus ordinis Predicatorum Caturcensibus. Quod possint percipere de rapinis usque ad certam summam.

688 † In e. m. pro fratribus Tholosanis ordinis ejusdem.

689 .. Priori et conventui fratrum ordinis Predicatorum Appamiarum. Super loco eis concesso in civitate Appamiarum.

690 † Conservatoria pro monasterio sancte Marie de Pruliano, Appamiarum diocesis.

691 † Indulgentia pro ecclesia fratrum Predicatorum in civitate Caturcensi.

692 Confirmatur quedam ecclesia .. priorisse et conventui monasterii Vallis sancte Marie, Treverensis diocesis.

1. Ms : « Petro de Nannetis. »

N°. 693 † .. Priori provinciali et fratribus ordinis Predicatorum in Theotonia. Super receptione quorumdam fratrum de Penitentia Jhesu-Christi ad ordinem Predicatorum.

694 Philippo regi Francorum illustri. Quod habeat Robertum episcopum Cabilonensem et ecclesiam commendatos.

695 Johanni priori ecclesie sancte Marie in Pesolis Narniensis. Super certo numero canonicorum.

696 Carissimo in Christo filio A[lberto] regi Romanorum illustri. Preces pro G[erardo] archiepiscopo et ecclesia Maguntina.

697 Dispensatio super matrimonio.

698 Nobili viro Tagino de Boncosis [1] civi Mantuano. Confirmantur sibi quedam decime, quas ecclesia Veronensis habet in loco de Benesisis [2], Veronensis diocesis.

699 Dispensatio super matrimonio [3].

700 Dispensatio super matrimonio.

701 Dispensatur cum diversis super defectu natalium [4] (*usque ad 704*).

705 † .. Abbatisse et conventui monasterii sante Marie Monacharum Aquinatis. Quod non teneantur ad solutionem cujuslibet decime.

706 Super quodam statuto in ecclesia Xanctonensi removendo.

707 Dispensatio super matrimonio.

708 Executoria de mutuo contrahendo pro Antonio episcopo Dunelmensi.

709 Confirmatur episcopali mense Nucerine ecclesia sancti Savini de Airone, Nucerine diocesis.

1. Ms : « Bonceis. »
2. Ms : « Benefisis. »
3. Col. 443, l. 5, lisez *Garvagni*, au lieu de « Carmeyni. »
4. Ibid., l. 22, lisez *Regine* au lieu de « Reginensis. »

N°.	
N°. 710	Roberto abbati monasterii de Bello Loco, Macloviensis diocesis. Confirmatur electio sua.
711	Gerlaco de Wetflaria [1], preposito ecclesie in Volkenmarcho, Salzburgensis diocesis. Super [irregularitate et] pluralitate.
712	.. Potestati, .. capitaneo, antianis, consilio et comuni Bononiensibus. Quod revocent statuta contra .. episcopum Bononiensem et ecclesias ac personas ecclesiasticas civitatis et diocesis Bononiensis.
713	Venerabili fratri E[gidio] archiepiscopo Bituricensi. Quod possit providere hac vice de abbate monasterio beate Marie Exoldunensis, ordinis sancti Benedicti, sue diocesis.
714	† Eidem. In e. m. pro monasterio Fontis Gobaudi, dicte diocesis.
715	.. Episcopo Corosopitensi. Quod possit facere recipi unam personam ydoneam in ecclesia Corosopitensi.
716	Providetur Guillelmo, [nato Oberti] Fulgosii civis Placentini, de prebenda ecclesie Burgensis cum personatu seu dignitate.
717	Magistro Bernardo Roiardi archidiacono Xanctonensi. Quod possit percipere fructus beneficiorum suorum.
718	Magistro Stephano Rebuffe canonico Pictavensi. Providetur sibi de personatu vel dignitate, decanatu excepto, in ecclesia Pictavensi.
719	Lazare moniali monasterii sancti Francisci Paduani, ordinis sancti Benedicti. Dispensatur super defectu natalium, etc.
720	Conceditur Pontio de Castillione, canonico ecclesie Carcassonensis, ecclesia cum cura vel sine cura quam duxerit acceptandam in civitate vel diocesi Carcassonensi.

1. Col. 451, l. 14 et 23, lisez *Wetflaria* au lieu de « Wetslaria. »

N°.	
N°. 721	Officium tabellionatus conceditur diversis personis (*usque ad 725*).
726	.. Abbati et conventui monasterii sancti Andree Vercellensis. Super fructibus percipiendis.
727	Confertur Uberto de Canturio beneficium, quod duxerit acceptandum in civitate vel diocesi Salzeburgensi.
728	Magistro Bernardo preposito ecclesie Suessionensis. Super fructibus percipiendis.
729	Waltero de Radragia rectori ecclesie de Raundes, Lincolniensis diocesis. Dispensatur cum eo super pluralitate.
730	.. Abbati et conventui monasterii sancti Antonii, Viennensis diocesis. Super reconciliatione ecclesiarum et cymiteriorum eorum, etc.
731	Super loco Predicatorum instituendo in civitate Tholonensi et in castro Dreguiniani, Forojuliensis diocesis.
732	† .. Episcopo Sistaricensi. Quod possint .. abbas, monachi et conversi monasterii de Lura in comitatu Forkalkerii, ordinis de Callesio, ad ordinem Predicatorum admitti et ad monasterium sancte Marie de Nazareth Aquensis [1] se transferre.
733	Petro episcopo Baiocensi. Quod possit conferre quatuor beneficia ecclesiastica cum cura vel sine cura quatuor personis.
734	† Eidem. Quod possit conferre beneficia ecclesiastica quatuor clericorum suorum cedentium vel decedentium.
735	Magistro Guidoni archidiacono Bononiensi. Super visitatione.
736	Eidem. Quod possit percipere fructus beneficiorum suorum.

1. Col. 462, l. 33, lisez « s. Marie *de Nazareth* Aquensis. »

N°. 737	Gratie concesse Olavo, episcopo Roskildensi, ab isto capitulo usque ad capitulum DCIX (*sc. n° 744*).
745	Citatio personalis ad instantiam Oddonis episcopi Polensis.
746	Confertur Guillelmo Sicardi de Carcassona prebenda Albiensis cum dignitate.
747	Gratie concesse .. archiepiscopo Narbonensi, ab isto capitulo usque ad capitulum DCXIIII (*sc. n° 751*).
752	†Tribus mulieribus sub observantia regule sancti Augustini viventibus concedit quod possint transire ad monasterium sancte Clare prope civitatem Cumanam.
753	Raymundo [1] episcopo Vasionensi. Restituitur ad administrationem spiritualium et temporalium episcopatus Vasionensis.
754	Reservatur Johanni de Quilano, clerico Narbonensi, ecclesia cum cura vel sine cura ad collationem .. episcopi Carcassonensis.
755	Mandatur inquiri in monasterio sancti Salvatoris Papiensis.
756	Quedam gratie concesse Johanni episcopo Tullensi. [Super reconciliatione ecclesiarum et cymiteriorum sue diocesis].
757	† Eidem. Quod possit providere de duobus beneficiis quibusdam personis.
758	† Eidem. Quod duo clerici sui possint percipere fructus beneficiorum suorum.
759	Confertur Avezaco [2] de Montemerlo ecclesia sancti Laurentii de Abano, Paduane diocesis.
760	Venerabili fratri .. episcopo Nimociensi. Pro quodam cambio pro .. magistro et fratribus Hospitalis sancti Johannis Jerosolimitani.
N°. 761	Confertur Jacobo Mathei [de filiis Ursi] prebenda et prepositura Barchinonensis.
762	† Indulgentia pro monasterio sancte Clare Yporiensis.
763	Nicolao rectori ecclesie de Hanliers, Treverensis diocesis. Super pluralitate.
764	† .. Episcopo Gratianopolitano. Quod quidam clericus suus possit percipere fructus beneficiorum suorum.
765	Petro episcopo Baiocensi. Quod quatuor clerici sui possint percipere usque ad quinquennium fructus beneficiorum suorum.
766	† Executoria super eodem.
767	Thome electo Virdunensi. Quod possit exigere nomine Ecclesie Romane que ipsi Ecclesie ac subsidio Terre Sancte debentur.
768	† Eidem. Quod possit absolvere nonnullos excommunicatos.
769	Mandatur absolvi Contardus Carolus de Venetiis pro eo quod portavit res inhibitas ad terras Sarracenorum.
770	.. Decano et capitulo ecclesie sancte Marie Montis Brisonis, Lugdunensis diocesis. Quod habeant liberam sepulturam.
771	Magistro Hugoni Sampsonis rectori ecclesie de Granfeld, Lincolniensis diocesis. Super pluralitate.
772	Quedam gratie concesse comiti Sabaudie, ab isto capitulo usque ad capitulum DCXXIX (*sc. n° 775*).
776	Theobaldo episcopo Asisinati. Quod possit conferre uni persone ydonee prebendam Asisinatem.
777	Indulgentia ad fabricam pro ecclesia Predicatorum Pergamensium.

1. Col. 474, l. 25, lisez *Raymundo* au lieu de « Raymondo. »
2. Ce nom est douteux. La table du ms. porte *Avezacco*, la rubrique de la bulle *Avezuto* ou *Avezaco*.

N°. 778 .. Priorisse et conventui monasterii sancte Marie Matris Domini Pergamensis. Super quadam unione.

779 .. Priori et conventui ordinis Predicatorum Pergamensibus. Super quadam ordinatione facta ab .. episcopo Pergamensi.

780 Radulfo Johlario clerico Constantiensis diocesis. Dispensatur cum eo super defectu natalium.

781 † Stephano de Malolacu. Confirmatur sibi quedam ecclesia.

782 Dispensatio super matrimonio.

783 Mandatur dispensari super defectu natalium cum Friderico Henrici de Sytansteten., Pataviensis diocesis.

784 Quedam gratie concesse .. abbati et conventui monasterii sancti Antonii, Viennensis diocesis, ab isto capitulo usque ad capitulum DCXXXVIII (*sc. n° 787*).

788 Mandatur provideri Marino Carazulo de Neapoli de beneficiis usque ad summam X unciarum auri in civitate vel diocesi Capuana.

789 In e. m. mandatur pro Johanne de Riso, clerico Neapolitane diocesis.

790 Dispensatio super matrimonio.

791 Super permutatione quarumdam ecclesiarum.

792 Compositio super quadam discordia inter .. archiepiscopum Cantuariensem et .. abbatem et conventum monasterii sancti Augustini Cantuariensis.

793 † .. Priori ecclesie Cantuariensis. Quod possit dispensare cum quibusdam clericis dicte diocesis.

N°. 794 Mandatur provideri Wlskero [1] dicto Ssober de Hamburt, Pataviensis diocesis, de beneficio cum dignitate in civitate vel diocesi Pataviensi.

795 Providetur Gabrieli de Monte Silice de beneficio cum dignitate in civitate vel diocesi Paduana.

796 Quedam gratie concesse G[uillelmo] archiepiscopo Ebredunensi. [Super visitatione].

797 † Quod possit facere recipi duas personas in canonicos in ecclesia Ebredunensi.

798 † .. Priori et conventui fratrum Predicatorum Cremonensibus. Super quodam loco vendendo vel alias distrahendo.

799 Dispensatio super matrimonio.

800 Amblardo [2] episcopo Maurianensi. Quod possit dispensare cum nonnullis clericis et laicis suarum civitatis et diocesis super injectione manuum.

801 † Indulgentia pro ecclesia beate Marie Virginis in civitate Tarviensi.

802 Eustachio de Ays, canonico ecclesie sancti Petri Casletensis. Dispensatur cum eo super defectu natalium et super pluralitate.

803 † .. Magistro domus Militie Templi. Quod possit venire ad Sedem Apostolicam.

804 Johanni dicto Grame, rectori parrochialis ecclesie in Bokenem [3], Hildesemensis diocesis. Super pluralitate.

805 Providetur Jordano Merle de prebenda Baiocensi cum dignitate.

806 † Dispensatio super defectu natalium.

1. Col. 492, l. 2, lisez *Wlskero* au lieu de « Wulskero. »
2. Ms : « Abublardo. »
3. Ms : « Bokernem. »

1. Ms : « Henguigdon. »

Nº. 835	† Inquisitoribus heretice pravitatis in eodem regno. Quod officium suum exerceant tam citra quam ultra Farum.
836	.. Priori et fratribus Predicatorum Monopolitanis. Quod possint de rapinis percipere usque ad certam summam.
837	Recipiuntur sub protectione .. priorissa et conventus monasterii sancte Marie de Nazareth Aquensis.
838	.. Priori et conventui fratrum ordinis Predicatorum Cremonensibus. Confirmatur eis ecclesia sancti Martini in loco civitatis Cremonensis.
839	Conceditur monasterio sancte Marie de Bridelington [1], Eboracensis diocesis, quedam parrochialis ecclesia Lincolniensis diocesis.
840	Episcopo Lascurrensi [2]. Super dispensatione matrimonii.
841	† .. Marchioni Brandeburgensi. Super celebratione divinorum officiorum non obstante interdicto.
842	Confirmatur .. preposito et fratribus domus sancti Petri de Vicoboldono, ordinis Humiliatorum, quedam gratia facta per Radulfum regem Romanorum.
843	Super permutatione quarumdam possessionum concessa monasterio sancti Juliani Ariminensis.
844	.. Episcopo Pergamensi. Quod possit dispensare cum nobili viro Ponrino de Pirmardis, cive Cremonensi.
845	Aymerico archidiacono de Citravada in ecclesia Baiocensi. Super visitatione.
846	Dispensatur super defectu cum Petro nato Raymundi Fulconis, Urgellensis diocesis.

1. Ms : « Brindelyngton. »
2. Ms : « Lausanensi. »

Nº. 847	.. Archiepiscopo Ebredunensi. Quod non permictat molestari nobilem mulierem Beatricem de Sabaudia.
848	.. Archiepiscopo Ebredunensi. Quod decernat prebendam debitam Guillelmo Ala saudi in ecclesia Carpentoratensi.
849	† Indulgentia pro ecclesia Omnium Sanctorum de Monteflorino juxta Grationopolim.
850	† .. Priori et fratribus domus ordinis beate Marie de Monte Carmeli Messanensibus. Quod possint transire ad alium locum.
851	† Confertur prebenda Andegavensis magistro Alano Venatoris capellano domini pape.
852	.. Abbati monasterii sancti Petri de Latigniaco, Parisiensis diocesis. Reservatur sibi prioratus sancti Genii extra muros Lectorenses.
853	Mandatur visitari in prioratu ecclesie Dunelmensis.
854	Efficitur de ecclesia sancte Marie de Monasterio in Brienzonesio, Ebredunensis diocesis, prioratus ordinis sancti Benedicti.
855	Petro de Colingeburn. [1], rectori ecclesie de Kemesene, Wigorniensis diocesis. Super dispensatione.
856	Confertur Petro de Bellapertica prebenda Parisiensis cum dignitate.
857	Super statuendo certo numero monachorum in monasterio sancti Florentini de Bonavalle, Carnotensis diocesis.
858	Dispensatio super matrimonio.
859	.. Priori et conventui monasterii de Porcilia extra muros Paduanos. Super confirmatione cujusdam arbitrii.
860	.. Priori provinciali fratrum Predicatorum in Ungaria. Super mictendis fratribus ad certas provincias.

1. Ms : « Collngerburn. »

N°. 861	Mandantur absolvi quidam cives Ragusini qui portaverunt res prohibitas in Alexandriam.
862	Confirmatur monasterio de Salopia, Conventrensis diocesis, ecclesia de Scocoresden., Herefordensis diocesis.
863	.. Abbati monasterii de Balma, Bisuntine diocesis. Super questione decanatus ecclesie Bisuntine.
864	Mandatur provideri Raymundo de Botovilla, clerico Tholosane diocesis, de aliquo beneficio cum cura vel sine cura in diocesi Tholosana.
865	Citatio personalis ad instantiam H[ugolini] episcopi Castellani.
866	Indulgentia ad fabricam [pro ecclesia fratrum ordinis Predicatorum Ragusinorum].
867	† Indulgentia ad fabricam pro ecclesia fratrum ordinis Predicatorum Duracensium.
868	Mandatur conferri archidiaconatus ecclesie Duracensis alicui persone ydonee.
869	† .. Priori et conventui fratrum ordinis Predicatorum Yporiensibus. Quod possint recipere de male ablatis usque ad certam summam.
870	.. Priori fratrum ordinis Predicatorum Sanctaranensi, Ulixbonensis diocesis. Super penitentia imponenda Johanni Symeonis.
871	De eodem. Super capella construenda [a dicto Johanne].
872	.. Abbati et conventui monasterii Molismensis, Lingonensis diocesis. Super confirmatione cujusdam ordinationis.
873	Guillelmo episcopo Tricastrino. Quod possit facere recipi duas personas in ecclesia Tricastrina.
N°. 874	.. Magistro et fratribus Hospitalis sancti Johannis Jerosolimitani. Confirmatur eis quoddam statutum.
875	† .. Episcopo Vivariensi. Super visitatione.
876	Dispensatio super matrimonio.
877	Corrado rectori ecclesie in Scheslz, Bambergensis diocesis. Dispensatio super pluralitate.
878	† Hugolino Jacobi de Solerio. Reservatur sibi prebenda Yporiensis.
879	Dispensatio super matrimonio.
880	† .. Priori et conventui monasterii de Porcilia extra muros Paduanos. Super ministrandis sacramentis familiaribus et servitoribus monasterii.
881	Reservatur Bellebono Henrici Belleboni, clerico Viterbiensi, beneficium quod duxerit acceptandum in civitate vel diocesi Viterbiensi.
882	Littere concesse mercatoribus de societate Amannatorum de Pistorio contra debitores eorum, ab isto capitulo usque ad capitulum DCCIX (*sc. n° 887*).
888	Gratie concesse S[tephano] archiepiscopo Senonensi [vel ejus obtentu], ab isto capitulo usque ad capitulum DCCXVI (*sc. n° 898*).
899	Quedam gratie concesse quatuor abbatibus Cisterciensis ordinis.
900	Johanni abbati monasterii sancte Trinitatis de Monte Sacro, Sypontine diocesis. Preficitur in abbatem ejusdem monasterii.
901	Declaratio de gratia concessa Ph[ylippo] regi Francie de fructibus primi anni beneficiorum vacantium percipiendis. Quod non astringat .. magistrum et fratres ordinis Militie Templi Jerosolimitani.

N°. 902	† Confirmatur constitutio Bonifatii VIII super libertatibus et juribus ordinis fratrum Predicatorum.
903	Conceduntur .. abbati et conventui monasterii sancti Benedicti in Petraficta ecclesia et hospitale sancti Thome sita in suburbio civitatis Perusine.
904	Mandatur concedi officium tabellionatus Laurentio Giroldi civi Beneventano.
905	Dispensatur super defectu cum Guione de Comitibus clerico Paduano.
906	.. Priori et fratribus ordinis Heremitarum sancti Augustini Ortanis. Quod possint mutare locum in civitate Ortana.
907	Indulgentie super fructibus percipiendis concesse diversis personis (*usque ad 910*).
911	.. Episcopo Agathensi. Quod largiatur licentiam .. abbati et conventui monasterii de sancto Tiberio, Agathensis diocesis, quod possint locare seu vendere quasdam terras seu possessiones incultas.
912	Andree archiepiscopo Brundusino in archiepiscopum Capuanum electo. Preficitur in archiepiscopum Capuanum.
913	.. Episcopo et capitulo Osloensibus. Quod possint conferre beneficia que tanto tempore vacaverunt, etc.
914	Conceditur capella sancti Thome de Arena conventui sancti Petri martiris ordinis Predicatorum de Neapoli.
915	Quedam sorores secundum instituta et sub cura fratrum ordinis Predicatorum viventes committuntur cure .. magistri et priorum provincialium regni Sicilie et Romane provinciarum ejusdem ordinis.
916	† De eodem.
N°. 917	† .. Priori et conventui fratrum ordinis Predicatorum Alexandrinis, Aquensis diocesis. Quod possint recipere de male ablatis usque ad certam summam.
918	Eisdem. Donatur eis census tam pro preterito tempore quam futuro usque ad centum florenos auri de censu quem comunitas Alexandrie Romano tenetur solvere Ecclesie.
919	Conservatorie concesse .. magistro et fratribus domus Militie Templi Jerosolimitani (*usque ad 921*).
922	Conservatorie concesse .. magistro et fratribus Hospitalis sancte Marie Theotonicorum.
923	Conservatorie concesse abbatibus et abbatissis Cisterciensis ordinis.
924	.. Priori et fratribus ordinis Predicatorum Fanensibus. Quod possint recipere usque ad certam summam de male ablatis.
925	Quedam gratie concesse .. priori et conventui fratrum Predicatorum Imolensibus. [Quod possint recipere usque ad certam summam de male ablatis].
926	† Eisdem. Conceditur eis ecclesia sancti Nicolai Imolensis.
927	Indulgentia concessa plebi de Amburgo, Pataviensis diocesis.
928	† Indulgentia concessa capelle hospitalis sancte Marie Virginis de Alpibus Jovis, Florentine diocesis.
929	Fratri Johanni Oliverii de Parma, monacho monasterii Leonensis, Brixiensis diocesis. Super dispensatione.
930	Antonio episcopo Dunelmensi. Quod possit conferre duabus personis tabellionatus officium.

N°. 931 Super quodam monasterio ordinis sancte Clare fundato in civitate Coloniensi.

932 Confertur prepositura ecclesie sancti Bartholomei Leodiensis Johanni Palmerii de Turre.

933 Confertur Bonifatio Hugolelli de Turilia prebenda Placentina.

934 Dispensatur super defectu cum Johanne Guillelmi Servat, clerico Londoniensi.

935 † .. Patriarche Jerosolimitano. Quod possit condere testamentum.

936 Venerabili fratri B[artholomeo] episcopo Eduensi. Quod possit conferre duabus personis officium tabellionatus.

937 Eidem. Quod possit facere recipi singulas personas in Eduensi ac Belnensi, de Vergeyo et de Castrocensorio, sue diocesis, ecclesiis.

938 Dispensatio super matrimonio.

939 † Henrico de Hertelyaigton, Eboracensis diocesis. Quod possit habere altare portatile. — Carolo Nicolai de Flisco eadem gratia conceditur [1].

940 Episcopo Portuensi. Super quodam orto conventui fratrum Predicatorum Urbevetano vendendo.

941 Conceditur .. priorisse et sororibus monasterii sancti Petri Urbevetani tam presentibus quam futuris, quod non teneantur exhibere annuum censum earum diocesanis episcopis nec non pedagia, tholonea et alias exactiones nec etiam ad dandum procurationes, etc.

942 Providetur Pandulfo Capotie de beneficio quod duxerit acceptandum in civitate vel diocesi Balneoregensi.

1. Col. 562, corrigez la date de cette pièce. Elle est du 20 *mars* et non du 20 mai; au lieu de XIII kal. junii, il faut lire XIII kal. *aprilis*.

N°. 943 Dispensatur super defectu natalium cum Johanne de Kelles, nato Godefridi de Brabantia, clerico Leodiensis diocesis.

944 Radulfo patriarche Jerosolimitano. Commendatur sibi ecclesia Brundusina.

945 Commendatur P[agano] episcopo Paduano usque ad duos annos monasterium de Pratalia, ordinis sancti Benedicti, Paduane diocesis.

946 Dispensatio super defectu natalium cum Alvaro Nunii, scolari Burgensis diocesis.

947 Venerabili fratri A[ldeberto] episcopo Vivariensi. Quod possit facere recipi duas personas in ecclesia Vivariensi.

948 Confertur prepositura ecclesie sancti Salvatoris de Lavania, Januensis diocesis, Facino dicto cardinali.

949 Providetur Bartholomeo Giani de Circulis de beneficio quod duxerit acceptandum in civitate vel diocesi Aretina.

950 Providetur Petro Consilii de Circulis de beneficio, ut supra, in Florentina vel Fesulana civitatibus vel diocesibus.

951 Providetur Phylippo Nicole de Cerchiis de beneficio, ut supra, in civitate vel diocesi Pistoriensi.

952 Corrado rectori ecclesie parrochialis in Ahusen, Eystetensis diocesis. Super pluralitate.

953 Alvaro Gonsalvi presbytero, canonico Egitaniensi. Super pluralitate.

954 Providetur Galeatio de Salodo, clerico Brixiensi, de beneficio quod duxerit acceptandum in civitate vel diocesi Veronensi.

955 Providetur Angelo Be[n]venuti de beneficio quod duxerit acceptandum in civitate vel diocesi Tudertina.

N°.	
956	† .. Episcopo Carnotensi. Quod possit ordinare de fratribus ordinis Vallisscolarium quandam ecclesiam Carnotensis diocesis.
957	Bartholomeo episcopo Fuliginati. Quod possit condere testamentum.
958	Armenis domus Sancti Spiritus Anconitani. Recipiuntur sub protectione. — † Quod non possint excommunicari, suspendi vel etiam interdici nisi a Sede ipsa.
959	† Conservatoria pro eisdem.
960	Conservatoria pro monasterio Senevalli de Fulina, Cisterciensis ordinis, Cenetensis diocesis.
961	Indulgetur nobili mulieri Blance ducisse Austrie et Stirie, quod quatuor clerici sui possint percipere fructus beneficiorum suorum.
962	Eidem. Quod possit eligere confessorem. — † Quod possit facere celebrari solennia non obstante interdicto.
963	.. Decano et capitulo ecclesie Laudunensis. Quod possint exercere censuram ecclesiasticam in injuriatores eorum, [non obstantibus indulgentiis seu privilegiis aliquibus concessis].
964	Eisdem. Contra invasores.
965	Alexandro Feltrensi et Bellunensi episcopo. Quod possit facere recipi duas personas in Feltrensi et totidem in Bellunensi ecclesiis.
966	Dispensatio super matrimonio.
967	Gometio Consalvi portionario ecclesie de Vimaranis, Bracharensis diocesis. Dispensatio super defectu natalium et super pluralitate.
968	Confertur Bernardino de Foliano prepositura ecclesie de Carpineto, Regine diocesis.

N°.	
969	.. Abbati et conventui monasterii sancti Christofori de Bergamasco, Aquensis diocesis [1]. Confirmatur eis quidam prioratus.
970	.. Priori et fratribus ordinis Predicatorum Ragusinis. Quod possint recipere usque ad certam summam de usuris et rapinis.
971	† Indulgentia pro ecclesia monasterii sancti Florentini de Bonavalle, Carnotensis diocesis.
972	Hermanno preposito Ymbrie, Othoniensis diocesis. Super pluralitate.
973	Mandatur provideri, ad preces nobilis viri Johannis ducis Britanie, in Andegavensi, Cenomanensi et Abrincensi ecclesiis de prebendis singulis personis idoneis.
974	Super quadam prava consuetudine in ducatu Britanie, ab isto capitulo usque ad capitulum DCCLXXIIII (*sc. n° 976.*)
977	Providetur Wlvingo de Pramperh de beneficio quod duxerit acceptandum in civitate vel diocesi Salzeburgensi.
978	Dispensatio super matrimonio.
979	Dispensatio super matrimonio.
980	Dispensatur super defectu natalium cum Laurentio de sancto Stephano, clerico Suessionensis diocesis.
981	Comuni civitatis Velletrensis. Absolvuntur a quibusdam bannis et condempnationibus.
982	Conceditur palleum G[uillelmo] electo Salernitano.
983	Mandatur citari Paulus episcopus Melfitensis.
984	Providetur Gottifrido de Chremsa de beneficio in civitate vel diocesi Pataviensi.

1. Col. 577, l. 43, lisez *Aquensis* au lieu de « Taurinensis. » Col. 578, l. 3, lisez : predicti ordinis, Taurinensis diocesis.

N°.	
985	Bartholomeo de Flisco, priori secularis ecclesie de Ponte Lavanio, Januensis diocesis. Super dispensatione.
986	.. Archiepiscopo Januensi. Super quadam capella construenda in villa de Sexto, Januensis diocesis. — † Super alia capella similiter construenda in villa de Premontorio, ejusdem diocesis.
987	Confertur magistro Sicardo de Vauro prebenda Narbonensis cum dignitate.
988	.. Archiepiscopo Januensi. Super quadam ecclesia construenda infra parrochiam ecclesie sancte Marie in Vineis Januensis.
989	Dispensatio super matrimonio.
990	Mandatur citari personaliter B[erengarius] episcopus Carpentoratensis.
991	Indulgentia pro ecclesia beati Andree de Bigontio de Seravalle, Cenetensis diocesis.
992	Venerabili fratri .. episcopo Foropopuliensi. Preficitur in episcopum Foropopuliensem.
993	Mandatur conferri Lutoldo scolastico ecclesie Glogoniensis, Wratislaviensis diocesis, prebenda ecclesie Pragensis, que fuit Dionisii ejusdem ecclesie canonici.
994	Conceditur nobili viro Henrico duci Sletie quod possit duo monasteria ordinis sancte Clare edificare in terra sua.
995	Super quadam pensione debita Francisco sancte Lucie in Silice diacono cardinali a Willelmo episcopo Wigorniensi.
996	Mandatur conferri prioratus ecclesie sancti Pauli de Materno, Clusine diocesis.
997	Indulgetur universis abbatissis et sororibus monasteriorum ordinis sancte Clare, quod non teneantur ad prestationem decimarum.
998	Mandatur citari personaliter Guillelmus Vilate qui se gerit pro abbate monasterii sancti Petri de Nantho, Ruthenensis diocesis.
999	Confertur Amalvino de Landora[1] prebenda Ruthenensis cum personatu.
1000	Conservatoria pro hospitali sancte Marie de Fontanillis Tornodorensis, Lingonensis diocesis.
1001	† .. Magistro et fratribus ejusdem hospitalis. Quod possint celebrare officia durante interdicto.
1002	Nobili mulieri Marie comitisse Juliacensi. Quod possit ingredi monasteria monialium Cisterciensis ordinis.
1003	Gualvano de Gueng., presbytero Eboracensis diocesis. Super pluralitate.
1004	Guillelmo de Tria archidiacono Minoris Caleti in ecclesia Rothomagensi et canonico ecclesie Rothomagensis. Super pluralitate.
1005	Mandatur citari personaliter Fulco qui se gerit pro abbate monasterii sancte Marie de Corona, ordinis sancti Augustini, Engolismensis diocesis.
1006	Gratie concesse nobili viro Carolo comiti Andegavensi super facto imperii Constantinopolitani.
1007	Super eodem.
1008	Super eodem.
1009	Licentia de mutuo contrahendo pro R[aynaldo] archiepiscopo Ravennati.
1010	† Conceditur .. episcopo Taurinensi quod possit exercere visitationis officium per alium.
1011	Committitur administratio ecclesie Parisiensis [Stephano de Sugiaco et Thome de Bailliaco].

1. Ms: « Jaudra. »

N°. 1012	Magistro Martino de Medunta canonico Baiocensi. Super pluralitate.
1013	Quedam gratie concesse Antonio episcopo Dunelmensi. [Quod possit dispensare super pluralitate cum octo clericis suis crucesignatis].
1014	† Eidem. Quod possit dispensare super eodem cum quatuor aliis clericis suis.
1015	Mandatur inquiri super quibusdam possessionibus ecclesie Cretensis venditis per L[eonardum] patriarcham Constantinopolitanum.
1016	Conceditur hospitali de Egra, Ratisponensis diocesis, cimiterium.
1017	Conceduntur Thome de Anasto prebenda et decanatus Andegavensis.
1018	.. Priori et conventui ordinis Predicatorum Perusinis. Confertur eis capella sancti Stephani de Castellari loco eorum vicina.
1019	Carisio archipresbytero ecclesie de Carleta, Faventine diocesis. Super dispensatione.
1020	Raynaldo de Roy, laico Noviomensis diocesis. Quod possit edificare tres capellas in loco qui dicitur Pontis Episcopi, Noviomensis diocesis.
1021	Quedam gratie concesse nobili viro Johanni domino de Castro Villano, Lingonensis diocesis (*usque ad 1022*).
1023	† Benedicto de Aquino, notario domini pape. Quod possit condere testamentum.
1024	Conservatorie pro monasterio sancti Antonii, Viennensis diocesis.
1025	† Magistro Parisio quondam Benvenuti de Altedo conceditur tabellionatus officium.
1026	† Conceditur .. abbati monasterii Cistercii, Cabilonensis diocesis, quod possit in locis sui ordinis quandam indulgentiam elargiri.
N°. 1027	Venerabili fratri Friderico archiepiscopo Rigensi. Quod possit concedere duabus personis tabellionatus officium.
1028	Venerabili fratri B[artholomeo] episcopo Eduensi. Quod possit exercere censuram ecclesiasticam in manifestos injuriatores suos vel ecclesie Eduensis.
1029	Mandatur provideri de abbate monasterio sancte Marie de Trianis, Legionensis diocesis.
1030	Mandatur citari personaliter Finus Donati de Aretio monachus monasterii Camaldunensis, Aretine diocesis.
1031	Johanni subdiacono rectori ecclesie de Eyaurrieta, Pampilionensis diocesis. Super dispensatione.
1032	Petro nato Jacobi de Cazulis canonico Pisano. Super dispensatione.
1033	Confertur Gaucerando de Calomonte rectoria ecclesie sancti Petri de Avist, Albiensis diocesis.
1034	Petro Pagani, rectori ecclesie sanctorum Quirici et Julite, Albiensis diocesis. Super dispensatione.
1035	Confertur Hugueto de Carmeyno prebenda et thesauraria ecclesie Nimociensis.
1036	Conservatoria pro Huguitione episcopo Novariensi.
1037	† Eidem episcopo. Quod ecclesiam Novariensem sollicite gubernet.
1038	Johanni dicto Loterel rectori ecclesie de Holin, Eboracensis diocesis. Super dispensatione.
1039	Eidem. Quod possit percipere fructus ejusdem ecclesie usque ad quinque annos studendo in theologica facultate.

N°. 1040 .. Rectori et fratribus hospitalis novi de Castro Plebis, Clusino diocesis. Quod non teneantur solvere canonicam portionem.

1041 Mandatur provideri Jacobello Petri Bellimontis de Parleonibus in civitate vel diocesi Capuana de beneficio usque ad certam summam unciarum auri.

1042 Confertur Meliorato quondam Boni de Triviolo perpetuum beneficium in ecclesia sancti Petri Pergamensis.

1043 Confertur Vitali de Mavihauto[1] prebenda Lectorensis.

1044 Conservatorie pro Hospitali sancti Johannis Jerosolimitani.

1045 † Super eodem.

1046 † Indulgentia pro eis qui ad liberationem quorumdam captivorum apud Sarracenos existentium manum adjutricem porrexerint.

1047 Conceditur tabellionatus officium Andreo quondam Leonis de Setia, clerico Terracinensi.

1048 Michaeli abbati monasterii sancti Ysidori Legionensis. Preficitur in abbatem ejusdem monasterii.

1049 Nobili mulieri Marie comitisse Juliacensi. Quod possit facere celebrari solennia in locis interdictis.

1050 Aymerico abbati monasterii beate Marie de Colla, Pictaviensis diocesis. Quod possit providere hac vice eidem monasterio de priore claustrali et canonicis.

1051 Magistro Alberto archidiacono Carnotensi. Quod possit percipere fructus beneficiorum suorum.

1. Ms : « Manihauto. » Cf. col. 629, l. 29 même leçon ; mais je crois préférable de lire *Mavihauto*. Ce nom s'est conservé jusqu'à nos jours sous cette dernière forme dans certaines parties de la France.

N°. 1052 In e. m. conceditur magistro Hugoni de Calancona[1] rectori ecclesie de Villarsella, Narbonensis diocesis.

1053 Gratie concesse Wlvingo episcopo Bambergensi et aliis pro ipsis, ab isto capitulo usque ad capitulum DCCCXLVIII (*sc. n° 1067*).

1068 Mandatur conferri Ubaldino Tani de Ubaldinis archidiaconatus cum prebenda ecclesie Bisuntine.

1069 Mandatur excommunicari Nicolaus Feliciani canonicus Strigoniensis et alias procedi contra ipsum.

1070 Manfredo Rambaldi de Tervisio. Super prebenda Cameracensi.

1071 Monsserato Eymerici rectori ecclesie sancte Marie de Plano, Terraconensis diocesis. Super dispensatione.

1072 Nobili viro Johanni domino Castri Villani, Lingonensis diocesis. Super voto ultramarino.

1073 Dispensatio super matrimonio.

1074 Uberto abbati monasterii Fructuariensis, Yporiensis diocesis. Super uniendis quibusdam ecclesiis, prioratibus, etc., dicti monasterii. — † Eidem. Super permutatione quarumdam possessionum ejusdem monasterii.

1075 Conceditur quod .. magister hospitalis sancte Marie de Fontanillis Tornodorensis, Lingonensis diocesis, possit recipere fructus beneficiorum suorum.

1076 Indulgentia ad fabricam pro ecclesia sancte Marie de Musterolo, Senonensis diocesis.

1077 † Indulgentia pro ecclesia sancte Caterine virginis de Brianzono, Ebredunensis diocesis.

1078 Dispensatio super matrimonio in Urbe.

1. Ms : « Calanconia. »

N°. 1079	Dispensatio super defectu natalium cum Johanne Wenceslai de Brunna, Olomucensis diocesis.	N°. 1087	Indulgentia super fructibus percipiendis pro Alexandro Michaelis Mauretini de Venetiis, canonico Cameracensi.
1080	Mandatur vendi quidam ortus .. priori et conventui ordinis Predicatorum de Urbeveteri.	1088	Confertur magistro Celestino Jacobi de Pastrengo prebenda Regina.
		1089	Reservatur Cipriano de Alexandris de Pergamo prebenda Leodiensis cum dignitate.
1081	Gratie concesse Guidotto electo Messanensi, ab isto capitulo usque ad capitulum DCCCLXIIII (*sc. n° 1084*).	1090	Quedam gratie concesse T[itio] archiepiscopo Panormitano, ab isto capitulo usque ad capitulum DCCCLXXVI (*sc. n° 1096*).
1085	Confertur magistro Oddoni de Sermineto prebenda sancti Donatiani Brugensis, Tornacensis diocesis.	1097	Confertur magistro Cinthio de Cancellariis de Urbe prebenda Parisiensis.
1086	Magistro Andree Rolandi physico, clerico Januensi. Dispensatur cum eo super oculo amisso.	1098	† Confertur magistro Silvestro de Adria prebenda Rosnacensis, Cameracensis diocesis.

LETTRES CURIALES.

N°. 1099	Processus contra illos qui habuerunt de bonis thesauri.	N°. 1107	Reservatur donationi Sedis Apostolice archidiaconatus ecclesie Vercellensis cum prebenda.
1100	Processus super eodem.	1108	Conceditur G[uillelmo] sancti Nicolai in Carcere Tulliano diacono cardinali, quod possit conferre archidiaconatum predictum.
1101	Processus contra illos qui portant mercimonia ad terram Sarracenorum.		
1102	Processus contra illos qui capiunt et impediunt venientes ad curiam Romanam et redeuntes ab ea.	1109	Conceditur Amannatis quod possint secure venire ad curiam.
1103	Revocatio de beneficiis vacaturis.	1110	Pandulfo de Sabello notario nostro. Quod possit habere altare portatile.
1104	Committitur Francisco sancte Lucie in Silice diacono cardinali ecclesia sanctorum Laurentii et Damasii de Urbe.	1111	C[arolo] regi Sicilie illustri. Super facto census.
1105	Jacobo sancti Georgii ad Velum Aureum diacono cardinali. Super quibusdam bonis ecclesie Acherontine.	1112	Carissimo in Christo filio Frederico regi Trinacrie illustri. Super denominatione regni.
1106	Conservatoria pro Johanne archidiacono Andegavensi, camerario domini pape.	1113	Johanni tituli sanctorum Marcellini et Petri presbytero cardinali. Confirmantur collationes beneficiorum facte per eum in regno Francie.

N°. 1114	Committitur rectoria Marchie Anconitane Rembaldo de Tervisio.
1115	Committitur eidem rectoria masse Trabarie et terre sancte Agathe.
1116	Committitur eidem rectoria civitatis et comitatus Urbini.
1117	Committitur Deotecleric de Logliano rectoria [rocce de Cesis], terre Arnulphorum ac Vallistopini.
1118	Committitur eidem rectoria ducatus Spoletani.
1119	Mittitur magister Bernardus Roiardi archidiaconus Xanctonensis in Campaniam pro recuperandis de bonis thesauri.
1120	Super eodem.
1121	Committitur Guillelmo archiepiscopo Ebredunensi rectoria comitatus Venaysini.
1122	Friderico regi Trinacrie illustri. Super facto census.
1123	Jacobo sancti Georgii ad Velum Aureum diacono cardinali. Quod possit providere de scolastria et prebenda Tullensi.
1124	Reservatur ecclesia Vicentina.
1125	† In e. m. pro ecclesia Zagabriensi.
1126	† Reservatur ecclesia Mantuana.
1127	Altegrado electo Vicentino. Preficitur in episcopum Vicentinum.
1128	Reservatur vicedominatus ecclesie Remensis.
1129	Guillelmo sancti Nicolai in Carcere Tulliano diacono cardinali. Quod possit conferre vicedominatum predictum.
1130	Riccardo sancti Eustachii diacono cardinali. Quod possit providere duabus personis in ecclesia sancti Eustachii.
N°. 1131	Mandatur citari personaliter Aldigerius presbyter Parmensis.
1132	Magistro Cursio de sancto Geminiano. Efficitur procurator Ecclesie Romane.
1133	Committitur rectoria comitatus Sabinie J[ohanni] episcopo Reatino.
1134	Committitur eidem rectoria civitatis Interamnensis, castrorum Utriculi et Strunconis ac tenimenti campi de Rusco. — † In e. m. eidem pro castro Mirande.
1135	Restituuntur Columpnenses ad certa.
1136	Mittitur .. electus Cephaludensis ad Fridericum regem Trinacrie pro certis complendis.
1137	Conceduntur Johanni de Cusignano quedam possessiones in castro Montisflasconis.
1138	Conceditur eidem molendinum de Vallerano.
1139	Conceditur Nicolao de Tervisio castellania castri Paliani.— † Conceditur Petro de Mota de Tervisio castellania castri Perote.
1140	Conceditur Alberto de Cusignano castellania castri Egiptii.
1141	Conceditur Gerardo de Fodenovo castellania castri Orcle.
1142	Conceditur Jacobo Quirini rectoria Patrimonii in temporalibus.
1143	Conceditur cuidam alii in spiritualibus.
1144	† Conceditur Johanni de Guarcino rectoria in spiritualibus ducatus Spoletani.
1145	† Conceditur Gabrieli de Patientibus rectoria in spiritualibus Marchie Anconitane.
1146	Committitur cuidam potestaria Viterbiensis.

N°.		N°.	
1147	Suspenduntur statuta Marchie Anconitane.	1169	Conservatoria pro domo scolarium Choleti Parisiensi. — † In e. m. pro domo Cardinalis Parisiensi.
1148	Super dispositione prepositure ecclesie Albensis, [Vesprimiensis diocesis].	1170	Littera « Inter cuntas » super revocatione littere « Super cathedram ».
1149	Conceditur quidam ortus monasterio monialium sancti Pauli de Tervisio.	1171	Legatio domini N[icolai] episcopi Ostiensis, ab isto capitulo usque ad capitulum CII (*sc. n° 1205*).
1150	Reservatur ecclesia Tridentina.	1206	Revocatio quarumdam gratiarum concessarum quibusdam in ducatu Spoletano.
1151	Conceditur securitas mercatoribus Amannatorum.	1207	Papiniano episcopo Parmensi sancte Romane Ecclesie vicecancellario. Super permutatione quarumdam possessionum.
1152	Mandatur citari personaliter Johannes archiepiscopus Capuanus.	1208	Conservatoria super eodem.
1153	Quod possint fratres Predicatores edificare locum in villa de Genoliacho, Uticensis diocesis.	1209	Conservatoria pro Guidone episcopo Astensi.
1154	Grimerio de Lacrocta jurisperito. Efficitur auditor in criminalibus.	1210	Dispensatio super matrimonio in diocesi Yporiensi.
1155	Quedam littere concesse magistro Bonajuto de Casentino super collectione decime in Boemie et Ungarie regnis, ducatu Polonie et marchionatu Moravie, ab isto capitulo usque ad capitulum LVIIII (*sc. n° 1162*).	1211	Conceditur .. abbatisse et conventui monasterii sancti Francisci Taurinensis ruralis ecclesia sancti Bernardi prope Taurinum.
1163	† Roberto sancte Pudentiane presbytero cardinali. Committitur eidem cura monasterii sancti Andree de Fractis de Urbe.	1212	Mandatur recipi Thomasia Antonii de Tranna puella in domo sororum ordinis Humiliatorum Taurinensium.
1164	† Magistro Bonajuto de Casentino. Quod possit conferre duabus personis officium tabellionatus.	1213	Littere concesse Gerardo de Pecoraria canonico Remensi, misso in Anglia et Scotia et Ibernia pro negotiis Ecclesie Romane, ab isto capitulo usque ad capitulum CXVIII (*sc. n° 1222*).
1165	Confirmatio cujusdam compositionis inter Predicatores ex parte una et Minores ex altera.	1223	Conceditur certis conventibus ordinis fratrum Predicatorum quod possint recipere de male ablatis usque ad certam summam (*usque ad 1225*).
1166	Super eodem.	1226	Reservatur provisio ecclesie Aquensis.
1167	Statuuntur duo priores provinciales de ordine Predicatorum in Lombardia.	1227	Super electione magistri ordinis Predicatorum.
1168	Super quadam pensione concessa Luce sancte Marie in Via Lata diacono cardinali a .. priore et capitulo ecclesie Wintoniensis.		

No.		No.	
Nº. 1228	Super observatione constitutionis « Inter cunctas. »	Nº. 1242	Quod monialos sub cura ordinis fratrum Predicatorum viventes non possint ad abbatiam vel regimen alicujus monasterii alterius professionis assumi.
1229	† Super eodem.	1243	Cautela mercatorum camere de quibusdam pecuniarum summis solutis rectoribus provinciarum et aliis.
1230	Super exemptione ordinum Predicatorum et Minorum.	1244	Restituitur Anselmus ad administrationem monasterii sancti Johannis Parmensis.
1231	† Super eodem.	1245	Mandatur concedi licentia de mutuo contrahendo eidem Anselmo.
1232	Gerardo de Pecoraria canonico Remensi, nuntio nostro. Super assignanda pecunia mercatoribus de Circulis de Florentia.	1246	Mandantur absolvi certi qui non solverunt procurationes Johanni tituli sanctorum Marcellini et Petri presbytero cardinali.
1233	Magistro Bonajuto de Casentino canonico Aquilegensi. Super assignatione pecunie eisdem mercatoribus.	1247	Venerabili fratri A[lberico] episcopo Firmano. Super receptione castri Argento.
1234	.. Priori sancte Sabine et fratri Henrico Amonnis ordinis fratrum Minorum Januensium. Super sexcentis libris Januensibus assignandis predictis mercatoribus [1].	1248	Eidem. Super pace tractanda inter comune Venetiarum et comune Paduane civitatis.
1235	Mandatur inquiri in monasterio Farfensi, Sabinensis diocesis, prioratibus et membris ejus.	1249	Super eodem.
1236	Gentili de filiis Ursi senatori Urbis. Quod possit emere tam in Urbe quam extra Urbem.	1250	Super eodem.
1237	.. Episcopo Magalonensi. Super certa pecunia assignanda mercatoribus de societate Circulorum de Florentia.	1251	Gratie concesse Philippo regi Francorum illustri, ab isto capitulo usque ad capitulum CLVIIII (*sc. nº 1267*).
1238	Cautela mercatorum camere de certis pecuniarum summis solutis rectoribus provinciarum.	1268	† Mandatur citari personaliter .. episcopus Trecensis.
1239	Homagium fidelitatis Friderici regis Trinacrie.	1269	† Super observatione constitutionis « Clericis Laicos. »
1240	Conceditur visitator Reclusis Urbis.	1270	Quedam gratie concesse Papiniano episcopo Parmensi, sancte Romane Ecclesie vicecancellario, pro ecclesia Baptisterii Parmensis.
1241	Mandatur concedi archipresbyteratus plebis de sancto Pancratio, Parmensis diocesis.	1271	Super eodem.
		1272	Super eodem.

1. Col. 761, cette pièce doit être datée du 28 *février* et non du 13 mars. Lisez à la date (col. 762, l. 8) *kalendas* au lieu de « idus ».

Cette Table n'étant que la reproduction de celle qui accompagne le manuscrit du Vatican, les pièces qui composent notre Appendice n'y sont nécessairement pas comprises.

FIN DE LA TABLE ANALYTIQUE.

TABLE CHRONOLOGIQUE.

1303				
Octob. 28	Laterani.	Ranerio diacono, electo Vercellensi, indulget ut sacerdotalem ordinem et munus consecrationis insimul recipiat.	Col. 4	No. 2
» 30	»	Universis Christi fidelibus vere pœnitentibus et confessis, qui ecclesiam seu capellam Salvatoris, in Neapolitana civitate nuper erectam, devote visitaverint in certis festivitatibus, quadraginta dierum indulgentiam elargitur.	47	37
» 31	»	Archiepiscopo Mediolanensi et suffraganeis ejus notum facit se, a cardinalibus in papam concorditer electum XI kalendas MCCCIII°, Petri cathedram conscendisse; eos rogat insuper et hortatur, ut pro ipso pias orationes ad Dominum fundant.	1	1
» 31	»	Vacante plebanatu plebis de Trecafi, Massanensis diocesis, per obitum Manganelli dicti Philippi, qui nuper apud Sedem Apostolicam decessit, Octavianus natus quondam Manni Judicis[1] de Massa eidem plebi præficitur in plebanum ac pastorem.	25	20
» 31	»	Nuper cum Carolus rex Siciliæ certam pecuniæ quantitatem solvere teneretur Romanæ Ecclesiæ, quandam super hujusmodi solutione facienda dilationem a Bonifatio VIII meruit obtinere : dilationem istam usque ad festum Natalis Domini proxime venturum Benedictus XI prorogat de gratia speciali.	667	1111
Novem. 2	»	Vicario suo in Urbe scribit de controversia dudum exorta inter fratres hospitalis Sancti Spiritus in Saxia de Urbe, ex parte una, et Jacobum Henrici de Paparescis civem Romanum, ex altera, occasione divisionis quorumdam castrorum, terrarum atque bonorum inter ipsas partes communium : eidem mandat ut divisionem prædictam nomine Sedis Apostolicæ, prout justum fuerit, confirmet controversiamque, si ejus cognitio ad forum ecclesiasticum pertineat, fine debito terminet; alioquin curiæ senatorum Urbis decidendam relinquat.	5	3
» 2	»	Confirmat quasdam Bonifatii VIII litteras, quibus idem pontifex prioratum Asisinatis ecclesiæ Guidoni Pucii contulerat.	6	4
» 2	»	Bartholomæus ecclesiæ Pistoriensis præpositus, quem Bonifatius VIII nuper eidem ecclesiæ tunc vacanti præfecerat, in episcopum Pistoriensem confirmatur.	8	5

1. Col. 25, l. 11 et 14, lisez *Judicis* au lieu de « judicis. »

1303				
Novem. 2	Laterani.	Angelus olim Fæsulanus ac postmodum Larinensis episcopus, quem Bonifatius VIII ad ecclesiam Mothonensem duxerat transferendum, in episcopum Mothonensem confirmatur.	Col. 10	No. 7
» 2	»	Pontius de Alayraco, quem Bonifatius VIII monasterio s. Bartholomæi de Benavento, ordinis s. Augustini, Lemovicensis diocesis, præfecerat, in ejusdem monasterii priorem confirmatur.	13	9
» 2	»	Archiepiscopo Treverensi indulget ut de beneficiis in sua civitate vel diocesi vacantibus, quorum collatio propter eorum diuturnam vacationem devoluta est ad Apostolicam Sedem, disponere libere possit.	14	10
» 2	»	Episcopo Papiensi mandat ut quasdam domos, quas Antonius de Fuxiraga pro ordine s. Claræ in civitate Laudensi construi fecit, recipiat, et statuat ut ibi per moniales dicti ordinis perpetuis temporibus Domino serviatur.	15	11
» 2	»	Priori fratrum Prædicatorum et guardiano Minorum Mediolanensibus mandat ut, juxta tenorem quarumdam litterarum Bonifatii VIII, electionem abbatissæ monasterii s. Mariæ de Baxiliano, Mediolanensis diocesis, diligenter examinent, ac, si eam invenerint de persona idonea canonice celebratam, confirment.	16	12
» 2	»	Abbatissam et conventum monasterii s. Claræ Ravellensis, ordinis ejusdem sanctæ, generali et provinciali ordinis fratrum Minorum Terræ Laboris committit.	18	13
» 2	»	Ordini fratrum Prædicatorum indulget ut, cum et quandiu magisterium ordinis vacare contigerit, generalis procurator ordinis ejusdem procuratorio sibi ante concesso sine qualibet confirmatione vel renovatione uti valeat.	20	15
» 2	»	Quasdam Bonifatii VIII litteras confirmat, statuens ut juxta tenorem litterarum earumdem Pontius de Alayraco retinere possit una cum prioratu monasterii s. Bartholomæi de Benavento, Lemovicensis diocesis, canonicatum Uticensis ecclesiæ.	23	19
» 2	»	Confirmat quasdam litteras Bonifatii VIII, quæ post obitum ejusdem in apostolica cancellaria nondum bullatæ repertæ sunt, mandatque executoribus per ipsas litteras deputatis ut Nicolaum Panciæ, cui canonicatum et præbendam in ecclesia Pisana supradictus Bonifatius contulerat, in possessionem inducant eorumdem canonicatus et præbendæ.	43	35
» 2	»	Archiepiscopo Treverensi [1] facultatem concedit relaxandi quasdam suspensionis ac interdicti sententias olim in ecclesiam Treverensem et capitulum promulgatas, nec non absolvendi canonicos et personas ejusdem ecclesiæ ab excommunicationum sententiis quas hujusmodi occasione incurrerant.	46	36

1. Col. 46, l. 15, lisez *Dithero* au lieu de « Dichoro. »

1303				
Novem. 2	Laterani.	Archiepiscopo Lugdunensi districte mandat ut priorem monasterii s. Petri Matisconensis, quem aliqui familiares ipsius archiepiscopi nequiter detinent captivatum, restitui faciat libertati ac ei postmodum debitam satisfactionem impendi procuret. Sacrilegos autem dicti prioris aggressores excommunicatos denuntiet.	Col. 66	No. 60
» 2	»	Priori sancti Eutropii Xanctonensis mandat, ut statutum quoddam editum a certis personis et canonicis Xanctonensis ecclesiæ super divisione possessionum ac honorum ipsius ecclesiæ, prout viderit justum et expediens auctoritate apostolica revocare procuret, statuatque ut prædicta bona ac possessiones inter eosdem canonicos et personas, sicut antea solitum fuerat, dividantur.	445	706
» 2	»	Litteras quasdam Bonifatii papæ VIII confirmat, quibus idem pontifex concesserat Jacobo s. Georgii ad Velum Aureum diacono cardinali licentiam petendi et recipiendi bona mobilia, quæ tempore obitus Gentilis fratris ejus ad eundem Gentilem pertinebant ratione administrationis ecclesiæ Acherontinæ vel quovis alio titulo.	663	1105
» 3	»	Supplicante Landulfo tituli s. Angeli diacono cardinali, reservatur Berardo Sui Sari, ejus nepoti, canonicatus in ecclesia Neapolitana cum beneficio quod in eadem ecclesia *diaconatus* vulgariter nuncupatur.	81	82
» 4	»	Magistro Thomæ de Bailliaco [1] canonico Parisiensi indulget ut, quandiu rexerit in theologica dictæ urbis facultate, possit per idoneum vicarium præbendæ suæ facere deserviri.	23	18
» 4	»	Licentia audiendi divina in locis ecclesiastico suppositis interdicto Bartholomæo de Capua, regni Siciliæ logothetæ, concessa. — Similis licentia concessa Bartholomæo prædicti regni camerario et ejus uxori.	28	24
» 4	»	Eidem Bartholomæo et ejus uxori indulget ut sibi possint eligere confessorem. — Eisdem, ut habere valeant altare portatile.	28	25
» 4	»	Michaelem episcopum quondam Zagabriensem ad archiepiscopatum Strigoniensem transfert eumque dictæ ecclesiæ præficit in archiepiscopum.	104	112
» 4	»	Archidiaconatum, canonicatum et præbendam, quæ Ranerius Vercellensis electus in eadem Vercellensi obtinet ecclesia, dispositioni Sedis Apostolicæ reservat cum per consecrationem ipsius electi sive quovis alio modo vacaverint.	665	1107
» 4	»	Grimerius de Lacrocta jurisperitus constituitur judex ac auditor generalis appellationum, quas de terra Ecclesiæ super sententiis et processibus causarum criminalium ad Sedem Apostolicam deferri contigerit.	699	1154

1. Col. 23, l. 14 et 18, lisez *Bailliaco* au lieu de « Balliato » et « Bailliato. »

1303 Novem. 5	Laterani.	Bonohomini de Sublacu personatum vel dignitatem reservat in ecclesia Cameracensi.	Col. 42	No. 34
» 5	»	Littera domini Benedicti papæ XI directa Carolo regi Siciliæ, continens qualiter in præsentia domini papæ et cardinalium, quando ligium homagium et fidelitatis juramentum pro parte dicti regis legeretur, facta fuit protestatio quod rex ipse per promissionem et juramentum per ipsum faciendum et præstandum non intendebat se obligare ad solvendum 50 000 marcharum Sterlingorum, præcipue cum patri suo per prædecessores papæ alias fuerunt remissa. Quam protestationem papa non recepit aliter, nisi quantum secundum justitiam et veritatem ipsum regem juvare posset.	809	1280
» 6	»	Cassat et irritat potestatem certis executoribus a Bonifatio VIII concessam in negotio discordiæ, quæ inter clerum parochialem ex parte una, et fratres Prædicatorum Minorumque ordinum Metensis civitatis ex altera vertebatur occasione constitutionis *Super Cathedram* : totum negotium ad examen apostolicum revocat, eisdem executoribus eorumque subdelegatis mandans ne se ulterius de his quomodolibet intromittant.	25	21
» 6	»	Valentino canonico Cathalaunensi indulget ut, scholasticis insistens disciplinis in loco ubi vigeat studium generale, fructus, redditus ac proventus suos ecclesiasticos libere percipiat. — Similis concessio pro quodam Oddoneto canonico Laudunensi.	39	31
» 6	»	Archidiaconatum, canonicatum et præbendam, quæ per consecrationem Renaldi Metensis episcopi vacant ad præsens in ecclesia Bisuntina, Leoni Francisci de filiis Ursi confert ac providet de illis.	51	43
» 6	»	Invehit contra illos nefarios et sceleratos homines, qui nuper Anagniæ, dum ibidem Bonifatius VIII cum Romana curia resideret, domum pontificis armata manu invadentes, thesaurum Romanæ Ecclesiæ et bona ad ipsum papam nec non ad cardinales et curiales alios pertinentia diripere ac nequiter asportare ausi sunt. Omnes et singulos, penes quos aliqua de thesauro vel bonis prædictis existunt, monet ut ea infra certum terminum sub excommunicationis pœna integraliter restituant. Alii vero fideles ad hujusmodi restitutionem sub pœna eadem opem et operam exhibeant efficacem.	657	1099
» 6	»	Omnes collationes, provisiones, reservationes et concessiones de beneficiis vacaturis a Bonifatio papa VIII vel ejus auctoritate factas quibuscumque personis in quibuslibet ecclesiis penitus revocat.	661	1103
» 6	»	Francisco s. Luciæ in Silice diacono cardinali curam et administrationem ecclesiæ ss. Laurentii et Damasii de Urbe committit.	662	1104
» 7	»	Archiepiscopo Lundensi mandat, ut dispenset cum aliquibus clericis regni Daciæ super irregularitate, quam incurrerunt pro eo quod non servaverant interdictum cui subjectæ erant terræ Erici regis Daciæ et Christofori fratris ejus.	29	26

1303				
Novem. 7	Laterani.	Eidem archiepiscopo plenam concedit facultatem absolvendi regem Datiæ ejusque fratrem nec non eorum fautores, qui pro violenta injectione manuum in Lundensem archiepiscopum et Lundensis ecclesiæ præpositum ac pro eorumdem illicita detentione olim excommunicationis sententiam incurrerant.	Col. 30	No. 27
» 7	»	Eidem archiepiscopo mandat ut, postquam rex Datiæ ab excommunicationis sententia qua nunc ligatur fuerit absolutus, eidem regi et ejus uxori licentiam concedat remanendi in matrimonio illicite contracto.	38	30
» 7	»	Guillelmo de Cuciaco confertur canonicatus præbendaque ac dignitas seu personatus vel officium reservatur in ecclesia sæculari s. Pauli Narbonensis.	48	40
» 7	»	Comitissæ Drocensi indulget ut sex clerici, qui ejus insistunt obsequiis, fructus, redditus et proventus beneficiorum suorum percipere, quotidianis distributionibus dumtaxat exceptis, usque ad quinquennium valeant.	55	46
» 7	»	Eidem comitissæ indulget ut, cum ipsam ad loca ecclesiastico interdicto supposita declinare contigerit, liceat ei facere celebrari ac audire divina. — Eidem, ut claustra monasteriorum Cisterciensis, Cartusiensis ac s. Claræ ordinum in diversis regni Franciæ diocesibus constitutorum, cum duabus honestis matronis, bis in anno intrare valeat.	56	47
» 8	»	Frater Lucas ordinis Prædicatorum quem ecclesiæ Castrensi Bonifatius VIII nuper præfecerat, in Castrensem episcopum confirmatur.	12	8
» 8	»	Egidio de Barhen confertur canonicatus cum præbenda in ecclesia Virdunensi.	21	17
» 8	»	Bonifatio VIII adhuc vivente, Neapoleo Fortibrachiæ de Romangia, domini papæ capellanus, auctoritate litterarum dicti pontificis in Remensem canonicum receptus est, præbenda sibi in eadem ecclesia reservata. Sed priusquam præbendam eandem fuit assecutus, Bonifatius a sæculo migravit et paulo post Benedictus XI omnes provisiones de beneficiis vacaturis a prædecessore suo factas penitus irritavit. Qui, precibus capellani supradicti inclinatus, effectum irritationis hujusmodi in hac parte suspendens, collationem prædictorum canonicatus ac præbendæ renovat et confirmat de gratia speciali.	172	208
» 10	»	Comitem de Ceraldo Campaniæ et Maritimæ rectorem in spiritualibus instituit.	10	6
» 10	»	Potentina vacante ecclesia per obitum Francisci episcopi ac per dissensionem ortam inter illos ad quos futuri pastoris spectabat electio, mandatur abbati monasterii Belli Loci, Virdunensis diocesis, ut eidem ecclesiæ virum idoneum præficiat in episcopum et pastorem.	18	14

1303 Novem. 10	Laterani.	Magistro Guidocto de Mediolano capellano suo indulget ut, donec Sedis Apostolicæ obsequiis institerit, jure optandi præbendas in ecclesia Paduana cujus existit canonicus uti libere valeat, contrario statuto non obstante.	Col. 26	No. 22
» 10	»	Mandat episcopo Bononiensi moneat et inducat Jacobum quondam Acursii Cuticæ clericum Mediolanensem, ut præbendam, quam illicite detinet in ecclesia Modoetiensi, magistro Armanno Mantelli ad quem præbenda pertinet eadem dimittat libere et quiete. Alioquin citetur dictus Jacobus ad comparendum coram Apostolica Sede.	50	42
» 12	»	Quandam sententiam olim latam contra invasores monasterii s. Justini de Arno ad fratres Militiæ Templi Jerosolimitani pertinentis, Perusinæ diocesis, executioni demandat.	32	29
» 12	»	Monaldo de Tuderto archipresbyteratum quem obtinet in ecclesia Viterbiensi, ac Percivallo Symeonis de Urbe canonicatum quem ex dispositione Bonifatii VIII in ecclesia Civitatensi adeptus est, liceat ad invicem permutare.	57	49
» 12	»	Nicolao Raynulfi de Fractis tabellionatus officium conceditur.	60	51
» 12	»	Roderico Didaci conferuntur canonicatus, præbenda et archidiaconatus cum præstimoniis vacantes in ecclesia Salamantina per promotionem Gondisalvi ad episcopatum Zamorrensem.	100	107
» 13	»	Dispenset Legionensis episcopus cum quibusdam clericis diocesis suæ super irregularitate, quam contraxerunt divina officia in ecclesiis seu locis interdictis celebrando.	70	64
» 13	»	Indulgentia centum dierum pro visitantibus plebem de Retena, Aretinæ diocesis.	71	65
» 13	»	Provisionem ecclesiæ Vicentinæ Sedis Apostolicæ dispositioni reservat.	680	1124
» 15	»	Electus Spirensis munus consecrationis recipere valeat.	48	39
» 16	»	Electus Castrensis munus consecrationis recipere valeat.	20	16
» 16	»	Archidiacono et capitulo ecclesiæ Narbonensis licentiam elargitur percipiendi fructus, redditus et proventus primi anni omnium beneficiorum ecclesiasticorum in Narbonensi civitate vel diocesi vacantium, in consummationem fabricæ cathedralis ecclesiæ quæ dudum est incœpta convertendos.	61	52
» 16	»	Valeat abbas monasterii s. Germani de Pratis, Parisiensis diocesis, habere altare portatile.	66	59

1303				
Novem. 16	Laterani.	Fernando Alvari, cum quo fuerat olim dispensatum super natalium defectu, licentia conceditur retinendi canonicatum Legionensis ecclesiæ, non obstante quod litteras sibi concessas super hujusmodi dispensatione casu fortuito amisit, quodque alium patitur in ætate defectum.	Col. 69	No. 63
» 16	»	Johanni cancellario aulæ regis Romanorum indulget ut fructus, proventus, ac redditus beneficiorum suorum, quandiu obsequiis dicti regis institerit, percipere valeat, licet in ecclesiis ubi beneficia illa obtinet personalem non faciat residentiam.	72	66
» 16	»	Regi et reginæ Romanorum concedit ut in locis ecclesiastico suppositis interdicto divina officia faciant celebrari.	72	67
» 16	»	Dispensat cum Radulfo Saxoniæ duce et Juta sorore marchionis Brandeburgensis ut, ad sedandas inimicitias inter prædictos ducem et marchionem, matrimonium invicem contrahere valeant, non obstante quarto consanguinitatis gradu.	72	68
» 16	»	Archiepiscopo Maguntino mandat, ut dispenset cum filio comitis de Cazenelinbogen et filia comitis de Marchia super matrimonio illicite contracto, prædictumque matrimonium non obstante quarto consanguinitatis gradu confirmans prolem inde susceptam et suscipiendam legitimam nuntiet.	73	69
» 16	»	Licentia percipiendi fructus et redditus beneficiorum suorum per quinque annos Corrado clerico regis Romanorum concessa.	79	78
» 16	»	Conrado de Lorche clerico regis Romanorum canonicatus cum prebenda confertur in ecclesia Maguntina.	90	93
» 16	»	Obtentu et consideratione regis Romanorum, indulget Bertoldo, filio comitis de Cazenelinbogen, ut plures ecclesias, quamvis sit clericus in minoribus ordinibus constitutus, retinere valeat, constitutione Concilii Lugdunensis non obstante. — Gratia similis pro Gerardo ejusdem comitis filio.	91	94
» 16	»	Obtentu et consideratione regis Romanorum, archiepiscopo Maguntino mandat, ut cum Bertoldo filio Eberardi comitis de Cazenelinbogen et Aleyda nata Johannis comitis de Syene, Maguntinæ diocesis, quarto consanguinitatis gradu conjunctis, super matrimonio illicite contracto dispenset. — Idem mandatum datur archiepiscopo Coloniensi pro aliis.	91	95
» 16	»	Archiepiscopo Maguntino mandat, ut ecclesiam monasterii monialium de Clarendale, ordinis s. Claræ, quod Adolphus rex et Imagina regina Romanorum olim construxerint et dotaverint, ad requisitionem ipsius regine sine difficultate consecret. — Quod si facere distulerit mandatum illud impleat archiepiscopus Treverensis.	292	430

1303				
Novem. 16	Laterani.	Ejectis e Luceria Sarracenis, rex Siciliæ cathedralem ecclesiam ejusdem urbis pia intentione ditavit, ut in ea divinus cultus de novo floreret : unde Benedictus cupiens dicto regi gratiam exhibere specialem, ei facultatem elargitur præsentandi episcopo prædictæ civitatis (quæ nomen Sanctæ Mariæ nuper accepit) personas idoneas ad decanatum, archidiaconatum et cantoriam, nec non conferendi vice apostolica medietatem præbendarum ipsius ecclesiæ.	Col. 394	No. 617
» 17	»	Episcopus Tullensis electo Virdunensi munus consecrationis impendat.	48	38
» 17	»	Vacante ecclesia Cassellensi per decessum Stephani quondam ejusdem ecclesiæ archiepiscopi, Mauricius diaconus, Cassellensis electus, dictæ ecclesiæ præficitur in pastorem.	108	121
» 17	»	Petrus Johannis de Trivio, civis Bononiensis, creatur notarius.	157	193
» 18	»	Episcopo Reatino concedit liberam facultatem faciendi recipi personas idoneas in ecclesiis si Johannis Reatini et s. Eleutherii, Reatinæ diocesis, videlicet singulas in singulis, in canonicos et in fratres ac providendi eis de vacantibus præbendis.	53	44
» 18	»	Eidem episcopo indulget, ut diocesim suam per vicarium idoneum faciat visitari.	54	45
» 18	»	Episcopo Albanensi facultatem concedit conferendi personæ vel personis idoneis scholastriam, canonicatum et præbendam quæ in ecclesia Spirensi in proximo vacabunt per consecrationem Sybotonis Spirensis electi.	85	87
» 18	»	Elenam reginam Serviæ et ejus regnum cum civitatibus, castris, terris, villis et bonis aliis sub b. Petri et sua protectione suscipit.	109	125
» 18	»	Archiepiscopo Antibarensi concedit facultatem instituendi et destituendi rectores in ecclesiis parochialibus de Bristonia, de Rudinico, de Rogosna, de Trepizo et de Grazaniza in regno Serviæ constitutis.	110	126
» 18	»	Eidem archiepiscopo concedit facultatem recipiendi resignationem Stephani Scutarensis episcopi. — Alia littera similis super resignatione fratris Gregorii Suatinensis episcopi.	121	146
» 18	»	Eidem archiepiscopo committit ut personas ecclesiasticas in regno Serviæ terrisque adjacentibus constitutas corrigere et reformare possit.	129	160
» 18	»	Stephano de Pileo archidiacono Suessionensi indulget ut per quinquennium, sive in Romana curia, sive autem in scholis ubi studium generale vigeat commoretur, fructus redditusque ac proventus beneficiorum suorum integre percipiat, quotidianis distributionibus dumtaxat exceptis.	174	211

1303				
Novem. 18	Laterani.	Processum nuper factum (*6 nov.*) super recuperatione thesauri Romanæ Ecclesiæ ac bonorum Bonifatii VIII et cardinalium innovat, excommunicatos denuntians omnes et singulos qui prædicto parere processui potuerunt nec fecerunt.	Col. 659	No. 1110
» 18	»	Sententias excommunicationis aliasque pœnas et multas, quas generale et Lugdunense Concilia ac postmodum Nicolaus papa III contra illos qui cum Sarracenis indebite communicant tulisse noscuntur, innovat et ad quosdam alios extendit [1].	659	1101
» 18	»	Sententiam excommunicationis olim latam contra illos, qui accedentes ad Apostolicam Sedem capere seu rebus quas deferunt spoliare præsumpserint, de novo promulgat.	661	1102
» 18	»	Pandulfo de Sabello, notario suo, indulget ut habere valeat altare portatile.	667	1110
» 19	»	Raynaldum episcopum olim Vicentinum, nunc Ravennatem electum, ad ecclesiam Ravennatem transfert.	57	48
» 19	»	Capitulo Cathalaunensis ecclesiæ indulget ut fructus proventusque ac redditus primi anni omnium beneficiorum, quæ in eadem civitate et diocesi usque ad unum annum vacaverint, libere percipiant in consummationem operis cathedralis ecclesiæ Cathalaunensis totaliter convertendos.	83	85
» 19	»	Provisionem Zagabriensis ecclesiæ Sedis Apostolicæ dispositioni reservat.	681	1125
» 20	»	Ne infra ducentarum cannarum spatium circa fines loci fratrum Prædicatorum Lucanæ civitatis ulla domus regularis, ullum monasterium seu oratorium ædificetur vel transferatur.	27	23
» 20	»	Episcopo Albinganensi licentia conceditur contrahendi mutuum usque ad summam quingentorum florenorum auri pro suis et Albinganensis ecclesiæ negotiis expediendis.	31	28
» 20	»	Dispensat cum quibusdam tertio et quarto gradu consanguinitatis conjunctis, ut matrimonium invicem contrahere valeant.	49	41
» 20	»	Rectori et scholaribus domus in Puketoft Ripensi, quam Castiarnus episcopus Ripensis ad usum pauperum scholarium de facultatibus et redditibus suis construxerat et dotaverat, parochialem ecclesiam de Haening ab eodem episcopo eis concessam confirmat.	62	53
» 20	»	Episcopo Constantiensi mandat ut super matrimonio, quod Nicolaus de Scercenbach et quædam Anna, diocesis Constantiensis, quarto duplicis affinitatis gradu conjuncti contraxerunt, dispenset.	74	70

1. Voy. la note 1 de la col. 823.

1303				
Novem. 20	Laterani.	Dispensetur cum Bernardino de Polenta clerico Ravennati super defectu natalium, ut ad omnes ordines promoveri beneficiumque ecclesiasticum adipisci valeat.	Col. 106	No. 117
» 20	»	Licentia dispensandi cum Gregorio Hondedei, clerico Aretinæ diocesis, ut possit in minoribus ordinibus ministrare et ecclesiasticum beneficium sine cura tamen obtinere, non obstante quod olim in defensione cujusdam castri, ubi moram trahebat, unum ex oppugnantibus occidit.	107	119
» 20	»	Indulgentia centum dierum pro visitantibus ecclesiam s. Stephani Cathalaunensis in certis festivitatibus.	122	150
» 20	»	Dispensat cum Guillelmo Bernardini de Polenta clerico Ravennati, ut non obstante natalium defectu possit ad omnes ordines promoveri atque beneficium obtinere.	183	228
» 21	»	Francisco s. Mariæ in Cosmedin diacono cardinali concedit, ut canonicatus et præbendas, quæ vacant ad præsens in Nivellensi et s. Bartholomæi Leodiensis ecclesiis per mortem cujusdam capellani dicti cardinalis, conferre possit.	59	50
» 21	»	Roberto duci Calabriæ indulget ut quatuor clerici, qui ejus obsequiis insistunt, possint usque ad sex annos percipere fructus redditusque ac proventus beneficiorum suorum.	69	61
» 21	»	Eidem concedit ut in locis ecclesiastico suppositis interdicto divina facere celebrari ac audire possit. — Eidem, ut sibi confessorem eligat.	69	62
» 21	»	Abbatissæ et conventui monasterii de Grecal, Metensis diocesis, confirmat ecclesiam de Wylre, diocesis ejusdem, quam Metenses episcopi eidem monasterio concesserant.	76	74
» 21	»	Indulgentia quadraginta dierum conceditur fidelibus, qui ad refectionem ecclesiæ s. Piati Sicliniensis, Tornacensis diocesis, manum adjutricem porrexerint.	77	75
» 21	»	Regi Siciliæ indulget ut duodecim clerici, qui obsequiis ejus insistunt, fructus redditusque ac proventus beneficiorum suorum integraliter usque ad decennium percipiant, distributionibus quotidianis dumtaxat exceptis.	109	123
» 21	»	Thomæ quondam Pandulfi canonico sæcularis ecclesiæ s. Eleutherii Reatini assignetur præbenda in eadem ecclesia.	172	207
» 21	»	Obtentu Albertini Maurecini de Venetiis, Alexandro Michaeli Maurecino, ejus nepoti, canonicatus et præbenda conferuntur in ecclesia Cameracensi.	175	213
» 21	»	Obtentu Albertini Mauretini de Venetiis pro Alexandro nepote suo supplicantis, dicto Alexandro confertur canonicatus in ecclesia Cameracensi et reservatur præbenda non sacerdotalis quam primum ibidem vacatura.	277	410

1303 Novem. 21	Laterani.	Guillelmo s. Nicolai in Carcere Tulliano diacono cardinali concedit ut archidiaconatum, canonicatum et præbendam Vercellensis ecclesiæ, quæ per superiorem epistolam (*4 nov.*) Sedis Apostolicæ donationi fuerunt reservata, cuilibet personæ idoneæ possit conferre.	Col. 666	No. 1108
» 22	»	Mandat ut cuidam Henrico studenti in theologica facultate apud Sedem Apostolicam erecta, ejus proventus ecclesiastici per quenquennium ministrentur, juxta formam constitutionum ab Honorio III [1] et Innocentio IV editarum.	41	32
» 22	»	Valeat episeopus Tarviensis diocesim suam per alium facere visitari.	76	73
» 22	»	Johannis ss. Marcellini et Petri presbyteri cardinalis precibus inclinatus, decernit ut decem clerici, quibus olim idem cardinalis auctoritate Bonifatii VIII præbendas in diversis regni Franciæ ecclesiis reservaverat, easdem expectare ac obtinere possint, non obstante generali revocatione nuper edita super provisionibus factis a prædicto Bonifatio sive ejus auctoritate de beneficiis vacaturis.	670	1113
» 22	»	Jacobo s. Georgii ad Velum Aureum diacono cardinali concedit ut, cum scholastria, canonicatus et præbenda, quæ Thomas Virdunensis electus in Tullensi obtinet ecclesia, per consecrationem ipsius electi seu quovis alio modo vacaverint, de eisdem libere disponere valeat.	680	1123
» 22	»	Vicedominatum, canonicatum et præbendam, quæ Thomas Virdunensis electus in Remensi obtinet ecclesia, per consecrationem ipsius electi in proximo vacaturos Sedis Apostolicæ donationi reservat.	683	1128
» 22	»	Cursius quondam Bonajuntæ de s. Geminiano, Vulteranæ diocesis, constituitur generalis procurator Romanæ Ecclesiæ.	685	1132
» 22	»	Abbati monasterii s. Abundii Cumani committit decidendam causam vertentem inter abbatem conventumque monasterii Disertinensis, ordinis s. Benedicti, Curiensis diocesis, et [Sifridum] episcopum Curiensem, qui illis ab omni jurisdictione sua exceptis mandaverat, ut sibi eunti ad curiam regis Alemanniæ et moranti ibidem quandam pecuniæ quantitatem pro expensarum subsidio exhiberent.	809	1281
» 23	»	Assignetur Leoni quondam Guidonis de Cornea, rectori ruralis ecclesiæ s. Galgani de Pazano, Clusinæ diocesis, plebatus plebis s. Mariæ de Paiacio, Perusinæ diocesis, vacans per obitum Theobaldi ipsius plebis plebani. Dispensatur quoque cum eodem Leone super pluralitate beneficiorum ac super defectu quem patitur in ordinibus et ætate [2].	147	184

1. Col. 41, l. 11 et 20, lisez *Honorius III* au lieu de « Honorius IV. » — Ibid., l, 13, lisez « Venerabili fratri .. *episcopo* Ripensi. »
2. Col. 147, dater cette pièce du 23 *novembre* et non du 23 décembre.

1303				
Novem. 24	Laterani.	Indulgentia quadraginta dierum concessa fidelibus, qui ecclesiam s. Pauli de Moraleia de Gomez, Abulensis diocesis, in certis festivitatibus annuatim visitaverint.	Col. 93	No. 100
» 24	»	Indulgentiam unius anni et quadraginta dierum promittit eis, qui ecclesiam monasterii s. Petri martiris de Bononia in ipsius sancti festivitate devote visitarint.	417	658
» 24	»	Guillelmo s. Nicolai in Carcere Tulliano diacono cardinali concedit ut, cum vicedominatus, canonicatus et præbenda, quæ in ecclesia Remensi Thomas Virdunensis electus obtinet, per consecrationem ipsius electi vel quovis alio modo vacaverint, de eis libere disponere valeat.	684	1129
» 25	»	Sergio Siginulfi, filio Johannis Neapolitani militis ac nepoti comitis Thelesiæ regis Siciliæ camerarii, reserventur in civitate vel diocesi Salernitana unum vel duo ecclesiastica beneficia, cujus vel quorum annui redditus summam decem unciarum auri non excedant.	144	178
» 25	»	Quosdam conservatores hortatur, ut Johannem archidiaconum Andegavensem nec non camerarium apostolicum adversus molestatores quoscumque tueantur.	665	1106
» 26	»	Guillelmo de Monte Lauro archidiacono Tornacensi indulget ut se ad ordines majores promoveri faciat.	105	116
» 26	»	Episcopo Silvanectensi mandat ut, facta prius inquisitione diligenti, si electionem Aguetis de Gloisiis in abbatissam monasterii Jotrensis, ordinis s. Benedicti, Meldensis diocesis, invenerit de persona idonea fuisse celebratam, eam auctoritate apostolica confirmet et admittat.	116	138
» 26	»	Archiepiscopum Ebredunensem constituit rectorem in spiritualibus et temporalibus comitatus Venaysini.	677	1121
» 26	»	Riccardo s. Eustachii diacono cardinali facultatem elargitur faciendi recipi duas personas idoneas in canonicos in ecclesia s. Eustachii de Urbe, ac eisdem de communibus proventibus ipsius ecclesiæ portionem integram exhiberi.	684	1130
» 27	»	Episcopo Morinensi concedit ut ecclesias et cœmeteria suæ diocesis, effusione sanguinis vel seminis violata, per aliquam personam idoneam reconciliari facere possit.	65	58
» 27	»	Concessionem ruralis ecclesiæ s. Fidis, Apamiarum diocesis, quam Bernardus episcopus Apamiarum cuidam Francisco clerico contulerat, se ratam et gratam habere declarat.	77	76
» 27	»	Archiepiscopo Lundensi licentia conceditur conferendi tribus personis officium tabellionatus.	79	79

1303				
Novem. 27	Laterani.	Dispensat cum duabus personis Januæ civitatis, quarto affinitatis gradu conjunctis, ut in matrimonio contracto licite remanere possint.	Col. 94	No. 101
» 27	»	Archiepiscopo Lundensi curam committit exigendi et recipiendi nomine Ecclesiæ quasdam pecuniæ summas, quas nonnulli regni Datiæ crucesignati, votum suum implere nequeuntes, pro redemptione ipsius voti in suis ultimis voluntatibus legaverunt vel solvere cupiunt in subsidium Terræ Sanctæ.	97	104
» 27	»	Eidem archiepiscopo facultatem concedit dispensandi cum nonnullis provinciæ suæ clericis super irregularitate, inhabilitate et macula, quas incurrerunt pro eo quod, majorum excommunicationum sententiis astricti, divina nihilominus officia celebrarunt etiam in locis interdictis, sacros ordines receperunt, vel plura beneficia insimul absque licentia Sedis Apostolicæ retinuerunt, percipiendo fructus et redditus ex eisdem [1].	102	110
» 27	»	Eidem archiepiscopo curam committit dispensandi super infamia et inhabilitate, quas nonnulli provinciæ suæ clerici contraxerunt, personatus, dignitates, ecclesias et alia beneficia, quorum collatio ad Sedem Apostolicam spectabat, temere occupando. Concedit insuper dicto archiepiscopo ut, amotis exinde quibuscumque detentoribus illicitis, possit eadem beneficia, ecclesias, dignitates ac personatus sive eisdem clericis, sive personis aliis apostolica auctoritate conferre.	103	111
» 27	»	Magistro Ranucino de Murro archidiacono Vernecensi in ecclesia Burgensi indulget, ut archidiaconatum suum per aliquam personam idoneam usque ad triennium visitari facere possit.	121	147
» 27	»	Indulgentia unius anni et quadraginta dierum concessa cunctis fidelibus, qui ecclesiam s. Mariæ Novæ Uticensis in ipsius Mariæ Virginis festivitatibus devote visitaverint annuatim.	182	227
» 27	»	Electo Vicentino mandat ut præsentationem factam de quodam clerico Castellanæ diocesis, quem dux Cretensis in primicerium ecclesiæ s. Marci civitatis Candidæ institui postulat, diligenter examinet, et si dictam præsentationem canonicam dictumque clericum ad hoc idoneum invenerit, eundem recipi faciat in officium antedictum.	266	385
» 27	»	Lantæ Agolantis civi et mercatori Pistoriensi mandat ut cum duobus sociis suis de societate Amannatorum se apostolico conspectui repræsentet expositurus et petiturus ea quæ pro utilitate societatis prædictæ et remedio creditorum ipsius viderit exponenda.	666	1109
» 28	»	Confertur Francisco nato Cortivecke Lambertucii clerico Pisano beneficium quoddam ecclesiasticum in civitate vel diocesi Lucana.	63	54

1. Col. 102, dater cette pièce du 27 *novembre* et non du 27 décembre.

1303				
Novem. 29	Laterani.	Alexandro Bonino de Alexandria, ordinis fratrum Minorum, Aquensis diocesis, concedit licentiam docendi, legendi, disputandi ac determinandi Parisiis et ubique locorum.	Col. 41	No. 33
» 29	»	Consideratione Lapi de Circulis civis Florentini, reservatur Peponi ejus filio beneficium ecclesiasticum in Florentina aut Fæsulana diocesibus.	110	129
» 29	»	Cum frater Benignus ex ordine Prædicatorum, qui se asserit in Vicentina atque Paduana civitatibus inquisitorem hæreticæ pravitatis, diversos processus fecisset contra quendam civem Paduanum ac in eum excommunicationis sententiam promulgasset, fuit super hoc ab eodem cive ad summum pontificem appellatum. Concesso igitur partibus auditore, Benedictus mandat executoribus infradictis, ut præfato inquisitori diem dicant ad comparendum coram Apostolica Sede causam acturo de præmissis.	135	169
» 29	»	Tempus consecrationis electi Salernitani usque ad festum apostolorum Petri et Pauli proxime venturum prorogat, indulgetque eidem electo ut non obstante prorogatione prædicta administrationi suæ diocesis valeat interim consulere.	174	212
» 30	»	Suspendit quasdam excommunicationis et interdicti sententias ab episcopo Firmano et ejus delegato in fratres Prædicatorum et Minorum ordinum Esculanos promulgatas occasione discordiæ, quæ vertebatur inter eosdem et clerum parochialem Esculanæ civitatis super observatione constitutionis *Super Cathedram*. Totum negotium ad examen apostolicum revocat.	64	57
» 30	»	Bartholomæo priori sæcularis ecclesiæ s. Mariæ de Corneto, Viterbiensis diocesis, reserventur in ecclesia Capuana unum vel duo beneficia ecclesiastica, cujus vel quorum redditus valorem annuum duodecim unciarum auri non excedant.	109	122
» 30	»	Precibus Ursi de filiis Ursi annuens, magistro Bernardo Bedocii de s. Genesio canonicatum ac præbendam confert in ecclesia Biterrensi.	115	136
» 30	»	Frederico regi Trinacriæ opprobrat quod in litteris suis, quas summo futuro pontifici per specialem nuntium destinaverat, se regem Siciliæ nominat et in data litterarum earumdem annum regni sui octavum computat et describit.	669	1112
Decem. 1	»	Priori et conventui heremi s. Crucis Fontis Avellanæ ordinis s. Benedicti, Eugubinæ diocesis, concedit facultatem faciendi deferre et extrahi de provinciis Sedi Apostolicæ subjectis res pro victu et vestitu suo ac familiæ suæ necessarias, absque contradictione aliqua et cujusvis solutione pedagii.	82	83
» 1	»	Dispensatio super defectu natalium Nicolao Bombari clerico Cenetensi concessa.	122	149

1303				
Decem. 1	Laterani.	Guillelmo Accursii de Bononia legum doctori, capellano suo, indulget ut, quandiu in Romana curia vel alibi Sedis Apostolicæ insistet obsequiis, fructus, redditus ac proventus beneficiorum suorum integre percipiat.	Col. 199	No. 236
» 1	»	Valeat insuper idem Guillelmus Accursii archidiaconatum, quem obtinet in ecclesia Toletana, per vicarium idoneum facere visitari. — Licentia similis eidem Guillelmo concessa pro archidiaconatu suo de Lavanza, Palentinæ diocesis.	200	237
» 1	»	Rembaldum de Tervisio constituit rectorem in temporalibus Marchiæ Anconitanæ.	672	1114
» 1	»	Eundem constituit rectorem in temporalibus massæ Trabariæ ac terræ s. Agathæ.	673	1115
» 1	»	Eidem committit rectoriam in temporalibus civitatis et comitatus Urbini.	673	1116
» 1	»	Deoteclerio de Logliano rectoriam roccæ de Cesis, terræ Arnulphorum ac Vallistopini committit.	674	1117
» 1	»	Eidem committit rectoriam in temporalibus ducatus Spoletani.	674	1118
» 1	»	Jacobum Quirini constituit rectorem in temporalibus Patrimonii b. Petri in Tuscia.	692	1142
» 2	»	Universis fidelibus Senensis, Florentinæ et Aretinæ diocesium, qui hospitali s. Gregorii Senensis manum porrexerint adjutricem, indulgentiam quadraginta dierum clargitur.	98	105
» 2	»	Confirmat quasdam litteras, quibus ipse olim, tunc episcopus Ostiensis existens, auctoritate Bonifatii VIII concesserat fratri Andreæ monacho monasterii s. Zenonis Veronensis licentiam retinendi prioratum s. Martini Tervisini sibi collatum ab abbate dicti monasterii, non obstante quod forsitan in receptione prioratus ejusdem vitium intervenerit canonicum, vel quod ipse Andreas fuerit postmodum excommunicatus aut suspensus seu dicto prioratu privatus ab abbate prælibato 1.	154	191
» 3	»	Ad instantiam abbatis monasterii s. Mariæ de Quinquemiliis, quem Valvensis episcopus capi fecit et adhuc sine causa rationabili diro carceri mancipatum detinet, Benedictus mandat, ut idem abbas sub fida custodia ad Sedem Apostolicam transmittatur citeturque præfatus episcopus ad comparendum coram conspectu apostolico super præmissis responsurus.	78	77
» 4	»	Cambium, in abbatem monasterii s. Salvatoris Reatini per viam compromissi canonice electum, eidem monasterio auctoritate apostolica præficit.	89	92

1. Col. 157, à la date de cette pièce, lire IIII nonas, au lieu de III nonas.

1303				
Decem. 4	Laterani.	Indulgentia quadraginta dierum conceditur cunctis fidelibus, qui ad consummationem fabricæ ecclesiæ s. Dominici in Serzana, ordinis fratrum Prædicatorum, Lunensis diocesis, manum porrexeriut adjutricem.	Col. 110	No. 127
» 4	»	Indulgentia unius anni pro visitantibus eandem ecclesiam in diebus infradictis.	123	151
» 4	»	Episcopo Pataviensi committit facultatem dispensandi cum quodam diocesis suæ clerico, qui acolythatus et subdiaconatus ordines eadem die indebite recepit, ita ut in ipsis ordinibus ministrare valeat et ad superiores etiam promoveri.	204	264
» 4	»	Quasdam decimas ad ecclesiam Vicentinam spectantes, quas olim Vicentinus episcopus Guidoni de Lucio civi Paduano et ejus hæredibus sub certis conditionibus concesserat, Nicolao de Lucio confirmat.	225	303
» 4	»	Francisco Malcaciæ, capellano Albanensis episcopi, canonicatum confert in ecclesia Capuana, mandans insuper executoribus super hoc deputatis ut beneficium unum vel plura, cujus vel quorum annui redditus valorem quindecim unciarum auri non excedant, eidem Francisco in prædicta diocesi Capuana faciant assignari.	298	448
» 4	»	Episcopo Reatino rectoriam comitatus Sabiniæ tam in spiritualibus quam in temporalibus committit.	686	1133
» 4	»	Eidem episcopo rectoriam civitatis Interamnensis, castrorum Utriculi, Strunconis, ac tenimenti campi de Rusco committit. — Eidem rectoriam castri Mirandæ committit.	686	1134
» 5	»	Petentibus priorissa et sororibus s. Pauli de Urbe Veteri, ordinis s. Benedicti, eas et earum monasterium magistro ordinis Prædicatorum et priori provinciali Romanæ provinciæ ipsius ordinis atque eidem ordini committit, statuens ut sub magisterio et doctrina magistri et prioris Prædicatorum debeant de cætero permanere.	64	55
» 5	»	Magistro et priori provinciali Romanæ provinciæ ordinis Prædicatorum mandat, ut ejusdem monasterii s. Pauli de Urbe Veteri curam suscipiant.	64	56
» 5	»	Quandam divisionem bonorum et redditum inter episcopum et capitulum Anagniæ civitatis a Bonifatio papa VIII factam ordinatamque confirmat.	74	71
» 5	»	Castrum Villæ Magnæ, quod usibus mensæ capituli Anagninæ ecclesiæ Bonifatius VIII deputaverat, eidem capitulo confirmatur.	76	72
» 5	»	Johanni de Cipro laico quædam pensio de bonis monasteriorum s. Pauli de Urbe et Criptæ Ferratæ, diocesis Tusculanæ, ministretur annuatim.	86	88

1303 Decem. 5	Laterani.	Cum quibusdam civitatis Januæ, quarto consanguinitatis gradu conjunctis, super matrimonio absque apostolica licentia contracto dispensat.	Col. 92	No. 97
» 5	»	Indulgentia centum dierum concessa eis qui ecclesiam s. Petri de Coronata, Januensis diocesis, in certis festivitatibus devote visitaverint.	93	99
» 5	»	Episcopo, præposito et capitulo Anagninis indulget, ut per generales litteras Sedis Apostolicæ vel legatorum ejusdem ad receptionem alicujus vel aliquorum in canonicos seu provisionem in beneficiis ecclesiasticis minime teneantur.	105	115
» 5	»	Vertente quondam gravi discordia inter episcopum et decanum canonicosque Ambianenses super certis juribus, Bonifatius papa VIII, cui negotium per appellationem et compromissum fuerat devolutum, quandam ordinationem edidit, quam partes ipsæ, donec per diffinitivam sententiam quæstio decisa foret ac fine debito terminata, deberent pro bono pacis firmiter observare : et postmodum super hoc concessit eisdem partibus auditorem. Coram quo pendente adhuc controversia, Benedictus præfatam ordinationem executioni demandat.	157	194
» 5	»	Mathæo Carazulo de Neapoli, archidiacono Majoris Caleti in ecclesia Rothomagensi, indulget ut per quinquennium scholasticis insistens disciplinis valeat archidiaconatum suum per aliquam personam idoneam facere visitari.	191	242
» 5	»	Ordinationem, quam ipse tunc episcopus Ostiensis et Gentilis tituli s. Martini in Montibus presbyter cardinalis de mandato Bonifatii papæ VIII super distantia cœnobiorum fratrum Prædicatorum Minorumque ordinum sanxerant, auctoritate apostolica confirmat.	707	1165
» 5	»	De eodem. Archiepiscopo Burdegalensi mandat ut suprascriptam ordinationem firmiter faciat observari.	711	1166
» 6	»	Laurentio de Circulis beneficium ecclesiasticum in civitate vel diocesi Perusina reservatur.	87	89
» 6	»	Priori generali fratrum Heremitarum ordinis s. Augustini indulget, ut cum quodam presbytero dicti ordinis possit super defectu natalium dispensare.	108	120
» 6	»	Confirmat concessionem ecclesiæ de Pina, Cæsaraugustanæ diocesis, quam quondam diocesanus episcopus ad inopiam canonicorum ecclesiæ suæ relevandam propriis eorum usibus auctoritate ordinaria applicavit.	165	196
» 7	»	Episcopo Tullensi curam committit dispensandi cum duabus personis civitatis suæ, quarto affinitatis gradu conjunctis, quæ matrimonium absque dispensatione debita contraxerunt.	83	84

1303				
Decem. 7	Laterani.	Regnaudo de Vallibus, capellano domini Gentilis tituli s. Martini in Montibus presbyteri cardinalis, canonicatus et præbenda conferuntur in ecclesia Autissiodorensi.	Col. 112	No. 131
» 7	»	Bodoinum clericum Ispalensis ecclesiæ ab excommunicationis sententia quam incurrerat absolvit; dispensat etiam cum eo super irregularitate contracta, mandatque abbati monasterii s. Salvatoris Ispalensis, ut eidem Bodoino canonicatum et præbendam assignet in supradicta ecclesia.	136	170
» 7	»	Magistro Gentili de Piczulo, capellano cardinalis s. Adriani, assignatur abbatia sæcularis ecclesiæ s. Silvestri de Collebrizono Aquilensis, quæ per obitum Jonathæ abbatis vacare dicitur; dispensatur insuper cum eodem Gentili ut dictam abbatiam cum aliis suis beneficiis, uno tamen dimisso, retinere valeat.	138	171
» 7	»	Abbati majoris monasterii Turonensis mandat ut decanum et capitulum ecclesiæ s. Martini civitatis ejusdem a molestatoribus sollicite tueatur.	183	229
» 7	»	Magistro Johanni de Anchona physico licentiam concedit retinendi præter canonicatum ac præbendam nec non perpetuum beneficium, quæ in Tornacensi et Aquilegensi obtinet diocesibus, quæcumque alia beneficia sibi canonice collata, non obstantibus defectu alterius oculorum vel statutis aut consuetudinibus contrariis.	253	360
» 7	»	Magistro Silvestro de Adria scriptori apostolico conferuntur canonicatus et præbenda, quæ tempore Bonifatii VIII per obitum Guillelmi de Hesdin in ecclesia Rosnacensi, Cameracensis diocesis, apud Apostolicam Sedem vacaverant.	656	1098
» 7	»	Magistrum Bernardum Roiardi, capellanum suum in Campaniam mittit ad inveniendum et recuperandum thesaurum Romanæ Ecclesiæ aliaque bona Bonifatii VIII et personarum curiæ, quæ cum idem pontifex Anagniæ resideret a quibusdam sceleratis hominibus temere ac nequiter fuerunt asportata.	675	1119
» 7	»	Personis ecclesiasticis tam regularibus quam sæcularibus nec non universis fidelibus per Campaniam constitutis significat de suprascriptis. Ipsos præterea rogat et hortatur ut magistrum Bernardum Roiardi benigne recipiant et ei ac ejus familiæ efficaciter assistant.	676	1120
» 7	»	Inhibet, ne canonici residentes, qui horis canonicis minime nterfuerint, vel a communi refectorio vel dormitorio se duxerint communis refectionis aut dormitionis temporibus absentandos, extra mensam de cotidianis distributionibus percipant, etc.	809	1282
» 8	»	Rectorem Marchiæ Anconitanæ monet et hortatur, ut ad reformationem status civitatis Camerinensis operam exhibeat efficacem.	101	109

1303				
Decem. 8	Laterani.	Testatur quod nuper a Conrado Auriæ, procuratore et nuntio regis Trinacriæ, recepit ligium homagium ac fidelitatis juramentum, quæ prædictus rex præstare debet summo pontifici et Ecclesiæ Romanæ pro insula Siciliæ et aliis circumadjacentibus insulis sibi concessis in feudum ab Apostolica Sede.	Col. 764	No. 1239
» 9	»	Priori fratrum Prædicatorum Januensi facultatem concedit absolvendi viginti duas personas, cum ab eis fuerit humiliter requisitus, ab excommunicationum sententiis quas incurrerunt deferendo arma, ferrum aut merces ad partes Sarracenorum contra prohibitiones Sedis Apostolicæ.	84	86
» 9	»	Fratribus ordinis Prædicatorum Januensibus facultatem concedit recipiendi usque ad summam mille librarum Turonensium parvorum de usuris et aliis illicite acquisitis.	92	98
» 9	»	Augustinum electum Zagabriensem præficit ecclesiæ Zagabriensi in episcopum et pastorem.	105	113
» 9	»	Sententiam excommunicationis quam rex Trinacriæ incurrisse noscitur et ecclesiasticum interdictum cui subjacet insula Siciliæ, pro eo quod dictus rex censum trium millium unciarum auri Romanæ Ecclesiæ debitum statuto tempore solvere non curavit, misericorditer relaxat, terminum solutionis census prædicti usque ad kalendas maii proximo venturas prorogando.	678	1122
» 9	»	Altegradus archipresbyter ecclesiæ Paduanæ nec non notarius domini papæ auctoritate apostolica præficitur vacanti ecclesiæ Vicentinæ.	681	1127
» 10	»	Absolvatur Petrus dictus Vulpes de Venetiis laicus ab excommunicationis sententia, qua ligatus est pro eo quod indebite communicavit cum Sarracenis.	87	90
» 10	»	Quandam capellam nuper in civitate Uticensi sub b. Mariæ Virginis vocabulo erectam confirmat.	110	128
» 10	»	Valeat episcopus Salamantinus dispensare cum Johanne Fernando milite et Johanna Nunii suæ diocesis, ut non obstante quarto affinitatis gradu in matrimonio dudum contracto remanere possint.	114	132
» 10	»	Dispensat cum Francisco nato Manfredi comitis de Pupio clerico Aretino, ut non obstante natalium defectu valeat ad omnes ordines promoveri beneficiumque obtinere.	114	133
» 10	»	Dispensat cum Peregrino de Ratispona monacho Cisterciensi, ut non obstante natalium defectu possit ad omnes ordinis sui prælaturas admitti.	115	135
» 10	»	Precibus annuens episcopi Aretini pro Bandino nepote suo supplicantis, dicto Bandino comitis Aghinolfi de Romena filio facultatem concedit recipiendi ac retinendi quoddam beneficium ecclesiasticum, non obstante defectu quem patitur in ordinibus et ætate.	128	159

1303				
Decem. 10	Laterani.	Obtentu Jacobi de Carraria pro Albertino filio suo humiliter supplicantis, dicto Albertino conceditur ut non obstante natalium defectu possit ad omnes ordines promoveri ac duo ecclesiastica beneficia insimul retinere.	Col. 144	No. 177
» 10	»	Decano et capitulo Tullensis ecclesiæ concedit, ut in manifestos occupatores bonorum et in notorios malefactores personarum ipsius ecclesiæ sententias excommunicationis vel suspensionis aut interdicti valeant promulgare.	198	255
» 11	»	Dispensat cum fratre Hugone de Hermo monacho monasterii de s. Theorfredo, Aniciensis diocesis, super irregularitate, infamia, inhabilitate et macula, quas olim contraxit pro eo quod contra constitutionem Concilii Turonensis leges civiles audivit et legit ac etiam recepit magisterium in eisdem.	196	247
» 12	»	Abbatissæ et conventui monasterii de Gordiano, ordinis s. Claræ, Valvensis diocesis, ruralem ecclesiam s. Donati sitam juxta monasterium antedictum in usus proprios deputat.	117	139
» 12	»	Episcopo Reatino conceditur licentia condendi testamentum.	118	143
» 12	»	Concessionem ecclesiæ de Wadrella, Treverensis diocesis, quam olim archiepiscopus quidam Treverensis abbati et conventui cœnobii Mediolicensis, ordinis s. Benedicti, diocesis ejusdem, in usus proprios deputaverat ad eorum inopiam relevandam, auctoritate apostolica confirmat.	144	179
» 12	»	Episcopo Lubicensi mandat ut Herricum filium Bogusii comitis de Pogorella restitui faciat ad possessionem scholastriæ, canonicatus ac præbendæ Wratislaviensis ecclesiæ, quibus ab episcopo Wratislaviensi privatus est indebite.	163	195
» 12	»	Hospitali prope ecclesiam s. Mariæ ad Gradus Viterbiensis, ordinis fratrum Prædicatorum, quod nobilis vir Visconta dictus Gattus miles Viterbiensis sub vocabulo domus Dei de bonis propriis fecit construi, confirmat privilegia eidem a Bonifatio VIII concessa atque ampliat.	295	436
» 12	»	Quandam apostolicam dispositionem confirmat, qua Bonifatius VIII priorem et conventum cœnobii s. Mariæ ad Gradus Viterbiensis, ordinis Prædicatorum, a jurisdictione et potestate diocesani episcopi exemptos declaravit, statuens ut de cætero fratribus ejusdem ordinis Astensibus subjaceant. Ipsos monet et hortatur ut ad prosperum statum prædicti cœnobii diligenter intendant.	295	437
» 12	»	Omnibus et singulis per Patrimonium b. Petri in Tuscia constitutis mandat, ut hospitali supradicto efficaciter assistant neque idem ab aliquibus injuriis affici vel alias injuste molestari permittant.	306	460

1303 Decem. 12	Laterani.	Provisionem ecclesiæ Mantuanæ Sedis Apostolicæ dispositioni reservat.	Col. 681	No. 1126
» 13	»	Vetat ne cives Urbevetani repræsalias contra homines de Bulseno exerceant.	87	91
» 13	»	Jacobo Leonis de Malacapellis clerico Paduano indulget ut non obstante illegitimitatis macula possit ad omnes ordines promoveri et beneficium ecclesiasticum obtinere.	126	155
» 13	»	Episcopo Bononiensi concedit ut duo clerici, qui ejus obsequiis insistunt, possint usque ad quinquennium percipere fructus beneficiorum suorum.	135	168
» 13	»	Eidem episcopo conceditur licentia condendi testamentum.	149	185
» 13	»	Magistro Michaeli de Appogniaco capellano domini papæ conferuntur canonicatus et præbenda in ecclesia Senonensi.	179	222
» 13	»	Oddoni de Sormineto cameræ papalis clerico canonicatus et præbenda conferuntur in ecclesia s. Donatiani Brugensis, Tornacensis diocesis.	650	1085
» 14	»	Confertur Johanni quondam Mathiæ de s. Eustachio de Urbe canonicatus cum præbenda in ecclesia Baiocensi. Valeat insuper idem Johannes plura beneficia insimul retinere.	174	210
» 14	»	Priori et fratribus ordinis Prædicatorum Bononiensibus confirmat omnia bona mobilia et immobilia, quæ eis in ultima voluntate legavit Salumbriensis episcopus.	382	587
» 15	»	Lucas s. Mariæ in Via Lata diaconus cardinalis constituitur protector monasteriorum de Marola et de Campagnola, ordinis s. Augustini, Reginensis diocesis.	133	165
» 15	»	Priorissæ et conventui monasterii s. Syxti de Urbe indulget ut ad præstationem decimarum vel ad contribuendum in aliquibus talliis seu collectis minime teneantur.	267	387
» 15	»	Conservatores deputat super negotio epistolæ suprascriptæ.	306	461
» 15	»	Obtentu Bartholomæi Vulcani de Neapoli militis pro Marino Carazulo de Neapoli affine suo in hac parte supplicantis, Benedictus mandat certis executoribus ut dicto Marino conferant unum vel plura ecclesiastica beneficia in civitate vel diocesi Capuana, cujus vel quorum valor annuus summam decem unciarum auri non excedat.	488	788
» 15	»	Obtentu ejusdem militis simile mandatum mittitur eisdem executoribus, ut Johanni de Riso clerico Neapolitano provideant de beneficio vel beneficiis in Aversana civitate seu diocesi.	488	789

1303 Decem. 17	Laterani.	Cuidam clerico archiepiscopi Lundensis indulget, ut non obstante natalium defectu beneficium ecclesiasticum possit in Lundensi diocesi obtinere et cum canonicatu, quem in eadem ecclesia adeptus est, licite retinere.	Col. 97	No. 103
» 17	»	Reservatur Sedis Apostolicæ dispositioni provisio Tridentinæ ecclesiæ.	697	1150
» 18	»	Certis executoribus mandat ut jura Johannis, tituli ss. Marcellini et Petri presbyteri cardinalis nec non ecclesiæ Baiocensis decani, sollicite tueantur et fructus redditusque beneficiorum, quæ in Baiocensi, Ambianensi atque Parisiensi obtinet ecclesiis, eidem cardinali faciant inviolabiliter ministrari.	80	81
» 18	»	Dispensat cum Francischino de Ziliano scholari Placentino, ut non obstante defectu natalium ad omnes ordines promoveri valeat beneficiumque ecclesiasticum obtinere. — Dispensatio similis pro Emanuelo de Ziliano clerico Placentino.	122	148
» 18	»	Priorissam et sorores monasterii s. Dominici Foroliviensis, ordinis s. Augustini, in ordinem Prædicatorum et provinciam Lombardiæ Inferioris cooptatas declarat.	141	173
» 18	»	Rectori ecclesiæ de Coverna, Treverensis diocesis, qui dictam ecclesiam diaconus tantum existens olim assecutus non se fecit infra annum, prout tenebatur ex constitutione Concilii Lugdunensis, in presbyterum ordinari, indulget ut eandem ecclesiam de cætero retinere valeat, dummodo se faciat statutis temporibus ad sacerdotium promoveri.	143	176
» 18	»	Obtentu Mathæi Vicecomitis de Mediolano, Johanni ejus filio assignatur canonicatus cum præbenda in ecclesia Lincolniensi.	157	192
» 18	»	Cuidam Bartholomæo filio Jacobi Zacariæ militis provideatur de duobus tribusve beneficiis ecclesiasticis sine cura, ad collationem archiepiscopi Neapolitani spectantibus, quorum anni redditus valorem viginti unciarum auri non excedant.	176	216
» 18	»	Priori et conventui fratrum ordinis Prædicatorum Ferrariensibus indulget, ut de usuris, rapinis, aliisque male ablatis usque ad summam mille florenorum auri recipere valeant.	280	418
» 18	»	Episcopo Albanensi mandat ut Bertrandum Maustini canonicum monasterii b. Mariæ prope muros civitatis Carpentoratensis, de quo fuit olim prioratui s. Mariæ de Paternis, ejusdem ordinis et diocesis, tunc priore carenti provisum, in priorem dicti prioratus confirmet non obstantibus infradictis.	419	661
» 18	»	Johannes de Guarcino canonicus Albanensis constituitur rector in spiritualibus ducatus Spoletani.	693	1144

1303				
Decem. 19	Laterani.	Fratrem Martinum, ordinis Humiliatorum, quem nuper Lucas s. Mariæ in Via Lata diaconus cardinalis monasteriis de Marola et de Campagnola, ordinis s. Benedicti, Reginensis diocesis, auctoritate apostolica præfecit in abbatem, confirmat. — Eidem abbati mandat, ut se ad sacerdotium statutis temporibus faciat promoveri ac munus benedictionis [1] recipiat.	Col. 94	No. 102
» 19	»	Quædam possessiones et jura, quæ abbas et conventus monasterii s. Mariæ in Cosmedin de Ravenna sub certis conditionibus jure emphyteutico concesserunt Lamberto filio Guidonis de Polenta, eidem Lamberto præsentibus confirmat.	169	200
» 19	»	Electo Vicentino concedit liberam facultatem faciendi recipi in quibusdam suæ diocesis ecclesiis personas idoneas in canonicos ac providendi eis de præbendis vacantibus.	195	246
» 20	»	Confertur magistro Huguitioni de Vercellis canonicatus cum præbenda in ecclesia Leodiensi.	80	80
» 20		Certis executoribus mandat ut Adigerio de Adighериis presbytero Parmensi, qui perpetuum beneficium in ecclesia s. Apolinaris Parmensis contra justitiam occupat et canonice monitus illud dimittere contumaciter non curavit, diem dicant ad comparendum coram Apostolica Sede.	684	1131
» 20		Perolino de Turre Longa militi Tervisino regimen seu potestariam civitatis Viterbiensis committit.	694	1146
» 21	»	Magistro et priori provinciali Lombardiæ Inferioris ordinis Prædicatorum committit curam priorissæ ac sororum monasterii s. Dominici Foroliviensis.	141	174
» 21	»	Episcopo Auximano conceditur facultas condendi testamentum.	149	186
» 22	»	Mariæ de Paparescis et Egidiæ Petri Scoti relictæ, mulieribus Romanis, confirmatur concessio ecclesiæ s. Mariæ in Petrocio de Urbe ipsis facta sub certis conditionibus ab abbate et conventu monasterii s. Gregorii in Clivo Scauri, ut inibi monasterium monialium ordinis s. Benedicti ædificetur.	130	162
» 22	»	Albertino Moratinno de Venetiis licentiam concedit habendi altare portatile.	182	226
» 22	»	Indulgentia unius anni et quadraginta dierum conceditur fidelibus, qui ecclesiam monasterii s. Crucis Venetiarum, Cluniacensis ordinis, devote visitaverint in Parasceve et s. Crucis festivitatibus.	197	250
» 22	»	Priorissæ et conventui monasterii s. Mariæ de Ripalta Jadrensis concedit, ut omnibus privilegiis ordini Prædicatorum concessis vel in futurum concedendis libere gaudeant et utantur.	206	268

1. Col. 94, l. 23, lisez *benedictionis* au lieu de « consecrationis. »

1303				
Decem. 22	Laterani.	Henricus plebanus plebis s. Stephani de Campis, Florentinæ diocesis, constituitur rector in spiritualibus Patrimonii b. Petri in Tuscia.	Col. 692	No. 1143
» 23	»	Regem Serviæ monet et hortatur ut ad unitatem fidei orthodoxæ properet.	114	134
» 23	»	Licentia contrahendi mutuum usque ad summam quatuor millium florenorum auri archiepiscopo Lundensi concessa.	116	137
» 23	»	Priorissam et sorores monasterii b. Mariæ de Altaripa juxta Jadram, ordinis s. Augustini, magistro ordinis Prædicatorum et priori provinciali Jadrensis provinciæ committit, statuens ut sub magisterio et doctrina eorumdem debeant de cætero permanere.	118	144
» 23	»	Priorissæ et sororibus supradictis scribit de eodem argumento. Eisdem insuper indulget ut ad præstationem decimarum vel quorumcumque subsidiorum minime teneantur easque ab archiepiscopi Jadrensis jurisdictione ac potestate prorsus eximit.	119	145
» 23	»	Vacante Spoletana ecclesia per translationem Nicolai episcopi ad episcopatum Ostiensem, dictæ ecclesiæ præficitur in pastorem Johannes Andegavensis archidiaconus, domini papæ camerarius.	177	218
» 23		Olim quidam Octo de Gevel, clericus Bambergensis diocesis illegitime natus, fuit absque dispensatione solita in subdiaconum ordinatus et in eodem ordine paulisper ministravit. Cum autem nuper super hoc ad Sedem duxerit recurrendum, Benedictus episcopo Wratislaviensi mandat ut, facta prius inquisitione de meritis ac idoneitate dicti subdiaconi, eidem prout sibi videbitur licentiam tribuat recipiendi minores ordines et beneficium ecclesiasticum obtinendi, non obstante prædicta illegitimatis macula.	204	263
» 23	»	Abbatissam et sorores monasterii s. Silvestri de Capite de Urbe, quas Bonifatius VIII excommunicaverat pro eo quod statutum quoddam ab ipso editum minime observaverant, absolvit statutumque prædictum revocat.	209	272
» 23	»	Quondam Bonifatius VIII monasterium s. Silvestri de Capite de Urbe, ordinis sororum Minorum inclusarum, in ordinem s. Claræ cooptatum declaravit, curam ejus committens Mathæo s. Mariæ in Porticu diacono cardinali. Qui quidem illius ordinationis prætextu dudum fructus, redditus ac proventus dicti monasterii ab officialibus suis recolligi facit et etiam conservari. Asserentibus autem sororibus, quod occasione præmissorum gravia sustinuerant et adhuc patiebantur detrimenta, Benedictus statutum prædecessoris sui revocans, mandat episcopo Portuensi ut prædictos fructus, redditus ac proventus sic collectos et conservatos abbatissæ et conventui faciat assignari.	216	289

1303				
Décem. 23	Laterani.	Priori et fratribus ordinis Prædicatorum de s. Severino, Camerinensis diocesis, concedit ut de usuris, rapinis et aliis male acquisitis usque ad summam mille florenorum auri libere recipiant. — Indulgentia unius anni et quadraginta dierum concessa visitantibus ecclesiam eorumdem fratrum in die consecrationis ejus; illis vero, qui ad eam accesserint in b. Mariæ, ss. Apostolorum, s. Dominici ac s. Petri martyris festivitatibus, centum dies de injunctis eis pœnitentiis relaxat.	Col. 242	No. 331
» 23	»	Aliquas ex sententiis olim latis a Bonifatio papa VIII contra Jacobum atque Petrum de Columpna s. Romanæ Ecclesiæ cardinales, nec non contra omnes alios ejusdem domus de Columpna ac posteritatem, fautores, adjutores et receptatores ipsorum penitus tollit et viribus vacuat.	687	1135
» 24	»	Episcopus Sutrinus statuitur vicarius in Urbe.	91	96
» 24	»	Conceditur archiepiscopo Cassellensi licentia contrahendi mutuum usque ad summam trecentarum marcharum argenti. — In e. m. eidem pro eadem quantitate.	99	106
» 24	»	Fiat inquisitio super regimine et vita Angeli Romei, qui se gerit pro abbate monasterii s. Eugenii prope Senas, ordinis s. Benedicti.	128	158
» 24	»	Laurentio quondam Processi Capotii de Capocinis de Urbe confertur canonicatus cum præbenda non sacerdotali in ecclesia Lincolniensi.	150	189
» 24	»	Cunctis fidelibus, qui ecclesiam bb. apostolorum Philippi et Jacobi de Arcubus in civitate Januensi devote visitaverint annis singulis in ipsorum Apostolorum et ss. Undecim Millium Virginum festivitatibus, indulgentiam unius anni et quadraginta dierum elargitur.	197	249
» 25	»	Fratribus ordinis Prædicatorum de Ripatransone, Firmanæ diocesis, concedit ut de usuris et aliis illicite acquisitis usque ad summam quingentorum florenorum auri recipere possint. — Eadem gratia pro fratribus dicti ordinis Recanatensibus.	227	305
» 25	»	Johanni de Cusignano, ostiario et familiari suo, quasdam domos, vineas, possessiones et alia bona, quæ in castro Montisflasconis habet Romana Ecclesia, sub certo annuo censu usque ad Sedis Apostolicæ beneplacitum concedit.	689	1137
» 25	»	Eidem molendinum de Vallerano situm in districtu castri Paliani, Civitatis Papalis diocesis, similiter concedit.	690	1138
» 26	»	Dispensat cum Petro filio Guidonis de Bonacolsis civis Mantuani, ut ad omnes ordines promoveri et quæcumque beneficia obtinere possit, non obstante natalium defectu.	170	202

1303				
Decem. 26	Laterani.	Monasterio s. Heliæ de Carbone, ordinis s. Basilii, Anglonensis diocesis, per mortem Pellagii archimandritæ vacanti auctoritate apostolica præficitur Jacobus monachus monasterii Criptæ Ferratæ, Tusculanæ diocesis.	Col. 173	No. 209
» 27	»	Augustino episcopo Zagabriensi indulget, ut ad solutionem alicujus decimæ seu collectæ vel cujuslibet exactionis pecuniariæ minime teneatur.	118	141
» 27	»	Eidem committit curam et potestatem absolvendi Bernardum Giraldi de Florenzaco laicum Agathensis diocesis ab excommunicationum aliisque sententiis, quas incurrerat communicando cum Sarracenis.	131	163
» 27	»	Manfredo de Nordiglis canonico Imolensi indulget ut insistens scholasticis disciplinis vel residens in ecclesia Faventina, in qua canonicatum et præbendam obtinet, possit usque ad quinquennium percipere fructus ac redditus præbendæ suæ Imolensis.	146	182
» 28	»	Episcopo Bononiensi concedit, ut tam pro suis necessariis quam ecclesiæ suæ negotiis apud Sedem Apostolicam expediendis usque ad summam mille florenorum auri mutuum contrahat.	135	167
» 28	»	Ricardo Mathiæ Panciæ de Anibaldis de Urbe militi committitur rectoria civitatis Beneventanæ ejusque districtus.	171	204
» 28	»	Egidio quondam Guidalocti de Perusio rectori ecclesiæ s. Martini juxta Claves, Clusinæ diocesis, reservatur beneficium quoddam ecclesiasticum in ecclesia Perusina.	176	214
» 28	»	Francisco Vallutii de Chiaravallis, clerico Tudertino, reservatur beneficium quoddam sine cura in civitate vel diocesi Tudertina.	184	232
» 28	»	Cunctis fidelibus, qui hospitali novo de Spoleto, ordinis s. Augustini, manum porrexerint adjutricem, septimam partem de injunctis sibi pœnitentiis misericorditer relaxat. Prædictum autem hospitale sub sua et b. Petri protectione suscipit.	211	278
» 28	»	Omnes archiepiscopos, episcopos, abbates aliosque monasteriorum et ecclesiarum prælatos monet et hortatur ut, cum fratres ejusdem hospitalis ad loca quæcumque pro eleemosynis accesserint colligendis, eos benigne recipientes et honeste tractantes, ipsis liberam facultatem concedant populum in ecclesiis ammonendi dictasque ibidem eleemosynas colligendi. Domos insuper et jura ac privilegia supradicti hospitalis tueantur ac conservent, caveantque ne illi qui ad ipsum hospitale veniant ab aliquibus injuste molestentur.	212	279
» 28	»	Eisdem mandat ut compescant presbyteros, qui fratres ejusdem hospitalis in negotio collectionis eleemosynarum impediunt, vel qui ab eis dictarum eleemosynarum partem exigere seu extorquere non verentur, aut qui ea quæ dictis fratribus in testamento relicta sunt retinere et sibi applicare propria temeritate præsumunt.	212	280

1303				
Decem. 28	Laterani.	Eosdem rogat moneant et inducant parrochianos suos ut, ad substentationem infirmorum et pauperum, eleemosynas ac pia subsidia nuntiis hospitalis ejusdem largiantur. Concedant quoque dictis nuntiis honestum hospitium in domibus propriis.	Col. 213	No. 281
» 28	»	Eisdem mandat ut prædictum hospitale, jura, bona, domos personasque ipsius a vexantibus et malefactoribus sollicite tueantur.	214	282
» 28	»	Cunctis fidelibus eleemosynas et subsidia erogantibus prædicto hospitali indulgentiam quadraginta dierum concedit.	214	283
» 28	»	Consideratione electi Vicentini, concedit Theobaldo quondam Frederici de Archo ejusdem electi nepoti, ut defectu natalium non obstante possit ad omnes ordines promoveri et unum vel plura beneficia ecclesiastica obtinere.	256	363
» 28	»	Nicolao de Tervisio castellaniam castrorum de Paliano et de Serrono ac districtuum ipsorum, Civitatis Papalis diocesis, committit. — Castellaniam castri Peretæ ac districtus ipsius Petro de Mota de Tervisio committit.	690	1139
» 29	»	Rectori Marchiæ Anconitanæ mandat ut inter partes Esculanæ civitatis pacem reconciliet, cives qui dudum exulant ab urbe prædicta in eandem revocet, civitatem denique ipsam et ejus districtum ad meliorem tranquillioremque statum reducat.	101	108
» 29	»	Ut possit frater Wlfrannus [1] electus Bethleemitanus recipere munus consecrationis.	109	124
» 30	»	Archiepiscopo Colocensi nuntiat se Augustino Zagabriensi episcopo consecrationis munus propriis manibus impendisse, eumque rogat ut personam ejusdem Augustini affectu benivolo et opportuno favore prosequatur.	105	114
» 30	»	Eidem Augustino concedit licentiam condendi testamentum.	118	142
» 30	»	Jouselino [2] quondam Guifredi comitis de Lomello confert canonicatum et præbendam in Aquensi ecclesia dispensatque cum eodem super pluralitate beneficiorum.	169	199
» 30	»	Dispensat cum Bertuco [3] filio Nicolai Quirini de Venetiis, ut ad omnes ordines promoveri et quæcumque beneficia obtinere possit, non obstante natalium defectu.	170	201
» 31	»	Dispensat cum duabus personis loci de Ibellino in insula Cipri, ut non obstante quarto consanguinitatis gradu matrimonium invicem contrahere valeant.	129	161

1. Col. 109, l. 25 et 27, lisez *Wlfrannus* au lieu de « Vulfrannus. »
2. Col. 169, l. 15 et 18, lisez *Jouselino* au lieu de « Jonselino. » Corrigez la note 1 de la col. 848 d'après la rectification ci-dessus.
3. Col. 170, l. 36, lisez *Bertuco* au lieu de « Bercuco. »

1303				
Decem. 31	Laterani.	Priorissæ et sororibus monasterii s. Agnetis de Bononia, ordinis s. Augustini, indulget ut ad præstationem decimarum vel ad exhibendum personis sæcularibus exactiones aut ad dandum legatis seu nuntiis Apostolicæ Sedis procurationes minime teneantur.	Col. 140	No. 172
» 31	»	Manuelli de Orlandis clerico Placentino conceditur tabellionatus officium.	145	180
» 31	»	Nicolao Neapoleonis de filiis Ursi concedit, ut archidiaconatum suum de Famenna in ecclesia Leodiensi per vicarium idoneum visitari faciat.	147	183
1304				
Januar. 1	Laterani.	Obtentu nobilis viri Bosonis de Eugubio pro Guidone filio suo humiliter supplicantis, eidem Guidoni reservatur beneficium quoddam ecclesiasticum in Perusina [1] civitate vel diocesi.	117	140
» 1	»	Meliori de Abbatibus [2] clerico Florentino reservatur beneficium quoddam in ecclesia Florentina.	171	205
» 1	»	Raynerio de Pistorio capellano domini papæ conferuntur canonicatus et præbenda in ecclesia Caturcensi. Dispensatur quoque cum eo super pluralitate beneficiorum.	176	215
» 1	»	Alberto de Cusignano castellaniam castri Egiptii ac districtus ipsius, Viterbiensis ac Tuscanensis diocesium, committit.	691	1140
» 1	»	Gerardo de Fodenovo castellaniam castri Orclæ et districtus ipsius, Viterbiensis diocesis, committit.	691	1141
» 1	»	Executoribus quibusdam mandat ut Lucæ s. Mariæ in Via Lata diacono cardinali quandam pensionem a priore et capitulo Wintoniensis ecclesiæ annis singulis faciant exhiberi.	712	1168
» 2	»	Quandam Bonifatii VIII dispositionem confirmat, ex qua Rogerio olim abbati monasterii s. Michaelis de Pasignano, Fæsulanæ diocesis, nuper autem ad administrationem monasterii Vallis Umbrosæ translato, committebatur cura prædicti cœnobii s. Michaelis usque ad Sedis Apostolicæ beneplacitum retinenda.	106	118
» 2	»	Priori fratrum Prædicatorum et guardiano Minorum Eugubinis mandat ut, si electionem celebratam de fratre Ventura Pauli in abbatem monasterii s. Mariæ de Alfiolo, ordinis s. Benedicti, Eugubinæ diocesis, canonicam invenerint, illam auctoritate apostolica confirment : alioquin ipsa rite cassata, ad aliam electionem a monachis dicti monasterii procedi faciant.	111	130

1. Col. 117, l. 34, lisez *Perusina* au lieu de « Pisana. »
2. Col. 172, l. 1, lisez *Abbatibus* au lieu de « Alberibus. »

1304 Januar. 2	Laterani.	Quibusdam executoribus mandat ut mille quingentos florenos auri, quos Octavianus Calliboconus, civis et mercator Romanus, olim episcopo Trajectensi qui tunc erat mutuavit, dicto mercatori infra certum terminum faciant integraliter exiberi cum damnis legitimis : alioquin episcopum qui nunc est citent ad comparendum coram Sede Apostolica.	Col. 124	No. 153
» 2	»	Dispensat cum duabus personis Parmæ civitatis ut ad sedandas quasdam discordias, quæ in dicta urbe olim invaluerant, matrimonium contrahere possint non obstante quarto consanguinitatis gradu.	125	154
» 2	»	Johanni filio marchionis de Monte s. Mariæ canonicatum ac præbendam confert in ecclesia Ebroicensi dispensatque cum eodem, ut plebanatum plebis de Ronci, quem obtinet in diocesi Castellana, valeat insimul retinere.	126	156
» 2	»	Dispensat cum Flasambene [1] filio Guidonis de Bonacolsis super defectu natalium.	171	203
» 2	»	Angelo Eleutherii et Mariæ Johannis Ciceris, civibus Velletrensibus, indulget ut ad sedandas inimicitias inter utriusque parentes exortas matrimonium invicem contrahere valeant, non obstante quarto consanguinitatis gradu.	239	323
» 3	»	Magalonensi et Agathensi episcopis mandat ut electionem Arnaldi de Corbiaco in abbatem monasterii s. Martini Canigonensis, Elnensis diocesis, diligenter examinent et prout justum fuerit illam confirment.	183	230
» 3	»	Obtentu archiepiscopi et capituli Lugdunensis conceditur personis aliquibus licentia contrahendi matrimonium, non obstante quarto gradu consanguinitatis.	196	248
» 3	»	Obtentu Imolensis Cambii de Imola, confertur Petro ejus filio beneficium ecclesiasticum, quod duxerit acceptandum in civitate vel diocesi Imolensi.	197	251
» 3	»	Olim gravi vertente discordia inter regem Franciæ civesque Lugdunenses ex una parte, et archiepiscopum capitulumque civitatis ejusdem ex altera, occasione appellationum seu *resorti*, fuit Lugdunensis civitas ecclesiastico supposita interdicto. Nunc autem Benedictus negotium ipsum ad examen apostolicum evocans, mandat archiepiscopo Viennensi et archidiacono Vivariensi ut præfatum interdictum suspendant citentque prædictos archiepiscopum, canonicos et cives ad comparendum coram Apostolica Sede, super præmissis recepturos quod justitia suadebit.	201	259
» 3	»	Archiepiscopo Bisuntino et duci Burgundiæ de littera suprascripta significat, eisdem mandans ut, lite pendente coram Apostolica Sede, appellationes prædictas et custodiam civitatis Lugdunensis ad manus proprias assumant, redditusque ac proventus exinde percipiendos archiepiscopo et capitulo Lugdunensibus faciant assignari.	202	260

1. Col. 171, l. 2 et 4, lisez *Flasambene* au lieu de « Nasambene. »

1304				
Januar. 3	Laterani.	Quandam bonorum donationem priorissæ et conventui monasterii s. Margaritæ Vercellensis factam confirmat.	Col. 334	No. 530
» 4	»	Recipiatur magister Radulfus de Marla in canonicum ecclesiæ Parisiensis nec non in officialem curiæ Parisiensis episcopi non obstantibus oppositione, sententiis aut processibus, quæ contra eum fecerunt vel tulerunt tam certi coadjutores episcopi supradicti quam aliqui ejusdem ecclesiæ canonici.	232	317
» 5	»	Cum quondam Bonifatius VIII vacantem prioratum de s. Columba, Apamiarum diocesis, fratri Nicolao Aurioli, capellano suo, auctoritate apostolica contulisset, fuit super hoc a quibusdam contradictoribus ad Sedem appellatum. Benedictus autem appellationem istam non admittens, certis executoribus mandat ut præfatum capellanum in possessionem dicti prioratus inducant, amotis exinde quibuslibet obstaculis vel detentoribus illicitis.	132	164
» 5	»	Vacante ecclesia Vigintimiliensi per obitum Johannis episcopi, Octo canonicus a capitulo per viam compromissi in episcopum electus eidem ecclesiæ præficitur.	257	367
» 5	»	Archiepiscopo Ebredunensi mandat, ut super dissensione orta inter Avinionensem episcopum et moniales monasterii s. Laurentii Avinionensis occasione electionis abbatissæ ipsius diligenter inquirat, statuatque in dicto negotio quidquid de jure fuerit statuendum.	270	398
» 5	»	Inquisitione facta super statu monasterii s. Benedicti de Gualdo, Nucerinæ diocesis, citentur abbas et monachi ejusdem monasterii, inter quos quædam discordia vertitur, ad comparendum coram Apostolica Sede facturi et recepturi in dicto negotio quod justitia suadebit.	325	486
» 5	»	Gabriel de Patientibus constituitur rector in spiritualibus Marchiæ Anconitanæ.	693	1145
» 5	»	Abbati monasterii s. Michaelis de Podio s. Donati Senensis mandat, ut ea quæ de bonis hospitalis s. Mariæ Senensis alienata illicite vel distracta invenerit ad jus et proprietatem ipsius hospitalis legitime revocet.	810	1283
» 6	»	Dispensat cum Francisco Bonaventuræ et Johanna Processi Capotii de Capotinis, civibus Romanis, ut matrimonium invicem non obstante quarto consanguinitatis gradu contrahere valeant. [1]	123	152
» 6	»	Consideratione Guillelmi s. Nicolai in Carcere Tulliano diaconi cardinalis, concedit Guillelmo de Longis de Pergamo, nepoti et capellano cardinalis ejusdem, ut dum in Romana curia vel in loco ubi viget studium generale commorabitur, archidiaconatum suum Drocensem in ecclesia Cartonensi per aliquam personam idoneam visitari faciat.	243	344

1. Col. 124, l. 14, à la date de cette pièce lire *idus*.

1304				
Januar. 6	Laterani.	Nuntiat regi Trinacriæ se ad regiam præsentiam Cephaludensem electum destinasse, quasdam apostolicas litteras deferentem. Ipsum rogat et obsecrat ut ea quæ sibi erga Romanam Ecclesiam incumbunt sollicite compleat.	Col. 688	No. 1136
» 7	»	Obtentu Johannis de Calcina doctoris decretorum, ambaxiatoris communis Bononiensis, Manfredo ejus filio confertur canonicatus cum præbenda in ecclesia Bononiensi.	231	313
» 7	»	Franciscus quondam Petri Aliatæ civis Ferrariensis creatur notarius.	259	369
» 7	»	Episcopo Zagabriensi mandat ut præposituram Albensis ecclesiæ, Vesprimiensis diocesis, alicui personæ idoneæ de regno Ungariæ oriundæ conferat et assignet.	695	1148
» 8	»	Obtentu Comatii de Galluciis, ambaxiatoris communis Bononiensis, confertur Alberto ejus fratri beneficium ecclesiasticum, quod duxerit acceptandum in civitate vel diocesi Bononiensi.	230	312
» 8	»	Moneatur Uticensis episcopus ut sententias, quas in priorem et fratres ordinis Prædicatorum de Genoliacho promulgavit, provide revocet per se ipsum, nullam deinceps eisdem fratribus super eorum loco de Genoliacho molestiam illaturus.	698	1153
» 9	»	Octobonus Tongrensis archidiaconus, quem nuper ecclesiæ Ferrariensi Bonifatius VIII præfecerat, in episcopum Ferrariensem confirmatur.	127	157
» 9	»	Universis Christi fidelibus, qui altare s. Mariæ Virginis ac s. Katerinæ in ecclesia s. Angeli Viterbiensis erectum devote certis diebus visitarint indulgentiam centum vel quadraginta dierum elargitur.	134	166
» 9	»	Domum de Asello sitam in territorio Castri Florentini, quam magister Hospitalis s. Johannis Jerosolimitani concessit Tucio Loringi sub certis conditionibus et censu quoad vixerit retinendam, dicto Tucio confirmat.	149	187
» 9	»	Quædam annua pensio ministretur Petriolo Benvenuti de Bectonio laico Asisinatis diocesis.		198
» 9	»	Indulget Eduensi episcopo ut possit diocesim suam usque ad quinquennium per aliquam personam idoneam facere visitari.	172	206
» 9	»	Obtentu et consideratione Jacobi de Normannis notarii apostolici, quandam Bonifatii VIII gratiam confirmat, qua Manueli Raynaldi de Spinolis præbenda fuerat in ecclesia Belvacensi reservata.	184	231
» 9	»	Bonanno de Crescentionibus de Urbe indulgêt ut usque ad triennium, dummodo obsequiis quorumdam cardinalium insistens apud Sedem Apostolicam immoretur, possit archipresbyteratum quem obtinet in ecclesia Turonensi per aliquam personam idoneam facere visitari.	200	258

1304				
Januar. 9	Laterani.	Bernardum de Monte Acuto canonicum Auxitanum, quem canonici Conseranensis ecclesiæ in episcopum elegerunt, eidem ecclesiæ præficit in pastorem, mandans archiepiscopo Auxitano ut dicto Bernardo munus consecrationis impendat. — In e. m. eidem archiepiscopo pro Arnaldo Raymundi in episcopum Baionensem electo.	Col. 220	No. 295
» 9	»	Dispensat cum quodam monacho Cisterciensi, ut ad omnes prælaturas ordinis sui promoveri valeat non obstante defectu natalium.	230	310
» 9	»	Valeat Tricastrinus [1] episcopus, propter discrimina guerrarum in illis partibus ingruentia, diocesim suam usque ad triennium per aliquam personam idoneam facere visitari.	242	332
» 9	»	Episcopo Aurelianensi committit curam et potestatem dispensandi cum Guillelmo Drugnemant, clerico diocesis ejusdem, ut non obstante illegitimitatis macula sacros ordines recipere ac beneficium assequi valeat. Dictus autem clericus, postquam beneficium obtinuerit antedictum, personalem in eo residentiam facere teneatur. — Idem mandatum datur episcopo Morinensi pro Johanne de Dohem clerico Morinensi.	244	341
» 9	»	Episcopo Tricastrino facultas testandi conceditur.	250	354
» 9	»	Electo Arelatensi mandat ut, si hoc viderit expedire, Petro de Thofaliis et Petro de Both clericis Caturcensibus, nec non Raynaldo de Setia canonico ecclesiæ s. Caprasii Agennensis, licentiam concedat permutandi adinvicem quædam beneficia.	363	547
» 9	»	Consideratione et obtentu Eduensis episcopi nec non Jacobi de Normannis apostolici notarii, confertur magistro Petro de Reate canonicatus in ecclesia Eduensi præbendaque ibidem reservatur. Dispensatur insuper cum eodem Petro, ut præter præbendam supradictam alia sua beneficia retinere valeat, duobus tamen dimissis.	385	593
» 9	»	Dispensatur cum Alvaro Gonsalvi canonico Egitaniensi, super inhabilitatis macula, quam contraxit retinendo insimul per plures annos canonicatum cum præbenda in ecclesia Egitaniensi et ecclesiam s. Petri de Coveliana, ejusdem diocesis. Ipsi quoque conceditur ut eadem beneficia de cætero licite retinere valeat.	569	953
» 9		Roberto tituli s. Pudentianæ presbytero cardinali committit curam in temporalibus et spiritualibus monasterii s. Andreæ de Fractis de Urbe, ordinis s. Augustini.	706	1163
» 10	»	Certis executoribus mandat moneant et inducant Mediolanensem archiepiscopum, ut Mathæo de Vicecomitibus, Mediolanensis ecclesiæ cimiliarchæ, de quibusdam injuriis et damnis satisfaciat competenter. Alioquin dictum archiepiscopum peremptorie citent ad comparendum coram Apostolica Sede super præmissis responsurum.	165	197

1. Col. 242, l. 36 et 40, lisez *Tricastrinus* au lieu de « Tricastinus ».

1304				
Januar. 10	Laterani.	Episcopo Dolensi facultatem impertitur faciendi recipi duas personas idoneas in canonicos in Dolensi ecclesia ac providendi eisdem de vacantibus præbendis.	Col. 179	No. 219
» 10	»	Frater Jacobus ex ordine Prædicatorum auctoritate apostolica præficitur ecclesiæ Mantuanæ in episcopum et pastorem.	180	223
» 10	»	Tridentina vacante ecclesia, Bartholomæus Novariensis episcopus ipsi Tridentinæ ecclesiæ præficitur in pastorem.	181	224
» 10	»	Bertuldus canonicus Carnotensis, capellanus domini papæ, præficitur in episcopum ecclesiæ Agrigentinæ.	184	233
» 10	»	Rogerius archidiaconus de Bautesio in ecclesia Constantiensi, subdiaconus et capellanus domini papæ, præficitur ecclesiæ Montisregalis in archiepiscopum [1] et pastorem.	186	234
» 10	»	Vacante dudum Panormitana ecclesia, Benedictus, ne dicta ecclesia diutius viduitatis subjaceat incommodis, eidem præficit in archiepiscopum Titium capellanum suum, archipresbyterum ecclesiæ de Colle, Vulterranæ diocesis.	187	235
» 10	»	Vacante dudum ecclesia Cephaludensi per amotionem Junctæ episcopi, quem olim Gerardus Sabinensis episcopus tunc in illis partibus Sedis Apostolicæ legatus sede sua privavit, Jacobus archidiaconus de Benavento in ecclesia Ovetensi, capellanus domini papæ, præficitur supradictæ ecclesiæ in episcopum.	188	236
» 10	»	Vacante ecclesia Messanensi per translationem Francisci archiepiscopi, quem ad Mediolanensem sedem Bonifatius VIII destinavit, Guidottus Pergamensis archidiaconus, capellanus domini papæ in diaconatus tantum ordine constitutus, præficitur dictæ ecclesiæ Messanensi in archiepiscopum.	188	237
» 10	»	Vacante dudum ecclesia Siracusana per obitum Symonis episcopi, frater Dominicus ex ordine Prædicatorum, capellanus et pœnitentiarius domini papæ, præficitur dictæ sedi in episcopum.	188	238
» 10	»	Vacante dudum ecclesia Mazariensi per obitum Johannis episcopi, Fulco decanus Legionensis nec non familiaris domini papæ eidem ecclesiæ præficitur in episcopum.	189	239
» 10	»	Regem Romanorum hortatur ut Bartholomæum Tridentinum episcopum benigne recipiat et propensius commendatum habeat. Rogat insuper prædictum regem ut bona Tridentinæ ecclesiæ, quæ a ducibus Carinthiæ detineri pro magna parte dicuntur, eidem episcopo restitui faciat.	194	245
» 10	»	Vacante ecclesia Ferentinati per obitum Landulphi episcopi, Berardus eidem ecclesiæ præficitur auctoritate apostolica in episcopum et pastorem.	204	262

1. Col. 186, l. 14, lisez *archiepiscopum* au lieu de « episcopum. »

1304				
Januar. 10	Laterani.	Vacante per obitum Gentilis electi ecclesia Cathaniensi, Leonardus Brugensis præpositus in ecclesia Tornacensi, domini papæ capellanus, eidem ecclesiæ præficitur in episcopum.	Col. 209	No. 274
» 10	»	Cum priorissa et conventus monasterii s. Agnetis Reatini, ordinis s. Augustini, ecclesiam de Maccaversana et capellam s. Nicolai de Collevitelli propriis sumptibus reparare proponant, in quibus capellanos instituere cupiunt ibidem Domino servituros, episcopo Reatino committitur ut, inquisita prius veritate de præmissis, si hoc sibi videatur utiliter expedire, dictas ecclesiam et capellam dictis monialibus auctoritate apostolica concedat.	218	291
» 10	»	Vacante monasterio s. Nicolai de Litore [1] Venetiarum, ordinis s. Benedicti, per promotionem Francisci abbatis ipsius ad episcopalem dignitatem, dicto monasterio Bartholomæus prior claustralis ejusdem præficitur auctoritate apostolica in abbatem et pastorem.	226	304
» 10	»	Episcopo Oscensi committit ut, inquisitione præhabita, episcopo et capitulo Cæsaraugustanis quandam licentiam tribuat super concessione proventuum decimarum prædialium.	229	308
» 10	»	Pilato quondam Almerici de Canneti de Forra clerico confertur beneficium, quod duxerit acceptandum in civitate vel diocesi Cenetensi.	230	311
» 10	»	Valeat Ilerdensis episcopus usque ad biennium diœcesim suam per vicarium idoneum facere visitari.	241	328
» 10	»	Episcopo Auximano mandat, ut donationes, obligationes, collationes, *etc.*, quas tempore detentionis Rambotti episcopi Camerinensis et nonnullorum clericorum per potestatem et cives Camerinenses factæ in præjudicium dicti episcopi repererit temere attemptatas, in statum debitum legitime revocet.	815	1298
» 11	»	Symoni de Pellizonis de Taurino, capellano et consanguineo Parmensis episcopi, remittit fructus minus juste perceptos ex beneficiis indebite retentis; omnem infamiæ vel inhabilitatis maculam in prædicto Symone occasione hujusmodi obortam penitus abolet, dispensatque cum eodem ut plura beneficia possit insimul retinere.	141	175
» 11	»	Cuidam Bernabono [2] Bergognoni de Riczolo filio confertur canonicatus cum præbenda in ecclesia Baiocensi.	149	188
» 11	»	Alberto Johannis Stephani de Normannis et Andree Petri de Comite, civibus Romanis, concedit ut matrimonium invicem contrahere valeant, non obstante quarto consanguinitatis gradu.	239	324

1. Col. 226, l. 13, lisez *Litore* au lieu de « Littore. »
2. Col. 149, l. 40, et col. 150, l. 1, lisez *Bernabono* au lieu de « Bernavo. »

1304				
Januar. 11	Laterani.	Episcopo Florentino mandat, ut ea quæ de bonis hospitalis s. Mariæ Senensis invenerit alienata illicite vel distracta ad jus et proprietatem ipsius hospitalis legitime revocet.	Col. 811	No. 1284
» 11	»	In e. m. abbati monasterii de Spineto, Clusinæ diocesis.	811	1285
» 11	»	Mandatum datur super eodem in alia forma abbati monasterii sancti Michaelis de Podio s. Donati Senensis.	812	1289
» 11	»	In e. f. plebano plebis s. Johannis in Vescona, Aretinæ diocesis.	814	1295
» 12	»	Archiepiscopo Gneznensi mandat, moneat et inducat episcopum Wratislaviensem ut infra unius mensis spatium relaxet excommunicationis sententiam, quam in magistrum Mirozlaum archidiaconum ecclesiæ Glogoviensis sine causa rationabili promulgavit, et dictum magistrum ad officia et possessiones ejus plene restituat.	324	481
» 12	»	Episcopo Vulterano mandatum datur ut supra super bonis hospitalis s. Mariæ Senensis (11 *jan. n° 1284.*)	811	1286
» 12	»	In e. m. episcopo Grossetano.	811	1287
» 13	»	Episcopo Massiliensi, collectori decimæ dudum a Bonifatio VIII impositæ in Aquensi et Arelatensi diocesibus, mandat ut pecuniam occasione hujusmodi collectam et in antea colligendam mercatoribus societatis Circulorum de Florentia eorumve procuratoribus assignet seu per subcollectores suos faciat assignari. — Aliæ litteræ similes directæ archiepiscopo Ebredunensi et archidiacono Gandensi, collectoribus ejusdem decimæ in aliis partibus.	145	181
» 13	»	Fratribus ordinis Prædicatorum Novariensibus concedit ut de usuris, rapinis et aliis male acquisitis usque ad summam quingentorum florenorum auri recipere valeant.	179	220
» 13	»	Universis Christi fidelibus, qui ecclesiam fratrum Prædicatorum de Novara in s. Dominici ac s. Petri martyris festivitatibus annis singulis visitaverint, indulgentiam unius anni et quadraginta dierum elargitur.	179	221
» 13	»	Electo Ravennati curam committit præficiendi ecclesiæ Foropopuliensi tunc vacanti personam idoneam in episcopum et pastorem.	191	241
» 13	»	Theobaldum de Brusiato civem Brixiensem provinciæ Romaniolæ, civitatis et diocesis Bononiensis ac comitatus Brectenorii rectorem in temporalibus constituit.	192	243
» 13	»	Abbati et conventui monasterii s. Pauli de Urbe concedit licentiam locandi quædam feuda ad monasterium ipsum legitime devoluta, non obstantibus quibuslibet contrariis consuetudinibus vel statutis.	216	288

1304				
Januar. 13	Laterani.	Priori claustrali monasterii s. Georgii majoris de Venetiis curam committit exercendi visitationis officium in monasterio s. Mariæ de Virginibus ejusdem loci de Venetiis, ordinis s. Marci Mantuani.	Col. 218	No. 293
» 13	»	Cunctis fidelibus, qui ecclesiam monasterii ss. Gervasii et Protasii Belunensis, Cisterciensis ordinis, visitaverint annuatim in certis festivitatibus, indulgentiam centum dierum promittit.	259	371
» 13	»	Indulgentia quadraginta dierum pro visitantibus plebem s. Angeli de Castelione, Aretinæ diocesis.	278	414
» 13	»	Dispensat cum Nicolao nato Adalgerii de Glemona, clerico diocesis Aquilegensis ut non obstante illegitimitatis macula possit ad omnes ordines promoveri et beneficia obtinere.	290	428
» 13	»	Restituatur Radulphus olim prior prioratus de Flawigneio, Tullensis diocesis, ad administrationem dicti prioratus, a qua remotus fuerat sine rationabili causa.	293	431
» 13	»	Raymundo de Carcassona, cum quo fuit quondam dispensatum ut non obstante natalium defectu beneficium ecclesiasticum adipisci valeret, conceditur ut, si ecclesiam quam nunc obtinet in diocesi Ilerdensi forte dimiserit, loco ipsius aliud beneficium recipere ac retinere possit.	381	582
» 13	»	Indulgentia unius anni et quadraginta dierum pro visitantibus Vivariensem ecclesiam in s. Vincentii atque Nativitatis, Annuntiationis, Purificationis et Assumptionis b. Mariæ Virginis festivitatibus.	381	583
» 13	»	Valeat Vivariensis episcopus per vicarium seu vicarios idoneos diocesim suam facere visitari.	532	875
» 13	»	Cunctis fidelibus, qui capellam hospitalis s. Mariæ Virginis de Alpibus Jovis, Florentinæ diocesis, in ipsius Virginis festivitatibus devote visitarint, indulgentiam elargitur.	558	926
» 13	»	Episcopo Feltrensi ac Bellunensi concedit licentiam faciendi recipi duas personas idoneas in canonicos in Feltrensi et totidem in Bellunensi ecclesiis, ac providendi eisdem de præbendis.	575	965
» 13	»	Gometio Consalvi clerico Bracharensis diocesis, indulget ut cum portione perpetua et præstimoniis, quæ in ecclesia de Vimaranis, supradictæ diocesis, obtinet, beneficium aliud insuper recipere ac retinere valeat.	576	967
» 13	»	Vacante præpositura ecclesiæ de Carpineto, ad Romanam Ecclesiam nullo medio pertinentis, Reginæ diocesis, in præpositum ipsius ecclesiæ Bernardinus de Foliano electus est; qui propter negligentiam procuratoris, quem ad Sedem Apostolicam destinaverat pro negotio hujusmodi prosequendo, confirmationem electionis præfatæ obtinere non valuit. Ista autem electio per præsentes litteras approbatur.	577	968

1304				
Januar. 13	Laterani.	Feltrensi ac Bellunensi episcopo mandat, moneat et inducat priorem et fratres domus Heremitarum de Tervisio ut quendam hortum monialibus monasterii s. Pauli civitatis ejusdem vendant pro pretio competenti et inter domum ac monasterium prædicta clausuram ædificent.	Col. 696	No. 1149
» 13	»	Priori de Fonte Rutoli, Fæsulanæ diocesis, mandat ut ea quæ de bonis hospitalis s. Mariæ Senensis invenerit alienata illicite vel distracta ad jus et proprietatem ipsius hospitalis legitime revocet.	812	1288
» 13	»	Mandatum datur super eodem in alia forma episcopo Florentino.	813	1290
» 13	»	In e. f. abbati monasterii de Spineta, Clusinæ diocesis.	813	1291
» 13	»	In e. f. episcopo Wulterano.	813	1292
» 13	»	In e. f. episcopo Grossetano.	813	1293
» 13	»	In e. f. priori de Fonte Rutoli, Fæsulanæ diocesis.	814	1294
(Januar. 13 Mart. 25) [1]	»	Johanni de Chalona, collectori decimæ dudum impositæ a Bonifatio VIII in quibusdam diocesibus, mandat ut pecuniam jam collectam occasione hujusmodi vel in antea colligendam mercatoribus societatis Circulorum de Florentia integraliter assignet nec non per subcollectores suos faciat assignari.	357	534
Januar. 14	»	Dispensat cum Petro nato Leonardi de Galbo, clerico Tervisino, ut non obstante natalium defectu possit ad omnes ordines promoveri et quæcumque beneficia ecclesiastica obtinere.	218	292
» 14	»	Indulget electo Vicentino ut duo clerici, ejus obsequiis insistentes, possint per quinquennium percipere fructus beneficiorum suorum.	313	472
» 14	»	Quædam Marchiæ Anconitanæ statuta, quæ Bonifatius VIII cardinalium irrequisito consensu ediderat, totaliter suspendit.	694	1147
» 15	»	Cum Angelus quondam Mothonensis episcopus, nuper autem ad Pactensem ecclesiam translatus, omne jus quod sibi competebat ex hujusmodi translatione certis ex causis libere resignaverit, ipsum Benedictus restituit ad Mothonensem sedem eumque dictæ ecclesiæ præficit iterum in pastorem.	181	225
» 15	»	Cum quondam Bonifatius papa VIII decimam in regno Siciliæ imposuisset pro guerra et negotio dicti regni prosequendis, archiepiscopum Capuanum dictæ decimæ collectorem instituit. Quo quidem nuper ab hujusmodi officio certis ex causis amoto, loco ipsius deputatur collector Salernitanus electus.	189	240

1. Voy. la note 2 de la col. 358.

1304				
Januar. 15	Laterani.	Archiepiscopo Lundensi curam committit dispensandi cum Henrico Ubbison et Elena dicta Slewicen., suæ diocesis, ut non obstante quarto consanguinitatis gradu valeant in matrimonio illicite contracto remanere, prolem inde susceptam nec non suscipiendam legitimam nuntiando.	Col. 198	No. 254
» 15		Episcopo Tridentino concedit ut quatuor clerici, qui ejus insistunt obsequiis, fructus redditusque ac proventus beneficiorum suorum usque ad quadriennium libere percipere valeant. — Eidem committit ut fructus eosdem dictis clericis ipse faciat assignari.	219	294
» 15		Cuidam mulieri concedit licentiam habendi altare portatile.	222	297
» 15	»	Indulgentia centum dierum conceditur fidelibus, qui ecclesiam s. Pauli Narbonensis in duabus festivitatibus dicti sancti devote visitarint.	364	552
» 15		Citetur Capuanus archiepiscopus, olim collector decimæ per Bonifatium papam VIII in regno Siciliæ impositæ, ad comparendum coram Apostolica Sede, rationem super negotio collectionis hujusmodi plenario redditurus.	698	1152
» 16		Petro nato Leonardi de Galbo, clerico Tervisino, confertur beneficium ecclesiasticum, quod duxerit acceptandum in Tridentina civitate vel diocesi.	214	284
» 16	»	Plebano plebis s. Johannis de castro Pennæ, Firmanæ diocesis, confertur beneficium ecclesiasticum, quod duxerit acceptandum in diocesi supradicta.	215	287
» 16	»	Lantæ Agolantis et ejus sociis de societate Amannatorum de Pistorio mandat, ut aliquos ex ipsis ad Apostolicam Sedem transmittant cum quibus de reformatione status societatis prædictæ ac indemnitate creditorum ipsius tractari possit.	697	1151
» 17	»	Quibusdam executoribus mandat, ut ad restitutionem certis loco et tempore faciendam sexcentarum marcharum argenti, quas archiepiscopus Cassellensis de licentia Sedis Apostolicæ mutuo recepit a mercatoribus societatis Clarentum de Pistorio, diligenter intendant.	150	190
» 17	»	Jacobo de Orto ex ordine fratrum Heremitarum s. Augustini licentiam concedit docendi, legendi, disputandi et determinandi Parisiis et ubique locorum in theologica facultate.	254	361
» 17	»	Dispensat cum duabus personis civitatis Tudertinæ, ut ad sedandas discordias inter consanguineos ipsarum exortas matrimonium invicem contrahere valeant, non obstante quarto consanguinitatis gradu.	265	383
» 17	»	Cum in civitate et diocesi Tarviensi quædam vigeat prava consuetudo, cujus occasione clerici et religiosæ personæ illarum partium a dominis temporalibus eorumque officialibus contra justitiam sæpius molestantur, Benedictus mandat Olorensi episcopo ut præfatam consuetudinem denuntiet circa clericos et personas ecclesiasticas fore nullatenus observandam.	372	563

1304				
Januar. 18	Laterani.	Armanno Mantello capellano suo indulget ut, quandiu in Romana curia vel alibi Sedis Apostolicæ insistet obsequiis, fructus ac redditus beneficiorum suorum integre percipiat. — Eadem licentia conceditur Socino de Overgnachis, alii domini papæ capellano.	Col. 203	No. 261
» 18	»	Moneat rector Patrimonii b. Petri in Tuscia quosdam invasores castri Jovis, Ameliensis diocesis, ut dictum castrum legitimo domino sine mora restituant et de damnis ibidem illatis plenarie satisfaciant.	207	270
» 18	»	Lupo Petri de Vrinza presbytero, canonico ecclesiæ Pampilonensis, cum quo fuerat antea dispensatum ut non obstante natalium defectu posset sacros ordines recipere et beneficium adipisci, nunc insuper conceditur ut ad omnes administrationes ordinis s. Augustini assumi valeat.	239	322
» 18	»	Licentiam elargitur construendi Tholosæ in burgo s. Saturnini oratorium seu capellam in honorem s. Orientii.	282	422
» 18	»	Episcopo Aretino dat licentiam conferendi cuidam Bandino Fructi civi Aretino officium tabellionatus.	302	453
» 18	»	Civibus Beneventanis, quos Martinus papa IV privaverat jure eligendi consules et alios officiales, Benedictus eosdem consules et officiales restituit habendos et creandos juxta morem antiquum, usque ad Apostolicæ Sedis beneplacitum voluntatis. Eis insuper facultatem elargitur condendi statuta quibus regantur, ac percipiendi sub certo annuo censu omnes redditus, quos Ecclesia Romana in civitate et districtu Beneventanis habere dinoscitur.	422	665
» 19	»	Priori et fratribus ordinis Prædicatorum Monopolitanis concedit, ut a quodam Maroldítio cive Monopolitano recipere valeant de usuris et aliis male ablatis usque ad summam quingentorum florenorum auri.	509	836
» 19	»	Priorissam et conventum monasterii s. Mariæ de Nazareth Aquensis atque monasterium ipsum sub sua et b. Petri protectione suscipit.	509	837
» 20	»	Certis executoribus mandat ut ad restitutionem quingentorum florenorum auri, quos episcopus Albinganensis ex licentia Sedis Apostolicæ mutuo recepit a mercatoribus societatis Clarentum de Pistorio, diligenter intendant.—Eadem littera mittitur aliis executoribus super mutuo, quod contraxerat Lundensis archiepiscopus.	176	217
» 20	»	Ubertum de Notis de Mediolano doctorem decretorum provinciæ Romaniolæ, civitatis et diocesis Bononiensis et comitatus Brectenorii rectorem in spiritualibus constituit.	193	244
» 20	»	Episcopo Trecensi concedit, ut duo clerici commensales ejus ac domestici valeant usque ad quadriennium fructus redditusque et proventus beneficiorum suorum integraliter percipere, distributionibus quotidianis dumtaxat exceptis.	244	338

1304				
Januar. 20	Laterani.	Valeat Faventinus episcopus condere testamentum.	Col. 273	No. 400
» 20	»	Cum Vanuzulo, nato Manentis de Trevio, clerico Spoletanæ diocesis dispensat, ut non obstante natalium defectu possit ad omnes ordines promoveri et beneficia ecclesiastica obtinere.	280	417
» 20	»	Quandam Bonifatii VIII dispositionem confirmat super concessione facta ordini fratrum Prædicatorum ad instantiam regis Siciliæ de ecclesia s. Maximini ac de loco de Balma, Aquensis diocesis.	505	829
» 21	»	Valeat Trecensis episcopus concedere cuidam personæ tabellionatus officium.	237	319
» 21	»	Eidem conceditur ut usque ad triennium possit ecclesiam suam per aliquem vicarium idoneum facere visitari.	238	320
» 21	»	Conservatores infradictos rogat et hortatur ut Stephano de Pileo archidiacono Suessionensis ecclesiæ efficaciter assistentes, ipsum faciant beneficiorum, quæ in Suessionensi, Carnotensi, Senonensi et de s. Audomaro Morinensi obtinet ecclesiis, pacifica possessione gaudere. — Littera eadem archiepiscopo Patracensi, ut jura dicti Stephani in Atheniensi et Corinthiensi ecclesiis, quarum existit canonicus, similiter tueatur.	243	333
» 21	»	Episcopo Trecensi conceduntur executores super gratia suprascripta (*21 jan., nº 320*).	244	339
» 21	»	Eidem episcopo facultatem concedit faciendi recipi in canonicos in ecclesia sua cathedrali duas personas idoneas ac providendi eisdem de præbendis.	244	340
» 21	»	Patriarchæ Gradensi concedit ut tres clerici, obsequiis ejus insistentes, possint per quinquennium fructus beneficiorum suorum percipere.	273	401
» 21	»	Eidem indulget ut apud Venetias, ubi nunc commoratur, possit in omnibus exemptis ecclesiis missarum solemnia celebrare ac populo proponere verbum Dei, absque licentia episcopi Castellani.	274	402
» 21	»	Christi fidelibus, qui capellam in honorem s. Mariæ Virginis in ecclesia s. Petri Ferrentinatis erectam devote visitarint in singulis ipsius Virginis festivitatibus, indulgentiam centum dierum promittit.	307	462
» 22	»	Andreæ Philippi Sapiti civi Florentino conceditur tabellionatus officium. — Eadem concessio facta Andreæ Palmerii clerico Spoletano.	211	277

1304				
Januar. 22	Laterani.	Renovat et confirmat quandam Bonifatii VIII gratiam, qua concessa fuerat archiepiscopo Lugdunensi licentia faciendi recipi duos nepotes suos in canonicos ecclesiæ Lugdunensis ac eisdem de communibus ejusdem ecclesiæ proventibus sicut aliis canonicis provideri.	Col. 259	No. 372
» 22	»	Priori fratrum Prædicatorum Senensi committit, ut locum quondam in civitate Senensi positum, ad ordinem fratrum Saccorum pertinentem, in quo nobilis mulier Contessa uxor Musciatti de Senis ecclesiam seu capellam ædificare desirat et exposcit, dictæ Contessæ apostolica auctoritate concedat et insuper eidem mulieri licentiam largiatur prædictam ecclesiam seu capellam ibidem extruendi.	264	381
» 23	»	Caveat Eduensis episcopus, ne priores aut abbates et conventus monasteriorum suæ diocesis prioratus ad dicta monasteria pertinentes in proprios usus retineant vel ad firmam concedant, ipsos prioratus debitis obsequiis defraudando.	205	265
» 23	»	Compellat idem episcopus quosdam rectores parrochialium ecclesiarum suæ diocesis ad faciendum in ipsis ecclesiis residentiam personalem.	205	266
» 23	»	Caveat episcopus Masticonensis, ne priores aut abbates et conventus monasteriorum suæ diocesis prioratus ad dicta monasteria pertinentes ad firmam concedant vel in proprios usus retineant, ipsos prioratus debitis obsequiis defraudando.	206	267
» 23	»	Rogerono de Loria et Ysabellæ filiæ regis Trinacriæ licentiam concedit contrahendi matrimonium, non obstante quarto consanguinitatis gradu.	208	271
» 23	»	Consideratione fratris Johannis Pruni litterarum apostolicarum bullatoris, mandat ut Paulo Nicholai dicto Quantapoi unum vel plura beneficia conferantur in diocesi Verulana, cujus vel quorum annui redditus valorem viginti quinque florenorum auri non excedant.	210	275
» 23	»	Cunctis fidelibus subsidia erogantibus pro ædificatione cathedralis ecclesiæ Aquilensis indulgentiam unius anni et quadraginta dierum promittit.	241	329
» 23	»	Episcopo Aquilensi facultatem concedit faciendi recipi tres personas idoneas in canonicos in ecclesia sua cathedrali et in duabus collegiatis suæ diocesis, nec non eisdem providendi de beneficiis vacantibus vel quam primum vacaturis. Eidem indulget ut quartam partem decimarum et mortuariorum, quam nonnulli episcopi Aquilenses dudum a rectoribus et clericis suæ diocesis exigere negligenter omiserunt, de cætero valeat petere ac recipere ab eisdem.	241	330
» 23	»	Reservatur Philippo de Quinto de Advocatis canonico Vercellensi personatus seu dignitas in Mediolanensi civitate vel diocesi.	243	334

1304 Januar. 23	Laterani.	Valeat Lincolniensis episcopus ecclesias et cœmeteria suæ diocesiæ quæ violata fuerint, per se vel per alium reconciliare.	Col. 245	No. 342
» 23	»	Dispensat cum duabus personis Florentinæ diocesis, ut non obstante quarto affinitatis gradu in matrimonio illicite contracto remanere valeant.	253	359
» 23	»	Cuidam Tancredo, [1] quem nuper in præpositum ecclesiæ Grossetanæ episcopus et capitulum elegerunt, conceditur facultas retinendi cum eadem præpositura plebem de Buriano, diocesis ejusdem, cujus plebanus existit.	256	365
» 23	»	Indulgentia decem dierum pro erogantibus eleemosynas et subsidia domui leprosorum s. Antonii prope muros civitatis Aquinatis.	257	366
» 23	»	Indulgentia quadraginta dierum pro fidelibus, qui capellam domus leprosorum s. Antonii prope muros civitatis Aquinatis in festivitatibus Nativitatis et Resurrectionis Domini et per octo dies festivitates ipsas sequentes devote visitarint.	308	463
» 23	»	Abbatem monasterii s. Mansueti Tullensis rogat et hortatur, ut Trecensi episcopo efficaciter assistens, eundem a vexantibus sollicite tueatur.	365	555
» 23	»	Archidiacono Nisicensi in ecclesia Misnensi mandat, ut causam vertentem inter præpositum conventumque monasterii s. Affræ Misnensis, ordinis s. Augustini, ex parte una, et Fredericum marchionem Misnensem et Berhardum de Kamentz militem Misnensis diocesis, ex altera, litigantes super terris, debitis et rebus aliis debito fine decidat.	845	1299
» 24	»	Tano quondam Ubaldini de Loglano, domini papæ domicello, conceduntur sub certo annuo censu cameræ apostolicæ persolvendo omnes terræ et possessiones, quas in territorio castri Medicinæ possidet Romana Ecclesia.	207	269
» 24	»	Dispensatur cum Baldeberto, capellano cardinalis s. Georgii ad Velum Aureum, super pluralitate beneficiorum.	249	352
» 24	»	Cantori Bambergensis ecclesiæ remittit fructus, quos indebite percepit ex beneficiis suis postquam fuerat suspensus ab ipsis : omnem insuper maculam vel inhabilitatem in eo obortas occasione hujusmodi penitus abolet.	270	397
» 24	»	Monasteria s. Pontiani, s. Bartholomæi, s. Fridiani et s. Georgii civitatis Lucanæ liberat totaliter et absolvit a solutione cujusdam pensionis, quam ex dispositione Bonifatii VIII Hugolino Rusticholli de Massa Pisana, domicello et familiari dicti pontificis, annuatim exhibere tenebantur.	366	556

[1] Col. 256, l. 31 et 35 lisez *Tancredo* au lieu de « Tanordo. »

1304				
Januar. 25	Laterani.	Jacobo Mathæi Ursi de filiis Ursi archidiacono Senonensi, capellano domini papæ, conceditur ut archidiaconatum suum per vicarium idoneum faciat visitari.	Col. 278	No. 412
» 25	»	Christi fidelibus, qui ad refectionem ecclesiæ monasterii s. Memmii Cathalaunensis, ordinis s. Augustini, nimia vetustate consumptæ manum porrexerint adjutricem, indulgentiam quadraginta dierum elargitur.	280	419
» 25	»	Archiepiscopo Remensi et episcopo Virdunensi mandatur ut Jacobum Mathæi Ursi de filiis Ursi, capellanum domini papæ, in juribus et bonis quæ in Senonensi et Cathalaunensi obtinet ecclesiis a vexantibus sollicite tueantur.	329	491
» 25	»	Indulgentia quadraginta dierum pro devote visitantibus ecclesiam monasterii s. Memmii Cathalaunensis in Nativitatis, Annuntiationis, Purificationis et Assumptionis b. Mariæ Virginis ac ss. Memmii, Donatiani et Domiciani festivitatibus atque in die dedicationis ejusdem ecclesiæ.	381	584
» 25	»	Archidiacono Goslariensi causam inter abbatissam capitulumque sæcularis ecclesiæ in Gandersem ex parte una, et Aschwinum et Henricum de Wallmode milites, Thidericum eorumdem fratrem armigerum et Henricum dictum Nurenberg laicum Hildesemensis diocesis ex altera, super quadam pecuniæ summa vertentem committit terminandam.	815	1300
» 26	»	Supplicante Parmensi episcopo, indulgentia unius anni et quadraginta dierum conceditur cunctis fidelibus, qui ad reædificationem ecclesiæ s. Johannis Baptistæ Taurinensis vetustate consumptæ pia erogaverint subsidia.	197	252
» 26	»	Eadem indulgentia pro visitantibus ecclesiam supradictam in Nativitatis et Decollationis s. Johannis Baptistæ festivitatibus.	198	253
» 26	»	Episcopo Narniensi mandat ut certas domos sitas in civitate Narniensi, quæ fuerunt olim quorumdam damnatorum de hæresi, quorum bona sunt Romanæ Ecclesiæ confiscata, priori et fratribus ordinis Prædicatorum urbis ejusdem concedat et assignet.	238	321
» 26	»	Bernardo Tardini presbytero diocesis Apamiarum, indulget ut quasdam ecclesias, quarum possessionem dudum obtinet illicite, de cætero libere valeat retinere. Ipsi quoque remittit fructus quos percipit indebite ex eisdem ecclesiis.	340	468
» 27		Episcopo Ruthenensi facultatem impertitur faciendi recipi duas personas idoneas in canonicos ecclesiæ Ruthenensis ac providendi eisdem de præbendis vacantibus.	215	285
» 27	»	Cum ad recuperationem bonorum ac jurium ecclesiæ suæ debeat episcopus Ruthenensis intendere, ei conceditur ut diocesim suam per alium seu alios faciat visitari.	218	290

1304 Januar. 27	Laterani.	Dispensat cum Berengario, nato Raymundi Fulconis vicecomitis de Cardona, ut non obstante illegitimitatis macula possit ad omnes ordines promoveri ac beneficium ecclesiasticum obtinere.	Col. 230	No. 309
» 27	»	Indulget ut quinque fratres olim ordinis Carmelitarum professores, qui se in ordine Prædicatorum recipi procurarunt, in eodem libere remaneant. Inhibet tamen ne ullus frater prædicti ordinis Carmelitarum ad eundem ordinem Prædicatorum transire de cætero præsumat.	231	316
» 27	»	Cunctis fidelibus, qui ad consummationem ecclesiæ fratrum Prædicatorum de Messana manum porrexerint adjutricem indulgentiam unius anni et quadraginta dierum elargitur. — Eadem indulgentia pro visitantibus ecclesiam antedictam in b. Mariæ Virginis, s. Dominici et s. Petri martyris festivitatibus.	241	327
» 27	»	Cunctis fidelibus, qui ad consummationem ecclesiæ s. Flaviani de Monteflascone, Balneoregensis diocesis, manum porrexerint adjutricem, indulgentiam unius anni et quadraginta dierum elargitur.	246	347
» 27	»	Præposito et fratribus domus s. Johannis de Alexandria, ordinis Humiliatorum, indulget ut quasdam possessiones, quas Raynerius de Karolo de Alexandria eis in ultima voluntate legavit pro ædificando hospitali ad opus infirmorum et pauperum, vendere possint ac de ipsarum pretio domum congruam extruere, residuum si quod fuerit in usus pauperum convertendo.	258	368
» 27	»	Andreæ nato Nicolai de Galluciis canonico Bononiensi reservatur beneficium quod duxerit acceptandum in civitate Lucana vel diocesi.	261	374
» 27	»	Duabus personis Caturcensis diocesis, quarto gradu affinitatis invicem se contingentibus, permittit ut ad sedandas inimicitias inter earum parentes exortas matrimonium contrahere valeant.	262	377
» 27	»	Episcopo Baiocensi concedit ut, cum senex et valetudinarius existat, possit usque ad triennium ecclesiam suam per vicarium idoneum facere visitari.	268	389
» 27	»	Episcopo Brandeburgensi potestatem tribuit dispensandi cum quibusdam diocesis suæ clericis super infamia sive nota, quas contraxerunt pro eo quod parochiales ecclesias adepti non se fecerunt infra annum, prout tenebantur ex constitutione Concilii Lugdunensis, ad sacerdotium promoveri.	268	391
» 27	»	Eidem concedit ut similiter dispenset cum aliis clericis super infamia, quam contraxerunt plura beneficia curam animarum habentia absque Sedis Apostolicæ dispensatione insimul retinendo.	269	392
» 27	»	Eidem licentia conceditur conferendi personis idoneis plures archidiaconatus vacantes in Halberstadensi ecclesia per ipsius promotionem ad episcopatum Brandeburgensem.	269	393

1304				
Januar. 27	Laterani.	Eidem conceditur, ut duas personas idoneas recipi faciat in canonicos in ecclesiis s. Mariæ ac s. Pauli civitatis Halberstadensis, eisque provideat de præbendis.	Col. 269	No. 394
» 27	»	Rectori ecclesiæ s. Georgii in Woceke, Caminensis diocesis, qui dictam ecclesiam olim assecutus non se fecit infra annum, prout tenebatur ex constitutione Concilii Lugdunensis, in presbyterum ordinari, indulget ut eandem ecclesiam de cætero retinere valeat, dummodo se faciat statutis temporibus ad sacerdotium promoveri.	269	395
» 27	»	Similis gratia pro rectore ecclesiæ s. Bartholomæi in majori Orden, Halberstadensis diocesis.	269	396
» 27	»	Valeant custos ecclesiæ s. Castoris in Confluentia, diocesis Treverensis, et canonicus quidam ecclesiæ s. Paulini extra muros Treverenses, custodiam, canonicatum ac præbendam, quæ in predictis ecclesiis obtinent, invicem permutare.	328	488
» 27	»	Cum homines castri de Vincis, parochiani ecclesiæ de Arsaco, Lascurrensis diocesis, ecclesiam in dicto castro construere et dotare cupiant, mandat episcopo Lascurrensi ut, si hoc viderit expedieus, prædictis hominibus licentiam largiatur istam ædificandi ecclesiam, et postquam constructa fuerit, in ea rectorem ea vice instituat.	378	573
» 27	»	Monasterium monialium de Rosindal, Cisterciensis ordinis, Treverensis diocesis, submittit regimini ac curæ abbatis monasterii Claustri de Hymmeroch, prædictorum ordinis et diocesis.	398	620
» 27	»	Episcopo Lascurrensi mandat ut dispenset cum Arnaldo filio Odonis de Sedicato, et Claria sorore Odonis domini de Miromonte, super matrimonio illicite contracto, eis misericorditer concedendo licentiam remanendi in prædicto matrimonio, non obstante quarto gradu consanguinitatis.	510	840
» 27	»	Dispensatur cum subdiacono quodam super inhabilitate, quam contraxit pro eo quod ecclesiam de Eyaurrieta, Pampilionensis diocesis, quondam assecutus non se fecit, prout tenebatur ex constitutione Concilii Lugdunensis, in presbyterum ordinari. Eidem insuper conceditur ut præfatam ecclesiam de cætero retinere valeat.	624	1031
» 28	»	Dispensat cum Petro Alveri canonico Legionensi super pluralitate beneficiorum.	246	345
» 28	»	Vigiliensi episcopo committit potestatem dispensandi cum Manino Judicis Samarii, clerico illegitime nato, qui subdiaconatus ordinem olim recepit licentia Sedis Apostolicæ non obtenta, ut ad superiores ordines promoveri possit atque beneficium ecclesiasticum adipisci, non obstantibus supradictis.	331	492
» 28	»	Valeat Ispalensis archiepiscopus conferre personis idoneis quædam beneficia dudum in civitate vel diocesi Ispalensi vacantia, quorum collatio propter diuturnam hujusmodi vacationem ad Sedem Apostolicam devoluta est.	351	522

1304				
Januar. 28	Laterani.	Eidem archiepiscopo concedit facultatem absolvendi quosdam suæ diocesis clericos ab excommunicationis sententia, nec non dispensandi cum illis super irregularitate contracta pro eo quod, prædicta ligati sententia, sese divinis officiis immiscuerunt vel ipsa officia celebrarunt.	Col. 351	No. 523
» 28	»	Cum locus fratrum ordinis Prædicatorum de Clugia constructus fuerit de pecunia, quam pro constructione hujusmodi in testamento legaverat Dianus quidam, cujus postmodum inquisitores hæreticæ pravitatis memoriam damnarunt bonaque confiscarunt, iidem fratres a præfatis inquisitoribus super possessione dicti loci sunt multipliciter molestati. Eis autem Benedictus prædictum locum confirmat.	417	659
» 29	»	Johanni Siginulfi, civi Beneventano, conceduntur judicatus atque tabellionatus officia.	246	346
» 29	»	Valeat archipresbyter plebis s. Stephani de Barbiano, Imolensis diocesis, archipresbyteratum suum retinere, natalium defectu non obstante.	273	399
» 29	»	Plebano plebis s. Johannis in Vescona, Aretinæ diocesis, mandat ut causam vertentem inter rectorem fratresque hospitalis s. Mariæ Senensis et quosdam laicos Clusinæ diocesis fine debito decidat.	814	1296
» 29	»	In e. m. eidem plebano super alia causa similiter decidenda.	815	1297
» 30	»	Guenæ nato Mini de s. Quirico confertur beneficium ecclesiasticum, quod duxerit acceptandum in Aretina civitate vel diocesi.	215	286
» 30	»	Electo Cathaniensi licentiam concedit faciendi recipi duas personas idoneas in canonicos ecclesiæ Brugensis, cujus existit præpositus.	231	315
» 30	»	Valeat Petrus Baudrici, rector ecclesiæ b. Mariæ de Beceda, Apamiarum diocesis, dictam ecclesiam de cætero retinere, dummodo se faciat ad sacerdotium promoveri, non obstante autem quod a monasterio Electensi, Narbonensis diocesis, pensionem triginta librarum Turonensium parvorum annuatim percipit.	294	433
» 30	»	Cuidam clerico Velletrensi conceditur officium tabellionatus.	306	459
» 30	»	Rectori ecclesiæ de Faizeto, Terraconensis diocesis, qui dictam ecclesiam in minoribus tantum constitutus ordinibus quondam obtinuit nec se fecit, prout tenebatur juxta constitutionem Concilii Lugdunensis, ad sacerdotium promoveri, remittit fructus minus juste perceptos ex eadem ecclesia, statuens ut ipsam præfatus rector de cætero retinere valeat, dummodo infra annum in prebyterum ordinetur.	319	478

1304				
Januar. 30	Laterani.	Decano ecclesiæ s. Gengulphi Tullensis committit curam et potestatem taxandi et statuendi in monasterio s. Mansueti, ejusdem urbis, ordinis s. Benedicti, certum monachorum numerum, prout pensatis ipsius monasterii facultatibus melius viderit expedire.	Col. 365	No. 554
» 30	»	Archiepiscopo Cassellensi potestatem elargitur conferendi personis idoneis, quas duxerit eligendas, beneficia ecclesiastica dudum in civitate et diocesi Cassellensi vacantia, quorum collatio, propter diuturnam hujusmodi vacationem, secundum Lateranensis statuta Concilii ad Apostolicam Sedem devoluta est.	377	571
» 30	»	Archiepiscopo Cassellensi concedit ut possit duos instituere notarios.	378	572
» 30	»	Petrum Noviomensem episcopum, quem præpositus et capitulum ecclesiæ Arelatensis in archiepiscopum concorditer postularunt, ad ecclesiam Arelatensem transfert.	391	608
» 30	»	Archiepiscopo Cassellensi concedit ut personis provinciæ suæ, quæ propter ecclesiarum incendia vel pro violenta manuum injectione in clericos et personas ecclesiasticas sunt excommunicationum sententiis innodatæ, beneficium absolutionis impendere valeat.	416	637
» 30	»	Jacobo Parisii de Bononia, civi Viterbiensi, conceditur sub certo annuo censu feudum quoddam ad Ecclesiam Romanam pertinens, situm in territorio castri Orclæ, Viterbiensis diocesis.	431	677
» 31	»	Francisco Bartollucii, militi Anagnino, et ejus hæredibus molendinum de Vallerano situm in territorio castri Paliani, Civitatis Papalis diocesis, in feudem concedit sub certis conditionibus et annuo censu perpetuo retinendum.	239	325
» 31	»	Episcopo Sedunensi concedit facultatem faciendi recipi duas personas idoneas in canonicos ecclesiæ suæ cathedralis, ac providendi eisdem de præbendis cum proventibus qui *canonia* vulgariter in illis partibus appellantur.	263	379
» 31	»	Eidem concedit ut dispensare valeat super defectu natalium cum Lanfranco nato quondam Corradi comitis de Panico, qui subdiaconatus et diaconatus ordines dudum indebite recepit, licentia Sedis Apostolicæ non obtenta.	275	405
» 31	»	Abbati monasterii Fuldensis, Herbipolensis diocesis, mandat ut quendam Bertholdum, nuper electum in abbatem monasterii Herfeldensis, Maguntinæ diocesis, peremptorie citet ad comparendum coram Apostolica Sede super electione prædicta responsurum.	275	406
» 31	»	Fidelibus, qui monasterio s. Agnetis prope Urbemveterem, ordinis s. Benedicti, manum porrexerint adjutricem ad ipsius inopiam relevandam, indulgentiam quadraginta dierum elargitur.	278	413

1304				
Januar. 31	Laterani.	Vacante Bambergensi ecclesia per mortem Lupoldi episcopi, Wulvingus Laventinus episcopus ad prædictam Bambergensem ecclesiam transfertur.	Col. 288	No. 426
» 31	»	Queritur de abbate et conventu monasterii s. Ausardi [1], Caturcensis diocesis, et de quibusdam aliis, qui Thomam Bruneti de Murro, priorem prioratus de Gazarano, Tholosanæ diocesis, contra justitiam impediunt quominus possessionem obtineat prioratus supradicti, nec non excommunicationum et interdicti sententias, quas olim hujusmodi occasione incurrerunt, sustinent animis induratis. Mandat igitur, ut ad comparendum coram conspectu apostolico citentur pro meritis recepturi et facturi super præmissis quod justitia suadebit.	290	429
» 31	»	Johannes canonicus basilicæ s. Mariæ Majoris de Urbe ecclesiæ Pactensi præficitur auctoritate apostolica in episcopum et pastorem.	298	440
» 31	»	Conservatores aliquos rogat et hortatur ut episcopo Imolensi efficaciter assistentes, eum a molestatoribus strenue tueantur, illos qui jura, privilegia et possessiones ejus turbaverint vel invaserint compescendo.	308	465
» 31	»	Olim Bononiensis episcopus cum quodam Multobono clerico suæ diocesis dispensavit, ut minores ordines recipere et beneficium ecclesiasticum sine cura adipisci valeret, non obstante natalium defectu. Prædictam dispensationem Benedictus XI confirmat, statuens ut idem clericus ad omnes ordines et quæcumque beneficia promoveri possit [2].	313	471
» 31	»	Vacante quondam ecclesia Milevitana per obitum Jacobi episcopi, ipsius sedis provisio fuit a Martino IV et Honorio IV apostolicæ dispositioni reservata : nunc autem auctoritate Benedicti XI Nicolaus præficitur eidem ecclesiæ in episcopum et pastorem.	324	482
» 31	»	Jacobo s. Georgii ad Velum Aureum diacono cardinali committit, ut abbati et conventui monasterii s. Pauli de Urbe licentiam largiatur dividendi ac locandi feuda quædam ad eos pertinentia, cum ipsa ad dictum monasterium devolvi de cætero contigerit, quibusdam statutis non obstantibus.	331	493
» 31	»	Abbati monasterii s. Pauli de Urbe concedit facultatem recipiendi resignationem Johannis abbatis monasterii s. Clementis Tiburtini, ordinis s. Benedicti, prædicto cœnobio s. Pauli subjecti. Mandat quoque ut eidem Johanni provideatur de qualibet ecclesia ad collationem conventus s. Pauli spectante.	332	494

1. Col. 290, l. 32, et col. 291, l. 14, lisez *Ausardi* au lieu de « Ansardi. »
2. Col. 313, l. 12, lisez *Multobono* au lieu de « Mulcobono. »

1304				
Januar. 31	Laterani.	Fratri Claro monacho monasterii s. Morentii, Forosinfroniensis diocesis, qui se gerit pro abbate monasterii s. Vincentii de Petrapertusa, Urbinatis diocesis, peremptorius terminus assignetur, ut personaliter coram Apostolica Sede compareat.	Col. 360	No. 539
» 31	»	Stephano de Malolacu canonico ecclesiæ de Ankelande, Dunelmensis diocesis, confirmat ecclesiam de Halveton, diocesis ejusdem, quam ei Dunelmensis episcopus auctoritate ordinaria concesserat ad ipsius inopiam relevandam.	486	781
» 31	»	Ordinationem factam ab abbate et conventu monasterii Molismensis, Lingonensis diocesis, approbat et communit, qua provide statuitur, ut abbates dicti monasterii et priores prioratuum ei subjectorum, ipsorum regimen libere resignantes, dummodo eis propria demerita non obsistant, de bonis monasterii vel prioratuum prædictorum pensionem annuam competentem in memoriam pristinæ dignitatis recipiant pro suis necessitatibus commodius supportandis.	529	872
» 31	»	Episcopo Ostiensi legationis officium committit in provinciis Tusciæ, Romaniolæ et Marchiæ Tervisinæ nec non in circumadjacentibus partibus.	720	1171
» 31	»	Eundem legatum in supradictis partibus paciarum et pacis servatorem constituit.	722	1172
» 31	»	Eidem indulget ut in ecclesiis cathedralibus et aliis collegiatis suæ legationis decem clericos idoneos recipi faciat in canonicos, unum videlicet in ecclesia una.	724	1173
» 31	»	Eidem concedit ut quatuor personis idoneis laicis sive clericis tabellionatus officium conferre possit.	725	1174
» 31	»	Eidem, ut quoslibet religiosos cujuscumque ordinis, quos inobedientes invenerit, privare valeat omnibus indulgentiis et privilegiis eis ab Apostolica Sede concessis.	725	1175
» 31	»	Eidem, ut absolvere valeat ab excommunicationis sententia nonnullos de partibus suæ legationis, qui certis ex causis absolutionem nequeunt commode recipere.	726	1176
» 31	»	Eidem, ut, si legatione prædicta durante aliquem vel aliquos ex clericis sibi assistentibus decedere vel beneficia sua resignare contigerit, beneficia ipsa per mortem seu resignationem hujusmodi vacantia conferre possit personis idoneis.	726	1177
» 31	»	Eidem, ut in locis ecclesiastico suppositis interdicto divina officia audire et etiam celebrare vel facere celebrari possit.	727	1178
» 31	»	Eidem, ut absolvere valeat clericos et laicos suæ legationis, qui sententiam excommunicationis incurrerint pro fractionibus et incendiis ecclesiarum seu locorum ecclesiasticorum.	727	1179

1304				
Januar. 31	Laterani.	Eidem, ut dispenset cum viginti clericis suæ legationis super natalium defectu.	Col. 728	No. 1180
» 31	»	Eidem, ut compellat quoslibet prælatos nec non regulares et alias ecclesiasticas personas ad contribuendum in procurationibus sibi debitis.	728	1181
» 31	»	Eidem, ut evectiones ducere libere valeat, quando pro commissis sibi negotiis viderit expedire.	729	1182
» 31	»	Eidem, ut omnibus fidelibus qui ad fabricas ecclesiarum in prædictis partibus consistentium manum porrexerint adjutricem indulgentiam quadraginta dierum largiatur.	729	1183
» 31	»	Eidem, ut omnibus fidelibus, qui colloquiis et congregationibus infradictis interfuerint, centum dierum vel etiam unius anni indulgentiam elargiri possit.	729	1184
» 31	»	Eidem, ut partes suæ legationis egredi ac easdem reingredi et tam intra quam extra ipsas commissum sibi negotium simili modo valeat adimplere.	730	1185
» 31	»	Eidem, ut dispenset cum ecclesiarum prælatis et personis ecclesiasticis suæ legationis super irregularitate, quam contraxerint ferendo sententias excommunicationis sine scriptis.	730	1186
» 31	»	Eidem, ut similiter dispenset cum personis ecclesiasticis suæ legationis super irregularitate, quam contraxerint ex eo quod excommunicatæ receperunt ordines et ministrarunt in illis vel aliis sententiis innodatæ divina officia celebrarunt.	730	1187
» 31	»	Eidem, ut possit compellere prælatos et personas ecclesiasticas suæ legationis ad exhibendum nuntiis suis omnia necessaria.	731	1188
» 31	»	Eidem, ut censuram ecclesiasticam exercere valeat in personas ecclesiasticas suæ legationis et in terras ipsarum.	731	1189
» 31	»	Notum facit quod per prædicta, quæ eidem legato specialiter committuntur, his quæ ei ratione legationis hujusmodi competunt nullatenus derogatur.	732	1190
» 31	»	Eidem concedit ut faciat ministrari clericis sibi assistentibus proventus eorum ecclesiasticos, distributionibus quotidianis dumtaxat exceptis.	732	1191
» 31	»	Eidem, ut fratribus Prædicatorum, Minorum et aliorum ordinum suæ legationis et etiam partium circumadjacentium injungere possit quodcumque prosecutioni officii sui viderit expedire.	733	1192
» 31	»	Eidem, ut conferre possit personis idoneis beneficia ecclesiastica infra legationis suæ terminos vacantia, quorum collatio secundum statuta Lateranensis Concilii est ad Apostolicam Sedem devoluta.	734	1193

1304				
Januar. 31	Laterani.	Eidem, ut valeat assumere et retinere ad propria obsequia quotcumque et quoscumque voluerit de fratribus Prædicatorum ac Minorum ordinum suæ legationis nec non eis committere executionem negotiorum quorumcumque.	Col. 734	No. 1194
» 31	»	Eidem, ut dispenset cum personis ecclesiasticis suæ legationis super irregularitate, quam contraxerint ex eo quod excommunicatæ, suspensæ vel etiam interdictæ susceperint ordines vel sese divinis officiis immiscuerint sic ligatæ.	735	1195
» 31	»	Eidem, ut cum decem personis religiosis suæ legationis dispensare valeat super simoniaca pravitate.	735	1196
» 31	»	Eidem,ut quotiens ipsum ad loca interdicta devenire contigerit, in quolibet eorumdem locorum semel aperiantur ecclesiæ ibidem existentes.	736	1197
» 31	»	Eidem, ut pro negotiis legationis suæ expediendis ad se vocare possit quoscumque et quotcumque de fratribus quorumlibet ordinum, et ipsis dare licentiam equitandi et vescendi cibariis quibuscumque.	736	1198
» 31	»	Eidem, ut privare possit omnibus gratiis ipsis ab Apostolica Sede concessis clericos suæ legationis quos indevotos, ingratos et inobedientes invenerit.	736	1199
» 31	»	Eidem, ut clericos et personas ecclesiasticas civitatis et diocesis Pistoriensis absolvere possit ab excommunicationis sententia, quam incurrerunt pro eo quod decimam ultimo impositam a Bonifatio papa VIII non solverunt terminis constitutis.	737	1200
» 31	»	Eidem, ut in injuriatores suos et familiæ suæ nec non in loca in quibus injuria facta fuerit censuram ecclesiasticam exercere valeat.	738	1201
» 31	»	Eidem, ut in singulis ecclesiis tam cathedralibus quam aliis legationis suæ unum ex clericis suis recipi faciat in canonicum.	738	1202
» 31	»	Eidem, ut valeat condere testamentum.	739	1203
» 31	»	Eidem, ut patriarchas, archiepiscopos, episcopos, ecclesiarum et monasteriorum prælatos aliasque personas ecclesiasticas suæ legationis possit punire, suspendere et etiam mittere ad Apostolicam Sedem, quotiens eos inobedientes seu rebelles invenerit.	739	1204
» 31	»	Omnibus personis ecclesiasticis sæcularibus et regularibus provinciarum Tusciæ, Romaniolæ, Marchiæ Tervisinæ ac partium circumadjacentium nuntiat se ad easdem provincias legatum supradictum destinasse. Eis mandat ut illum benigne recipiant et tractent honeste.	740	1205

1304				
Febr. 1	Laterani.	Valeat archipiscopus Pisanus concedre priori et fratribus ordinis Prædicatorum civitatis ejusdem quendam hortum eorum loco vicinum.	Col. 221	No. 296
» 1	»	Quandam hortorum permutationem in Pisana civitate confirmat.	222	298
» 1	»	Magistro Johanni ad Clavas confertur canonicatus cum præbenda in ecclesia Cathalaunensi.	231	314
» 1	»	Archiepiscopo Bituricensi facultatem concedit exercendi visitationis officium in ecclesia sua per aliquam personam ad hoc idoneam.	240	326
» 1	»	Supplicante Roberto s. Pudentianæ presbytero cardinali, concedit rectori ecclesiæ de Jussiaco, Autissiodorensis diocesis, ut prædictam ecclesiam retinere valeat, dummodo se faciat infra annum in presbyterum ordinari.	314	475
» 1	»	Certis executoribus mandat ut, si Johannem de Organis monachum electum in abbatem monasterii ss. Gorgonii et Viti, ordinis s. Benedicti, Pisanæ civitatis, idoneum invenerint ad ejusdem cœnobii regimen exercendum, ipsius electionem confirment : alioquin dicto monasterio personam aliam præficiant, cui per aliquem catholicum episcopum faciant munus benedictionis impendi.	367	559
» 1	»	Quasdam concessiones et remissiones jurium Romanæ Ecclesiæ, quas olim Bonifatius VIII certis locis, universitatibus et personis ducatus Spoletani fecerat, revocatas declarat.	741	1206
» 2	»	Vacante præbenda quadam in ecclesia Cameracensi per mortem Petri quondam Jacobi Bonaventuræ de Cardinali de Urbe, dicta præbenda confertur Alexandro Michaelis Mauretini de Venetiis. Dispensatur quoque cum eodem super pluralitate beneficiorum.	278	411
» 3	»	Guillelmo de Madagoto canonico Nemausensi concedit facultatem insistendi usque ad triennium liberalibus artibus et juri canonico, in loco ubi viget studium generale.	224	301
» 3	»	Priori et fratribus ordinis Prædicatorum cœnobii Paduani indulget, ut de usuris, rapinis et aliis male acquisitis usque ad certam summam valeant recipere.	259	370
» 3	»	Petro de Treva confertur canonicatus cum præbenda in ecclesia Metensi. Dispensatur insuper cum eo super pluralitate beneficiorum.	264	380
» 3	»	Confirmatur statutum quod archiepiscopus Januensis de mandato Bonifatii VIII ediderat super quinario canonicorum numero in ecclesia s. Mariæ de Castello Januensis servando, nec non super instituendis in eadem tribus capellanis qui perpetuo inibi deservirent.	327	487

1304				
Febr. 3	Laterani.	Rectori ecclesiæ in Schesiz, Bambergensis diocesis, qui ipsam ecclesiam contra constitutionem Concilii Lugdunensis illicite retinuit, Benedictus remittit et donat fructus indebite perceptos ex eadem; dispensat quoque cum eo super irregularitate exinde contracta, eidem concedendo ut dictam ecclesiam deinceps retinere valeat.	Col. 532	No. 877
» 4	»	Thomasinus de Inzola de Parma constituitur rector in temporalibus Campaniæ et Maritimæ.	210	276
» 4	»	Electo Strigoniensi potestatem committit dispensandi cum Beda presbytero canonico ecclesiæ s. Nicolai de Alba Regali, Vesprimiensis diocesis, super irregularitate quam contraxerat, pro eo quod durante interdicto divina officia in civitate prædicta celebraverat.	274	403
» 4	»	Episcopo Lingonensi concedit, ut propter debilitatem proprii corporis diocesim suam per vicarium idoneum faciat visitari.	277	407
» 4	»	Eidem concedit ut faciat recipi in canonicos Lingonensis ecclesiæ Erveum natum Ervei domini de Safris, Eduensis diocesis, et Johannem dictum de Andilleyo de Lingonis jurisperitum, præfatæ ecclesiæ clericos.	277	408
» 4	»	Eidem concedit ut duo clerici, familiares ejus et domestici ac continui commensales, fructus ac redditus beneficiorum suorum per triennium percipere valeant, distributionibus quotidianis dumtaxat exceptis.	277	409
» 4	»	Christi fidelibus hospitali s. Petri Senensis elemosynas et subsidia erogantibus indulgentiam centum dierum tribuit.	303	456
» 4	»	Abbati monasterii s. Johannis in Acerreto, ordinis s. Benedicti, Faventinæ diocesis, facultatem elargitur dispensandi cum quodam ejusdem monasterii monacho, ut ad omnes ordines promoveri possit non obstantibus aliquibus obstaculis.	305	458
» 4	»	Henrico de Dasle acolytho Hildesemensis diocesis indulget, ut non obstante illegitimitatis macula subdiaconatus et diaconatus ordines recipere valeat ac obtinere beneficium ecclesiasticum sine cura.	443	702
» 4	»	Cum abbas, monachi et conversi monasterii de Lura in comitatu Forkalkerii, ordinis de Callesio, ad professionem et observantiam ordinis fratrum Prædicatorum admitti desiderent, nec non ad monasterium s. Mariæ de Nazareth [1] Aquensis, ordinis ejusdem, cupiant se transferre, Benedictus XI, tam ipsorum quam comitis Provinciæ precibus inclinatus, committit episcopo Sistaricensi ut translationem hujusmodi vice apostolica valeat permittere.	462	732

1. Col. 462, l. 33, lisez « s. Mariæ *de Nazareth* Aquensis. »

1304 Febr. 4	Laterani.	Plebano plebis de Massa del Cozile, Lucanæ diocesis, mandat ut abbatissæ et conventui monasterii de Gattaiola, diocesis ejusdem, nec non Guillelmo Opizonis de Luca clerico diem dicat ad comparendum coram Apostolica Sede super possessione quam obtinent hospitalis de Altopasso causam acturis et recepturis quod ordo dictaverit rationis.	Col. 816	No. 1301
» 5	»	Valeat abbas monasterii s. Justinæ Paduanæ dispensare cum Thomasino [1] Armanni subdiacono, canonico monasterii s. Margaritæ de Vigontia, ordinis s. Augustini, Paduanæ diocesis, ut ad quaslibet ordinis sui prælaturas promoveri possit, defectu natalium non obstante.	265	384
» 5	»	Priorissæ et sororibus monasterii s. Dominici Imolensis, ordinis s.Augustini, sub cura fratrum Prædicatorum viventibus, indulget, ut ad præstationem decimarum, vel ad exhibendum pedagia minime teneantur.	296	441
» 5	»	Priorissam et sorores monasterii s. Petri martyris [2] de Regio, ordinis s. Augustini, magistro ordinis Prædicatorum et priori provinciali provinciæ Lombardiæ Inferioris committit. Easdem ab episcopi Regini et cujuslibet alius jurisdictione ac potestate prorsus eximit.	296	442
» 5	»	Magistro et priori provinciali provinciæ Lombardiæ Inferioris ordinis fratrum Prædicatorum scribit de eodem argumento.	296	443
» 5	»	Præceptori et fratribus hospitalis pauperum de Perpiniano, Elnensis diocesis, concedit ut in hospitali prædicto oratorium seu capellam extruant ad opus infirmorum et pauperum.	332	497
» 5	»	Electo Virdunensi facultatem impertitur compescendi per censuras ecclesiasticas illos, qui bona ac jura ejus vel episcopatus Virdunensis irreverenter invaserint aut turbaverint, nec non relaxandi post satisfactionem condignam sententias latas occasione hujusmodi.	333	499
» 5	»	Valeat idem electus concedere duabus personis diocesis Virdunensis tabellionatus officium.	333	500
» 5	»	Eidem electo facultatem tribuit absolvendi quosdam suæ diocesis clericos qui suspensionis sententiam incurrerant, et dispensandi quoque cum eis super irregularitate quam postmodum contraxerunt sese divinis officiis immiscendo.	333	501
» 5	»	Compellat idem electus nonnullos clericos beneficia obtinentes in ecclesia Virdunensi ad faciendum in ipsis debitam residentiam et ad recipiendum ordines, prout dictorum beneficiorum onus requirit.	334	502

1. Col. 266, l. 1, lisez *Thomasino* au lieu de « Thomasio. »
2. Col. 296, l. 28, lisez « s. Petri *martyris*. »

1304				
Febr. 5	Laterani.	Indulgentia centum dierum conceditur cunctis fidelibus, qui capellam hospitalis Lamberti dicti Pedis in Ipra, Morinensis diocesis, in s. Stephani ac b. Mariæ festivitatibus et in anniversario die dedicationis ipsius capellæ devote visitarint.	Col. 347	No. 517
» 5	»	Olim Gerlacus de Wetflaria [1], dum Parisiis insistebat studio litterarum, quemdam socium suum casualiter vulneravit, qui ex suscepto vulnere hujusmodi alterius oculorum lumen amisit. Postmodum autem dictus Gerlacus exinde irregularis existens, dispensatione super hoc non obtenta, plura tamen beneficia ecclesiastica recepit, ex aliquibus eorumdem percepit fructus, et nihilominus ad sacerdotium se facere promoveri non curavit. Super quibus omnibus Benedictus XI cum eo misericorditer dispensat.	451	711
» 5	»	Indulget episcopo Corosopitensi, ut personam quamlibet ad hoc alias idoneam in canonicum et fratrem recipi faciat in ecclesia Corosopitensi.	456	715
» 5	»	Electo Virdunensi committit potestatem recipiendi et exigendi ab omnibus personis ecclesiasticis et sæcularibus suæ diocesis quæcumque ab ipsis Ecclesiæ Romanæ debentur de legatis, redemptionibus votorum, censibus, obventionibus et aliis.	479	767
» 5	»	Eidem indulget ut nonnullis clericis et laicis Virdunensis diocesis, qui pro violenta manum injectione in personas ecclesiasticas nec non pro fractionibus et incendiis ecclesiarum in excommunicationis laqueum inciderunt, beneficium absolutionis impendat.	488	768
» 5	»	Abbati et conventui monasterii s. Mariæ Sanæ Vallis de Fullina, Cisterciensis ordinis, Genetonsis diocesis, omnes libertates, immunitates et exemptiones exactionum sæcularium confirmat.	817	1302
» 6	»	Fidelibus Perusinæ civitatis, qui ad reædificationem ecclesiæ prioratus s. Angeli foris Portam urbis ejusdem manum porrexerint adjutricem, indulgentiam unius anni et quadraginta dierum elargitur.	209	273
» 6	»	Antonio de Laveza confertur canonicatus cum præbenda in ecclesia Wellensi.	225	302
» 6	»	Quandam pensionem olim a Bonifatio VIII cuidam Ranerio Incresso medico concessam revocat.	227	306
» 6	»	Ecclesiam de Pina, Cæsaraugustanæ diocesis, quam olim episcopus quidam Cæsaraugustanus canonicis ecclesiæ suæ in usus proprios deputaverat ad eorum inopiam relevandam, dicto capitulo confirmat.	228	307
» 6	»	Rogerio de Armanniaco Agennensi archidiacono indulget, ut usque ad biennium, quandiu studio litterarum et præcipue juris civilis insistet, valeat archidiaconatum suum per aliquam personam idoneam facere visitari.	251	357

1. Col. 451, l. 14 et 23, lisez *Wetflaria* au lieu de « Wetslaria. »

1304				
Febr. 6	Laterani.	Potestati, capitaneo et communi civitatis Cæsenatis indulget, ut ad opus fabricæ nec non ad conservationem cujusdam pontis, quem in flumine quod dicitur Sapis construere cupiunt, certum pedagium a singulis forensibus dumtaxat laicis dictum flumen transeuntibus exigere valeant.	Col. 261	No. 375
» 6	»	Bononiensis episcopus deputatur executor cujusdam testamenti.	275	404
» 6	»	Indulgentia centum dierum pro visitantibus ecclesiam b. Mariæ de Podio Serdani, Urgellensis diocesis, in singulis ipsius Virginis festivitatibus.	294	434
» 6	»	Bartholomæo clerico, Thomæ Stephani civis Romani filio, conceditur tabellionatus officium. — Concessio eadem alii facta.	297	445
» 6	»	Libertates et privilegia domus Militiæ Templi Jerosolimitani confirmat.	300	451
» 6	»	Episcopo Placentino mandat ut fratres ejusdem domus protegendos suscipiat eorumque jura et possessiones in diocesi Placentina specialiter conservet.	332	495
» 6	»	Electo Spoletano committit ut quasdam ecclesias suæ diocesis vacantes, quarum collatio reservatur Apostolicæ Sedi, personæ cuilibet conferre possit.	379	574
» 6	»	Episcopo Nimociensi mandat ut magistrum et fratres domus Militiæ Templi Jerosolimitani contra molestatores quoscumque tueatur ac defendet. — In e. m. pro eisdem aliis conservatoribus.	554	919
» 6	»	Episcopo Parmensi facultas conceditur permutandi nonnullas terras et possessiones ad mensam suam spectantes cum quibuscumque aliis in diocesi Parmensi consistentibus.	742	1207
» 6	»	Certis conservatoribus mandat ut Guidonem Astensem episcopum et ejus ecclesiam contra molestatores seu injuriatores tueantur.	743	1209
» 7	»	Obtentu et consideratione electi Vicentini, dispensat cum Jacobino nato Manuelis de Cataneis Londenariæ nec non prædicti electi nepote, ut non obstante natalium defectu possit ad omnes ordines promoveri et beneficia vel officia quæcumque adipisci.	247	348
» 7	»	Episcopo Ostiensi mandat ut, si electionem de Guidone sacrista, administratore monasterii de Nonantula, ordinis s. Benedicti, Mutinensis diocesis, in abbatem ejusdem cœnobii canonice celebratam invenerit, ipsam confirmet.	262	376
» 7	»	Petro de Narbona conferuntur canonicatus et præbenda in ecclesia Carnotensi.	265	382

1304				
Febr. 7	Laterani.	Magistro Bernardo Andree canonico Narbonensi beneficium ecclesiasticum confert quod duxerit acceptandum in ecclesia Narbonensi; dispensat insuper cum eodem super pluralitate beneficiorum.	Col. 496	No. 809
» 7	»	Magistro Alano Venatoris capellano domini papæ canonicatus confertur in ecclesia Andegavensi et præbenda ibidem reservatur.	518	851
» 7	»	Gerardo de Pecoraria canonico Remensi, nuntio suo ad partes Anglicanas destinato, concedit ut, quandiu per jamdictas partes obsequiis Apostolicæ Sedis institerit, fructus ac proventus beneficiorum suorum percipiat integraliter.	753	1221
» 7	»	Eidem conceditur ut uni ex clericis suis familiaribus, quem ad hoc duxerit eligendum, similem gratiam concedere possit.	753	1222
» 8	»	Valeat episcopus Ispalensis usque ad summam duorum millium florenorum auri mutuum contrahere.	224	300
» 8	»	Licentia contrahendi mutuum usque ad summam quingentorum florenorum auri conceditur electo Milevitano.	243	335
» 8	»	Percevallo de Barbania conferuntur canonicatus et præbenda in ecclesia Gebennensi.	243	336
» 8	»	Dispensat cum Guillelmo de Comitibus scholari Paduano, ut non obstante natalium defectu possit ad omnes ordines promoveri ac beneficium ecclesiasticum obtinere.	244	337
» 8	»	Obtentu Grimerii de Pecoraria civis Placentini, conferuntur Giffredo ejus filio canonicatus et præbenda in ecclesia Sarisbiriensi.	266	386
» 8	»	Cintio nato Johannis Arletti de Urbe confertur canonicatus præbendaque reservatur in ecclesia Turonensi. Dispensatur quoque cum eodem super pluralitate beneficiorum.	281	421
» 8	»	Facta inquisitione super regimine et vita abbatis monasterii s. Nicasii Remensis, contra quem monachi quamplures ejusdem cœnobii ad Sedem Apostolicam appellarunt, citentur dictus abbas et duo ex præfatis appellantibus ad comparendum coram summo pontifice.	354	531
» 8	»	Dispensat cum Jordano plebano ecclesiæ s. Andreæ in Brunes-with, Hildesemensis diocesis, super pluralitate beneficiorum.	374	565
» 8	»	Magistris et scholaribus domus Choleti Parisiensis quosdam conservatores seu judices concedit. — In e. m. pro magistris et scholaribus domus Cardinalis Parisiensis.	713	1169

1304				
Febr. 10	Laterani.	Priori generali fratrum Heremitarum ordinis s. Augustini indulget, ut fratribus dicti ordinis absolutione vel dispensatione indigentibus, qui ad Sedem Apostolicam aut ad diocesanum episcopum accedere nequeunt pro munere hujusmodi obtinendo, absolutionis seu dispensationis gratiam concedere possit. Valeat insuper dictus prior, quotiens fuerit opportunum, eandem potestatem prioribus provincialibus committere.	Col. 332	No. 496
» 10	»	Oliverio nato Cabrii de Modoetia reservatur beneficium ecclesiasticum quod duxerit acceptandum in civitate Mediolanensi vel diocesi.	337	505
» 10	»	Magistro cæterisque personis ordinis Humiliatorum notum facit se juxta tenorem cujusdam privilegii Innocentii papæ IV statuisse, ut nec præpositus et fratres domus s. Johannis de Alexandria, ordinis ejusdem, Aquensis diocesis, nec quævis alia persona de visitatione vel correctione domorum dicti ordinis, aut de approbatione præpositorum eorumdem se imposterum aliquatenus intromittant.	341	510
» 10	»	Archiepiscopis et episcopis ac abbatibus aliisque ecclesiarum prælatis mandat ut fratres ordinis Humiliatorum, qui sententiam excommunicationis incurrerint pro eo quod post factam in ordine ipso professionem de eodem exire præsumpserint, vel reventiam et obedientiam debitam magistro prædicti ordinis recusarint exhibere, excommunicatos publice nuntiari faciant.	342	511
» 10	»	Magistro, præpositis et fratribus ordinis Humiliatorum concedit ut in domibus, grangiis et locis sui ordinis possint construere oratoria ibique habere altaria portatilia.	343	512
» 10	»	Christi fidelibus, qui ad reædificationem et ampliationem domus de Braida, ordinis Humiliatorum, Mediolanensis diocesis, manum adjutricem porrexerint, indulgentiam centum dierum elargitur.	343	513
» 10	»	Instrumentum ibidem insertum confirmat, quo rector ecclesiæ s. Salvatoris ad Ortum Mediolanensis quasdam terras ad eandem ecclesiam pertinentes concessit jure libellario sub certo annuo censu præposito et fratribus domus de Mirasole, ordinis Humiliatorum, Mediolanensis diocesis.	343	514
» 10	»	Magistro ordinis Humiliatorum indulget, ut fratres excommunicatos sui ordinis absolvere possit ac dispensare cum eis in certis casibus. Valeat ipse magister, quotiens opportunum fuerit, a confessoribus suis similis absolutionis vel dispensationis beneficium obtinere.	346	515
» 10	»	Eidem concedit facultatem uniendi illas ex domibus sui ordinis, de quarum unione ordini dicto commoditas ac personis in eis degentibus quies et salus provenient animarum.	347	516

1304				
Febr. 10	Laterani.	Confirmat quædam pacta et conventiones olim inita inter præpositum ecclesiæ s. Juliani Mediolanensis et Guidonem de Porta Orientali civem Mediolanensem, super constructione loci et ecclesiæ, quæ dictus Guido pro fratribus ordinis Humiliatorum in loco de Vicoboldono, Mediolanensis diocesis, ædificari fecit.	Col. 499	No. 817
» 10	»	Instrumentum præsentibus adnotatum confirmat, quo Rudolphus Romanorum rex præposito et fratribus domus s. Petri de Vicoboldono, ordinis Humiliatorum, Mediolanensis diocesis, concesserat ut pro utilitate molendinorum ad dictam domum pertinentium vel pro pratis et terris ejusdem domus irrigandis aqua fluminis Vitabiæ libere possint uti, sine contradictione aliqua vel pensione seu præstatione communi Mediolanensi solvenda.	510	842
» 10	»	Magistro Curthio de Cancellariis de Urbe, capellano domini papæ, conferuntur canonicatus et præbenda in ecclesia Parisiensi.	656	1097
» 11	»	Regulam et institutiones fratrum Servorum s. Mariæ, ordinis s. Augustini, confirmat, approbat et communit.	310	469
» 11	»	Cunctis fidelibus, qui ecclesiam s. Bartholomæi Tervisini in die dedicationis ipsius et in festivitate ejusdem sancti devote visitarint, indulgentiam unius anni et quadraginta dierum elargitur.	359	535
» 11	»	Christi fideles per Tervisinam, Feltrensem et Tridentinam dioceses constitutos monet et hortatur ut hospitali s. Martini de Castrosa, Feltrensis diocesis, eleemosynas erogent; eis autem indulgentiam centum dierum promittit.	432	679
» 11	»	Magistro scholarum ecclesiæ Tervisinæ mandat ut hospitale supradictum a molestatoribus quibuscumque sollicite tueatur.	432	680
» 11	»	Magistro Bonajuto de Casentino canonico Aquilegensi, capellano suo, quem olim Bonifatius VIII ad Boemiæ et Ungariæ regna, ducatum Poloniæ et marchionatum Moraviæ destinaverat pro quibusdam decimis, legatis, obventionibus et aliis censibus in partibus eisdem nomine Romanæ Ecclesiæ colligendis, Benedictus XI mandat ut ad partes illas iterum se conferens, in hujusmodi negotiis sicut antea procedat juxta formam sibi traditam ab eodem Bonifatio.	700	1155
» 11	»	Eidem nuntio licentiam concedit relaxandi sententias excommunicationis, quas nonnulli clerici et laici supradictarum partium pro violenta manuum injectione in clericos et personas ecclesiasticas incurrisse dicuntur.	702	1156
» 11	»	Eidem, ut possit dare quietationem nomine Romanæ Ecclesiæ de pecuniarum quantitatibus quas receperit.	702	1157

1304				
Febr. 11	Laterani.	Eidem, ut absolvere valeat a reatu perjurii omnes illos, qui circa prosecutionem negotiorum prædictorum requisiti de veritate dicenda veritatem supprimere vel exprimere falsitatem præsumpserint.	Col. 703	No. 1158
» 11	»	Eidem, ut sibi liceat in jamdictis negotiis procedere etiam extra regna, ducatum et marchionatum prædicta ac si existeret in eisdem.	703	1159
» 11	»	Eidem, ut omnes illos, qui prosecutionem prædicti negotii impedire præsumpserint, incurrisse denuntiet sententiam in Lugdunensi Concilio promulgatam.	704	1160
» 11	»	Eidem mandat ut, cum alii census in jamdictis partibus Romanæ Ecclesiæ debeantur, eos quoque petere ac colligere diligenter procuret.	704	1161
» 11	»	Personis ecclesiasticis tam sæcularibus quam regularibus nec non universis fidelibus per partes easdem constitutis mandat, ut magistro Bonajuto de Casentino et ejus familiæ favorem et auxilium exhibeant.	705	1162
» 11	»	Eidem nuntio concedit ut duabus personis quas ad hoc invenerit idoneas tabellionatus officium conferat.	706	1164
» 12	»	Præposito Pergamensis ecclesiæ mandat, ut personas et jura monasterii Carevallis, Cisterciensis ordinis, Mediolanensis diocesis, efficaciter tueatur.	329	490
» 13	»	Episcopo Ostiensi inquisitionem committit super bonis cujusdam hæretici Pisanæ civitatis Ecclesiæ Romanæ confiscatis, quæ in ejusdem Ecclesiæ detrimentum alienata fuisse dicuntur.	223	299
» 13	»	Restituantur abbas et conventus monasterii Casemarii, Verulanæ diocesis, ad possessionem prioratus s. Mariæ de Ustica, Panormitanæ diocesis, quo quidem fuerant contra justitiam spoliati.	279	415
» 13	»	Universis Christi fidelibus vere pœnitentibus et confessis, qui ecclesias locorum ordinis Prædicatorum in singulis b. Mariæ Virginis, s. Dominici confessoris et s. Petri martyris festivitatibus annis singulis visitarint, indulgentiam unius anni et quadraginta dierum elargitur.	296	440
» 13	»	Episcopo Torcellano mandat, ut abbatem et conventum monasterii Senevalli (*sic*) de Fulina, Cisterciensis diocesis, Cenetensis diocesis, adversus molestatores sollicite protegat.	573	960
» 13	»	Busolo de Parma, capellano suo, committit ut ad monasterium Farfense, ordinis s. Benedicti, Sabinensis diocesis, personaliter se conferens, in eodem cœnobio nec non in ipsius membris, prioratibus et ecclesiis reformet atque visitet quæcumque visitationis et reformationis officio noverit indigere.	762	1235

1304				
Febr. 14	Laterani.	Fratribus ordinis Prædicatorum Astensibus indulget, ut de usuris, rapinis et aliis male acquisitis usque ad summam mille florenorum auri recipere valeant.	Col. 295	No. 438
» 14	»	Valeat clericus quidam Astensis omnes ordines recipere et ecclesiasticum beneficium etiam cum cura obtinere, non obstante natalium defectu.	295	439
» 14	»	Libertates et privilegia Hospitalis s. Johannis Jerosolimitani confirmat et communit.	300	450
» 14	»	Episcopum Massiliensem monet et hortatur, ut magistrum et fratres ejusdem Hospitalis contra molestatores tueatur ac protegat.	300	452
» 14	»	Cunctis fidelibus, qui episcopo et capitulo Lemovicensibus pia subsidia et eleemosynas contulerint pro reædificatione cathedralis ecclesiæ vetustate consumptæ, indulgentiam unius anni et quadraginta dierum promittit.	349	520
» 14		Quibusdam personis Lunensis diocesis indulget ut matrimonium invicem contrahere valeant, non obstante quodam obstaculo.	380	578
» 14	»	Indulgentias, quas ipse tunc episcopus Ostiensis ac alii episcopi, patriarchæ et archiepiscopus tempore consecrationis ecclesiæ fratrum Prædicatorum civitatis Paduæ concesserant visitantibus eandem ecclesiam, confirmat atque ampliat.	410	647
» 14	»	Ducissæ Austriæ et Stiriæ concedit, ut quatuor clerici ejus possint percipere fructus redditusque ac proventus beneficiorum suorum usque ad quinquennium.	573	961
» 14	»	Eidem ducissæ liceat eligere sibi confessorem. — Valeat insuper in locis ecclesiastico suppositis generali interdicto, cum ipsam ad ea declinare contigerit, missarum solemnia per capellanum proprium facere celebrari.	573	962
(Febr. 14 - 15 Mart.)[1]	»	Abbati monasterii s. Burkardi, Herbipolensis diocesis, mandat, ut ea quæ de bonis monasterii s. Petri in Wilzeburc, ordinis s. Bedicti, Eystetensis diocesis, alienata invenerit illicite vel distracta, ad jus et proprietatem ejusdem legitime revocet.	819	1310
Febr. 15	»	Executoribus mandat ut Berardo de Podio Bastonis, canonico Reatino studenti in theologica facultate, faciant per quinquennium proventus ac fructus beneficiorum ejus integre ministrari, juxta Honorii III et Innocentii IV tenorem constitutionum.	279	416
» 15	»	Priori et fratribus ordinis Prædicatorum Esculanis indulget, ut de usuris, rapinis et aliis illicite acquisitis usque ad summam mille florenorum auri recipere valeant.	325	484

1. Voy. sur la date de cette pièce la note 2 de la col. 819.

1304				
Febr. 15	Laterani.	Episcopo Florentino mandat ut juxta tenorem cujusdam sententiæ, quam apud Sedem Apostolicam Daynesius de Casalia clericus meruit obtinere, ipsum Daynesium inducat in possessionem plebanatus plebis de sancto Apiano, Florentinæ diocesis, quem in dicti Daynesii damnum et gravamen Petrus de Gerardinis ejusque in hac parte complices contra justitiam detinere præsumunt. Citentur quoque Petrus et complices prædicti ad comparendum coram conspectu apostolico super præmissis parituri.	Col. 334	No. 304
» 15	»	Archiepiscopo et capitulo Lugdunensibus concedit ut fructus, redditus, proventus ac obventiones primi anni omnium beneficiorum ecclesiasticorum, quæ vacant ad præsens in provincia Lugdunensi vel usque ad triennium vacare contigerit, quibusdam tamen exceptis, libere percipiant in ipsius ecclesiæ Lugdunensis debitorum solutionem et onerum supportationem plenarie convertendos.	337	506
» 15	»	Geraldo Jaqueti presbytero, rectori ecclesiæ s. Petri de Corneliano, Carcassonensis diocesis, confertur beneficium ecclesiasticum sine cura, quod duxerit acceptandum in civitate Carcassonensi vel diocesi.	388	598
» 15	»	Omnes indulgentias a nonnullis prælatis concessas visitantibus ecclesiam fratrum Prædicatorum civitatis Esculanæ, in qua una de spinis coronæ Jhesu Christi dicitur esse servata, confirmat : indulgentiam autem unius anni et quadraginta dierum elargitur eis, qui dictam ecclesiam in festo Coronæ Domini et per octavas illius devote visitarint.	418	660
» 15	»	Decano et capitulo ecclesiæ Laudunensis concedit, ut, juxta tenorem inferioris epistolæ, censuram ecclesiasticam in injuriatores suos vel molestatores aut bonorum suorum invasores exerceant, non obstantibus privilegiis contrariis quibusdam ordinibus, monasteriis seu personis ab Apostolica Sede concessis.	573	963
» 15	»	Eisdem indulget, ut in injuriatores suos vel quoscumque molestatores censuram ecclesiasticam libere valeant exercere, nec non sententias ab ipsis hujusmodi occasione prolatas juxta formam Ecclesiæ relaxare.	574	964
» 15	»	Gerardum de Pecoraria capellanum suum ad partes Angliæ, Walliæ, Scotiæ et Iberniæ transmittit, ut ibidem decimas, census, denarium s. Petri ac alia jura et obventiones quæ Romanæ Ecclesiæ debentur diligenter colligat.	745	1213
» 15	»	Eidem nuntio licentiam concedit percipiendi singulis diebus de prædictarum pecunia decimarum tres solidos Sterlingorum propriis expensis applicandos.	748	1214
» 15	»	Eidem elargitur potestatem absolvendi illos de partibus supradictis, qui pro violenta manuum injectione in personas ecclesiasticas excommunicationis sententiam incurrerunt.	748	1215

1304				
Febr. 15	Laterani.	Eidem mandat ut ad collectionem denarii s. Petri in prædictis partibus specialiter intendat.	Col. 749	No. 1216
» 15	»	Eidem indulget ut, quandiu negotio præfatæ collectionis institerit, non teneatur se intromittere de quibusvis aliis negotiis, quæ sibi per Apostolicam Sedem vel ejus auctoritate committi forte contigerit.	750	1217
» 15	»	Eidem concedit potestatem petendi et recipiendi a rege Angliæ censum in quo ipse rex tenetur Romanæ Ecclesiæ.	751	1218
» 15	»	Dictum nuntium regi Anglorum commendat. Regem hortatur eundem ut censum supradictum cum integritate persolvat.	751	1219
» 15	»	Personas ecclesiasticas religiosas et sæculares Angliæ, Walliæ, Scotiæ et Yberniæ monet et hortatur, ut Gerardum de Pecoraria benigne recipientes et honeste tractantes, ei procurationes et solita subsidia exhibeant. — In e. m., aliquibus tamen mutatis, scribitur personis ecclesiasticis extra regnum Angliæ constitutis.	752	1220
» 15	»	Abbati et conventui monasterii Fontisvivi, Cisterciensis ordinis, Parmensis diocesis, omnes libertates, immunitates et exemptiones sæcularium exactionum eidem monasterio concessas confirmat.	817	1303
» 16	»	Fratri Jacobino electo Mantuano concedit licentiam relaxandi sententias promulgatas et revocandi processus habitos olim contra potestatem capitaneumque et consiliarios civitatis Mantuanæ a quondam Philippo electo Mantuano occasione cujusdam dissensionis inter eos exortæ.	235	318
» 16	»	Magistro Symoni Magni Raynaldi de Podiobonizi indulget, ut non obstante natalium defectu, super quo dispensationem solitam dictus magister jam obtinuit, duo beneficia ecclesiastica præter præbendam, quam in ecclesia b. Mariæ Magdalenæ Virdunensis adeptus est, valeat retinere.	243	343
» 16	»	Gaspar de Montasia Cumanus canonicus constituitur rector in spiritualibus Campaniæ et Maritimæ.	247	349
» 16	»	Calaguritana et Calciatensi ecclesiis, quæ invicem sunt unitæ, vacantibus per obitum Ferrandi episcopi, Rodericus dictarum ecclesiarum canonicus in episcopum Calaguritanum et Calciatensem per viam compromissi electus est : quæ quidem electio confirmatur.	325	485
» 16	»	Confirmat in episcopum Roskildensem Olavum, cui nuper munus consecrationis per Tusculanum episcopum fecit impendi, eique mandat ut Roskildensis ecclesiæ curam gerat sollicitam.	329	489

1304 Febr. 16	Laterani.	Statuit ut duo priores provinciales ordinis Prædicatorum, in duabus Lombardiæ provinciis constituti, eam habeant potestatem, quam ante divisionem ipsius provinciæ prior unicus qui erat pro tempore obtinebat. Numerum autem inquisitorum hæreticæ pravitatis in eisdem partibus taxat.	Col. 711	No. 1167
» 17	»	Mandat episcopo Aquilensi, ut duabus personis suæ diocesis licentiam concedat remanendi in contracto matrimonio, non obstante constitutione quæ prohibet ne duorum compatrum filii matrimonialiter copulentur.	248	350
» 17	»	Archidiacono Alnisiensi in ecclesia Xanctonensi concedit, ut per quinquennium archidiaconatum suum per idoneam personam faciat visitari.	313	473
» 17	»	Confirmat Johannem, quem ex abbate monasterii s. Angeli de Gaifa, ordinis s. Benedicti, Urbinatis diocesis, capitulum Forosinfroniensis ecclesiæ per viam compromissi in episcopum elegit.	347	518
» 17	»	Fratrem Johannem ordinis Heremitarum in Vestanum episcopum confirmat.	349	519
» 17	»	Magistro Gerardo de Collaudinio archidiacono Parisiensi conceditur ut, cum sit negotiis ecclesiæ Parisiensis sæpius occupatus litterarumque studio cupiat insistere, archidiaconatum suum possit per aliquam personam idoneam facere visitari. — Dicto magistro eadem datur licentia super visitatione archidiaconatus quem obtinet in ecclesia Suessionensi.	379	577
» 17	»	Regi Siciliæ facultatem concedit ponendi et instituendi fratres ordinis Prædicatorum in loco, quem apud civitatem Tholonensem in comitatu Provinciæ fratres de Pœnitentia Jhesu Christi dudum obtinent, qui quidem locus est ab eisdem fratribus totaliter derelictus. — Indulgentia similis eidem regi super loco dictorum fratrum de Pœnitentia Jhesu Christi in castro Dreguiniani, Forojuliensis diocesis, prædictis fratribus ordinis Prædicatorum concedendo.	461	731
» 17	»	Priori et conventui monasterii s. Mariæ de Bridelington, Eboracensis diocesis, ecclesiam de Coulla, diocesis Lincolniensis, in usus proprios concedit.	509	839
» 17	»	Constitutionem edit in qua jura fratrum Prædicatorum et Minorum ex una parte, nec non cleri parochialium ecclesiarum ex altera, super prædicationibus faciendis, audiendis confessionibus, et corporibus defunctorum tumulandis recenset ac describit. Constitutionem vero quæ incipit *Super Cathedram*, a Bonifatio papa VIII super prædictis articulis promulgatam, revocat.	714	1170
» 17	»	Certis conservatoribus committit ut Parmensem episcopum et ejus ecclesiam contra molestatores vel injuriatores quoslibet tueantur ac protegant.	743	1208

1304				
Febr. 18	Laterani.	Episcopo Ostiensi, Sedis Apostolicæ legato, mandat, moneat et inducat rectores et consilium communis Pistorii, ut ab omnibus processibus, quos contra Baldum Raynerii de Floravantis civem Pistoriensem nec non mercatorem cameræ apostolicæ facere moliuntur, prorsus abstineant.	Col. 263	No. 378
» 18	»	Priorissa et sorores monasterii s. Mariæ Magdalenæ juxta muros Basilienses magistro et priori provinciali provinciæ Theotoniæ ordinis fratrum Prædicatorum committuntur.	296	444
» 18	»	Magistro Jacobo de Ispania, canonico Londoniensi conceditur ut coram archiepiscopo Cantuariensi, qui contra eum processum fecerat pro eo quod pluralitatem beneficiorum receperat ac retinuerat indebite, amplius litigare non cogatur, quousque aliud super hoc ab Apostolica Sede extiterit ordinatum.	311	470
» 18	»	Laurentio de Levanto presbytero Lunensis diocesis beneficium ecclesiasticum reservat in ecclesia Januensi.	351	524
» 18	»	Indulgentia centum dierum pro visitantibus ecclesiam hospitalis pauperum de Brolio Mediolanensis in singulis b. Mariæ Virginis festivitatibus.	354	528
» 18	»	Quibusdam civibus Mediolanensis civitatis licentiam concedit erigendi ac dotandi altaria in eadem ecclesia.	354	529
» 18	»	Liceat magistro et fratribus hospitalis pauperum de Brolio Mediolanensis recipere usque ad summam mille florenorum auri ea quæ de usuris, rapinis et aliis male acquisitis proveniunt.	364	550
» 18	»	Christi fidelibus, qui eleemosynas et subsidia hospitali supradicto erogaverint, indulgentiam quadraginta dierum promittit.	364	551
» 18	»	Inhibet ne quis audeat prætextu cujusdam exactionis vel statuti impedire colonos, massarios vel nuntios hospitalis ejusdem quominus ad dictum hospitale redditus et proventus possessionum ipsius deferre possint.	373	564
» 18	»	Petro nato Jacobi de Cazulis canonico Pisano providetur de quadam præbenda sacerdotali vacante in eadem ecclesia. Dispensatur cum eo, ut præbendam supradictam apprehendere valeat, dummodo se faciat in presbyterum ordinari, non obstante defectu quem patitur in natalibus et ætate.	624	1032
» 18	»	Gerardo de Pecoraria, nuntio suo ad partes Angliæ, Walliæ, Scotiæ et Yberniæ destinato, mandat ut totam pecuniam, quam in prædictis partibus nomine Ecclesiæ colligi contigerit, mercatoribus societatis Circulorum de Florentia integraliter assignet.	759	1232
19	»	Deputantur executores super negotio mutui, quod episcopus Bononiensis ex licentia Sedis Apostolicæ nuper contraxit pro suis et ecclesiæ suæ negotiis apud Romanam curiam expediendis.	249	353

1304				
Febr. 19	Laterani.	Vacante Noviomensi ecclesia per translationem Petri episcopi ad sedem Arelatensem, Andræas abbas monasterii Liskensis, ordinis Præmonstratensis, Morinensis diocesis, præficitur eidem ecclesiæ Noviomensi in episcopum ac pastorem.	Col. 251	No. 355
» 19	»	Beatricem de Sabaudia dominam de Fulcigniaco sub sua et Apostolicæ Sedis protectione suscipit.	398	623
» 19	»	Valeant Ugo Umberti Dalfini et Ysabella Johannis de Cabilione matrimonium invicem contrahere, non obstante quarto gradu consanguinitatis. — Eadem dispensatio pro Ugone Johannis de Cabilione et Beatrice Umberti Dalfini similiter conjunctis.	399	624
» 19	»	Vacante nuper ecclesia Novariensi per translationem Bartholomæi episcopi ad sedem Tridentinam, ac provisione ipsius ecclesiæ dispositioni Sedis Apostolicæ reservata, Huguitio Leodiensis canonicus, domini papæ subdiaconus et capellanus nec non litterarum contradictarum auditor, dictæ Novariensi ecclesiæ præficitur auctoritate apostolica in episcopum et pastorem.	400	627
» 19	»	Archiepiscopo Ebredunensi mandat, ut Beatricem de Sabaudia dominam terræ de Fulcigniaco, Grationopolitanæ diocesis, quæ sub b. Petri protectione suscepta est, contra molestatores quoscumque tueatur.	516	847
» 19	»	Indulgentiam unius anni et quadraginta dierum promittit omnibus vere pœnitentibus et confessis, qui ecclesiam Omnium Sanctorum de Monteflorino juxta Grationopolim, a Beatrice de Sabaudia domina de Fulcigniaco extructam, devote visitaverint annuatim in b. Mariæ, s. Eustachii et Omnium Sanctorum festivitatibus.	517	849
» 19	»	Priori et conventui monasterii s. Petri de Rometa ordinis s. Benedicti, Vapincensis diocesis, concedit ut in ecclesia s. Mariæ de monasterio in Brienzonesio, Ebredunensis diocesis, cum rectorem ipsius ecclesiæ cedere vel decedere contigerit, prioratum prædicti ordinis eidem monasterio s. Petri subjectum, instituant.	519	854
» 19	»	Cum Dionisius Pragensis canonicus in remotis partibus moram trahat viginti annis et amplius jam elapsis, ac de ipsius morte verisimiliter dubitetur, summus pontifex mandat certis executoribus ut, si post citationem peremptoriam idem Dionisius non comparuerit, canonicatum ejus ac præbendam Lutoldo scholastico ecclesiæ Glogoniensis conferant et assignent.	594	993
Post Febr. 19	»	Valeat Noviomensis electus munus consecrationis recipere[1].	268	388
Febr. 20	»	Priori fratrum ordinis Prædicatorum Coloniensi committit facultatem dispensandi cum Johanne de Reiganeri, subdiacono Coloniensis diocesis, super irregularitate quam contraxit pro eo quod acolythatus et diaconatus ordines eadem die recepit ac postea ministravit in illis, licentia Sedis Apostolicæ non obtenta. Valeat insuper dictus prior præfato Johanni concedere ut ad superiores ordines promoveri possit.	416	655

1. Sur la date de cette pièce voy. la note de la col. 268.

1304				
Febr. 20	Laterani.	Obtentu Parmensis episcopi conceditur quibusdam personis Iporiensis diocesis, ut ad sedandas quasdam inimicitias inter earum parentes exortas matrimonium invicem contrahere valeant non obstante quarto consanguinitatis gradu.	Col. 744	No. 1210
» 20	»	Certis executoribus mandat, ut ruralem ecclesiam s. Benedicti sitam prope Taurinum abbatissæ et conventui monasterii s. Francisci Taurinensis, ordinis s. Claræ, in usus proprios concedant et assignent.	744	1211
» 20	»	Executoribus mandat ut Thomasiam Antonii de Tranna, neptam Parmensis episcopi, in domo sororum ordinis Humiliatorum Taurinensium recipi faciant in sociam et sororem.	744	1212
» 20	»	Magistro Bonajuto de Casentino, nuntio suo ad partes Boemiæ, Ungariæ, Poloniæ et Moraviæ destinato, mandat ut totam pecuniam quam in prædictis partibus nomine Ecclesiæ colligi contigerit, mercatoribus societatis Circulorum de Florentia integraliter assignet.	760	1233
» 22	»	Tempus consecrationis electi Vicentini usque ad Sedis Apostolicæ beneplacitum prorogat.	309	467
» 22	»	Episcopo Roskildensi licentia conceditur contrahendi mutuum usque ad summam mille marcharum boni et puri argenti ad pondus Romanum.	319	479
» 22	»	Archiepiscopo Senonensi indulget ut, cum propter impedimentum proprii corporis ac Senonensis ecclesiæ negotiorum occupationes multiplices nequeat diocesim suam personaliter visitare, eam per vicarium seu vicarios idoneos visitari faciat.	540	888
» 22	»	Eidem concedit ut in duabus cathedralibus et quatuor aliis collegiatis ecclesiis provinciæ suæ personas idoneas recipi faciat in canonicos, videlicet singulas in singulis.	540	889
» 22	»	Eidem, ut ecclesias et cœmeteria suæ diocesis, quæ per effusionem sanguinis seminisve fuerint violata, per alium reconciliari facere possit.	540	890
» 22	»	Eidem, ut quatuor clerici, ejus obsequiis insistentes, per triennium valeant percipere fructus redditusque ac proventus beneficiorum suorum.	540	891
» 22	»	Eidem, ut in ecclesia Senonensi duas personas idoneas recipi faciat in canonicos et in fratres, eisque provideat de præbendis.	541	892
» 22	»	Archiepiscopo et capitulo Senonensibus facultatem tribuit percipiendi fructus redditusque ac proventus primi anni omnium beneficiorum ecclesiasticorum, quæ usque ad biennium in Senonensi civitate vel diocesi vacare contigerit, in fabricam cathedralis ecclesiæ Senonensis quam reædificare inceperunt totaliter convertendos.	541	893

1304				
Febr. 22	Laterani.	Decernit ut collationem cujusdam præbendæ Senonensis ecclesiæ factam magistro Guillelmo de Penulo per archiepiscopum Senonensem plenam obtineat roboris firmitatem, non obstante reservatione super hoc edita a Bonifatio VIII.	Col. 542	No. 894
» 22	»	Cuidam canonico Senonensi indulget ut sibi possit eligere confessorem.	543	895
» 22	»	Archidiacono Vastinensi in ecclesia Senonensi licentiam elargitur faciendi visitari archidiaconatum suum per aliquam personam idoneam.	543	896
» 22	»	Abbati monasterii s. Petri de Vanna, Senonensis diocesis, mandat ut capitulum Senonensis ecclesiæ contra molestatores sollicite protegat.	543	897
» 22	»	Priori monasterii s. Eligii Parisiensis simile dat mandatum pro archiepiscopo Senonensi.	543	898
(Febr.- 22 vel Mart. 8) [1]	»	Cum ecclesia Larinensis pastoris præsidio destituta sit per suspensionem Pasqualis episcopi, committuntur Petro episcopo olim Cassanensi cura et administratio ejusdem ecclesiæ ac bonorum ipsius.	352	525
Febr. 23	»	Priorissam et sorores monasterii s. Georgii Perusini, ordinis s. Augustini, in ordinem fratrum Prædicatorum et provinciam Romanam ipsius ordinis cooptatas declarat. — In e. m. pro priorissa et sororibus monasterii s. Annæ de Nuceria Christianorum, quas committit magistro et priori provinciali regni Siciliæ. — In e. m. pro priorissa et sororibus monasterii s. Mariæ Angelorum Lucanæ, quas similiter committit magistro et priori provinciali Romanæ provinciæ.	552	915
» 23	»	Magistris et prioribus provincialibus Romanæ ac regni Siciliæ provinciarum ordinis fratrum Prædicatorum de superioribus epistolis significat.	553	916
» 23	»	Episcopo Portuensi mandat, moneat et inducat vel etiam per censuram ecclesiasticam compellat rectores et congregationem fraternitatis s. Francisci de Urbevetere, ut quandam domum cum horto, quam habent juxta locum fratrum ordinis Prædicatorum civitatis ejusdem, ipsis fratribus vendant pro pretio competenti.	562	940
» 23	»	Abbati monasterii s. Severi Urbevetani mandat, moneat et inducat abbatem conventumque monasterii Saxivini, ordinis s. Benedicti, Fulginatis diocesis, ut hortum quendam situm in civitate Urbevetana priori et monachis monasterii s. Crucis Urbevetanæ, ejusdem ordinis, vendant.	649	1080
» 24	»	Scribitur diversis conservatoribus pro magistro et fratribus Hospitalis s. Johannis Jerosolimitani.	630	1045

1. Voy. la note de la col. 353.

1304 Febr. 26	Laterani.	Obtentu ducis Calabriæ, concedit Fernando Garciæ de Calatambio, ordinis fratrum Minorum, ut non obstante illegitimitatis macula possit officia quæcumque, administrationes seu prælaturas sui ordinis assumere.	Col. 256	No. 364
» 27	»	Episcopo Astensi mandat ut, cum fratres ordinis Prædicatorum civitatis ejusdem nequeant commode in cœnobio suo Domino famulari, dictis fratribus locum ecclesiæ s. Secundi de Mercato concedat et assignet, præpositum vero et septem canonicos, qui in eodem loco consistunt, ad ecclesiam cathedralem transferat, statuens ut ipsi et alii canonici Astenses unum corpus unumque capitulum de cætero censeantur.	254	362
» 27	»	Episcopo Cumano concedit facultatem faciendi recipi octo personas idoneas in totidem collegiatis ecclesiis Cumanæ diocesis, videlicet singulas in singulis, in canonicos et in fratres ac providendi eisdem de præbendis.	261	373
» 27	»	Consideratione Andreæ Garreti juris civilis professoris, Stephano ejus filio confertur canonicatus et præbenda reservatur in ecclesia Lexoviensi.	294	432
» 27	»	Consideratione Bernardi de Vicecomitibus nepotis Gregorii papæ X, confertur Oberto ejusdem Bernardi filio canonicatus in ecclesia Constantiensi eique præbenda non sacerdotalis ibidem reservatur.	364	553
» 27	»	Statutum quod capitulum ecclesiæ Vicentinæ ediderat de denario canonicorum numero in dicta ecclesia servando confirmat.	387	590
» 27	»	Bernardo de Strelis et Adelheidi natæ Bodonis de Ileburg, Misnensis diocesis, indulget ut in contracto matrimonio remanere possint, quarto consanguinitatis gradu non obstante.	447	707
» 27	»	Priori et fratribus ordinis Prædicatorum Taurinensibus indulget ut de usuris, rapinis et aliis male acquisitis usque ad summam mille florenorum auri valeant recipere.	754	1223
» 28	»	Ordini Humiliatorum concedit, ut quilibet successorum magistri, si fuerit in concordia electus, nulla super hoc a Sede Apostolica confirmatione petita vel obtenta, eo ipso suæ administrationis officium libere exequatur.	268	390
» 28	»	Priori et fratribus ordinis Prædicatorum Parmensibus confirmat quædam ædificia, ipsorum loco contigua, quæ abbas et conventus monasterii Fontisvivi, Cisterciensis ordinis, Parmensis diocesis, ad quos dicta ædificia pertinebant, eisdem fratribus concesserunt sub certis conditionibus.	282	423

1304				
Febr. 28	Laterani.	Abbati et conventui ejusdem monasterii Fontisvivi confirmat hospitale de Ponte Taronis, Parmensis diocesis, ad episcopatum Parmensem spectans, quod diocesanus episcopus auctoritate apostolica eisdem abbati et conventui concessit pro recompensatione ædificiorum, quæ ipsi abbas et conventus dederunt et tradiderunt fratribus ordinis Prædicatorum Parmensibus, ut plenius dicitur in epistola superiore.	Col. 285	No. 424
» 28	»	Episcopo Parmensi de suprascriptis significat et mandata dat.	287	425
» 28	»	Præposito ecclesiæ s. Donnini de Burgo, Parmensis diocesis, mandat ut monasterium Fontisvivi, prædictæ diocesis, et personas ejusdem a vexantibus sollicite tueatur.	308	464
» 28	»	Jacobi Mathæi de filiis Ursi capellano suo dat licentiam conferendi duabus personis tabellionatus officium.	382	585
» 28	»	Universas priorissas et sorores monasteriorum ordinis s. Augustini, secundum instituta et sub cura fratrum ordinis Prædicatorum viventes, a præstatione decimarum et a pedagiis, teloneis aliisque quibuscumque exactionibus sæcularibus et ecclesiasticis immunes reddit, nec non a jurisdictione ac potestate patriarcharum, archiepiscoporum, episcoporum diocesanorum aliorumque quorumcumque eximit.	383	590
» 28	»	Certis executoribus mandat ut Leonardo electo Cathaniensi fructus præbendæ sacerdotalis, quam dictus Leonardus obtinet in ecclesia Cameracensi, integraliter faciant exhiberi, malitia capituli ejusdem ecclesiæ non obstante.	404	636
» 28	»	Ordini Cartusiensi concedit ecclesiam s. Ciriaci in Termis de Urbe, quæ titulus cardinalatus existit; statuit ut eadem de cætero spiritualiter et temporaliter proprium membrum prædicti ordinis censeatur, salvo tamen jure cardinalis qui eam intitulatam pro tempore habebit.	427	668
» 28	»	Obtentu capituli ecclesiæ Pictavensis, conceditur magistro Stephano Rebuffe personatus vel dignitas in eadem ecclesia, decanatu tamen dumtaxat excepto.	457	718
» 28	»	Mandat ut Johannes et Petrus de Sumena, rectores ecclesiarum s. Ypoliti de Rupeforcata et s. Martini de Crosis, Nemausensis et Biterrensis diocesium, valeant ad invicem præfatas ecclesias permutare.	489	791
» 28	»	Concedit episcopo Tricastrino licentiam faciendi recipi in ecclesia sua duas personas idoneas in canonicos et in fratres, ac providendi eisdem de præbendis.	531	873
» 28	»	Statuit ut præceptor et fratres hospitalis de Egra, ordinis Cruciferorum cum stella, Ratisponensis diocesis, habere possint in eodem hospitali cœmeterium ad opus dumtaxat ipsorum et pauperum et aliorum ibidem degentium.	614	1016

1304				
Febr. 28	Laterani.	Aliquibus mandat ut sexcentas libras Januensium, quas parrochianus quidam ecclesiæ s. Sabinæ Januensis Ecclesiæ Romanæ legavit, mercatoribus societatis Circulorum de Florentia faciant assignari [1].	Col. 761	No. 1234
» 28	»	Episcopo Magalonensi committit ut certam pecuniæ quantitatem apud quosdam mercatores de Montepessulano depositam mercatoribus societatis Circulorum de Florentia assignari procuret.	763	1237
» 29	»	Rectori in spiritualibus Campaniæ et Maritimæ mandat, ut magistrum Nicolaum, scriptorem apostolicum nec non rectorem ecclesiæ s. Leonardi de Casagentino [2], Alatrinæ diocesis, quem Alatrinus episcopus eadem ecclesia de facto privaverat eam indebite cuidam alii conferendo, ad possessionem dictæ ecclesiæ restitui faciat : alioquin præfatum episcopum et alios dicti Nicolai molestatores peremptorie citet ad comparendum coram Apostolica Sede.	303	457
» 29	»	Maurus abbas monasterii s. Mariæ de Pratalia, ordinis s. Benedicti, Paduanæ diocesis, præficitur in abbatem monasterio s. Benedicti de Padolirono, ordinis ejusdem, Mantuanæ diocesis.	356	533
» 29	»	Deodatum priorem prioratus s. Genii juxta muros Lectorenses, thesaurarium et capellanum suum, monasterio s. Petri de Latigniaco [3], ordinis s. Benedicti, Parisiensis diocesis, in abbatem præficit.	370	562
» 29	»	Precibus Mathildis comitissæ Atrebatensis annuens, certis mandat executoribus ut duas personas idoneas, quas dicta comitissa duxerit nominandas, recipi faciant in canonicos unam videlicet in Atrebatensi, alteram vero in s. Audomari, Morinensis diocesis, ecclesiis, eisque de præbendis ibidem vacantibus vel quam primum vacaturis provideant.	388	599
» 29	»	Eidem comitissæ indulget ut tres clerici ejus possint per triennium percipere fructus beneficiorum suorum.	405	637
» 29	»	Certis executoribus mandat ut ad preces supradictæ comitissæ decanatum et duodecim canonias in ecclesia s. Mariæ de Dola de novo creent.	405	638
» 29	»	Bonifacio Antonini de Nigro et Annæ Ansaldi de Mari, civibus Januensibus, indulget ut, ad sedandas discordias inter eorum progenitores et consanguineos exortas, matrimonium invicem contrahere valeant, non obstante quod Anna prædicta olim fuit uxor quondam Nicolai Lercarii civis Januensis, qui dum viveret conjunctus erat quarto consanguinitatis gradu Bonifacio supradicto.	405	639

1 Col. 761, dater cette pièce du 28 février, et non du 13 mars. A la date lisez III *Kalendas* martii, au lieu de « III idus. »

2. Col. 303, l. 32, et col. 304, l. 6, lisez *Casagentino* au lieu de « Casagentium. »

3. Col. 370, l. 38, lisez *Latigniaco* au lieu de « Latiguaco. »

1304				
Febr. 29	Laterani.	Dispensatur super defectu natalium cum Ghino Palliarini Primioli scholari Aretino. — Alia dispensatio similis pro Nicolao Jannini Paloscollæ scholari Parmensi.	Col. 443	No. 703
» 29	»	Obtentu magistri Arnoldi, medici et familiaris domini papæ, Uberto de Canturio reservatur beneficium ecclesiasticum, etiam si personatus aut dignitas existat, quod acceptandum duxerit in civitate vel diocesi Salzburgensi.	459	727
» 29	»	Johanni dicto Grame indulget ut insimul retinere valeat canonicatum et præbendam in ecclesia Goslariensi, Hildesomensis diocesis, nec non parochialem ecclesiam in Bokenem, dictæ diocesis, quam olim in decimo sexto ætatis suæ anno constitutus recepit et extunc retinuit licentia Sedis Apostolicæ non obtenta.	494	804
Mart. 1	»	Indulgentia pro visitantibus ecclesiam b. Mariæ Virginis de Caritate de Arena civitatis Paduæ.	294	435
» 1	»	Inquisitori pravitatis hæreticæ in Romana provincia deputato committit ut, si quasdam personas in illis partibus invenerit olim damnatas de hæretica pravitate sed nimis rigide punitas nec non beneficiis, officiis aut bonis suis privatas minus juste, eas ad dicta beneficia, officia et bona misericorditer restituere possit.	313	474
» 2	»	Inquisitoribus hæreticæ pravitatis in Lombardia declarat quid agendum sit, si diocesani episcopi et inquisitores sejunctim quæstionem criminis hæreseos habuerint.	280	420
» 2	»	Petro de Salis confirmat prioratum de Verziano, Cluniacensis ordinis, Brixiensis diocesis, quem ex concessione abbatis monasterii Cluniacensis obtinuerat.	359	537
» 2	»	Tabellionatus officium conceditur Christiano de Hoynvilla clerico Morinensis diocesis. — In e. m. pro Francisco nato Oddonis de Lando clerico.	361	541
» 2	»	Indulgentia unius anni et quadraginta dierum conceditur eis, qui ecclesiam monasterii s. Syxti de Urbe in festivitate ejusdem sancti ac in feria quarta post tertiam dominicam Quadragesimæ visitarint.	362	543
» 2	»	Communi Pisanæ civitatis scribit de quibusdam verbis olim a Bonifatio papa VIII coram cardinalibus editis super prohibitione commercii cum Sarracenis.	362	545
» 2	»	Indulgentiam centum dierum fidelibus elargitur, qui ecclesiam s. Philippi de Argirio, Cathaniensis diocesis, in festivitate ejusdem sancti devote visitarint.	383	588
» 2	»	Eadem indulgentia conceditur visitantibus ecclesiam monasterii s. Mariæ de Latina in Jerusalem Messanensis.	383	589

1304				
Mart. 2	Laterani.	Priori et fratribus ordinis Prædicatorum Papiensibus indulget ut de usuris, rapinis et aliis male acquisitis recipere possint usque ad summam mille librarum Papiensium.	Col. 402	No. 631
» 2	»	Obtentu Wernhardi Pataviensis episcopi, concedit Eberhardo Henrici de Alecho acolytho Pataviensis diocesis, ut non obstante natalium defectu possit in minoribus ordinibus quos jam suscepit ministrare nec non ad superiores promoveri et beneficium ecclesiasticum cum animarum cura obtinere. — Concessio eadem pro alio acolytho ejusdem diocesis.	414	651
» 2	»	Monasterium s. Mariæ Monacharum Aquinatis a præstatione cujuslibet decimæ per Sedem Apostolicam impositæ in subsidium negotii regni Siciliæ prorsus eximit.	444	705
» 2	»	Petrus Guillelmi de Furno clericus creatur notarius.	458	724
» 2	»	Dispensat cum duabus personis diocesis Rothomagensis ut, non obstante quadam consanguinitate, in matrimonio contracto remanere licite possint, prolem ex eis susceptam vel suscipiendam legitimam nuntiando.	486	782
» 2	»	Episcopo Pataviensi potestatem concedit dispensandi cum Friderico Henrici de Sytansteten, scholari diocesis ejusdem, super natalium defectu ut ad omnes ordines se faciat promoveri et beneficium ecclesiasticum obtinere possit.	487	783
» 2	»	Executoribus mandat ut Wiskero [1] dicto Ssober de Hamburt scholari beneficium ecclesiasticum conferant, quod acceptandum duxerit in civitate vel diocesi Pataviensi.	492	794
» 2	»	Abbati monasterii s. Victoris Massiliensis indulget ut, propter onera expensarum ei incumbentium, valeat per biennium facere visitari loca dicto monasterio subjecta per aliquam personam idoneam.	504	824
» 2	»	Christi fidelibus, qui ad consummationem ædificii plebis de Amburgo, Pataviensis diocesis, manum adjutricem porrexerint, indulgentiam unius anni et quadraginta dierum promittit.	558	927
» 2	»	Duabus personis Amalfitanæ civitatis concedit, ut matrimonium invicem contrahere possint impedimento cujusdam affinitatis non obstante.	576	966
» 2	»	Christi fidelibus, qui ecclesiam s. Caterinæ virginis de Brianzono, Ebredunensis diocesis, in ipsius sanctæ festivitate visitarint, centum dierum indulgentiam promittit.	647	1077
» 3	»	Uberto de Mazadio comiti Valpergæ et Jacobinæ ejus uxori indulget, ut in matrimonio contracto libere remaneant, non obstante quod dictus Ubertus, priusquam uxorem duxit, quandam mulierem præfatæ Jacobinæ conjunctam quarto consanguinitatis gradu carnaliter cognovit.	290	427

1. Col. 492, l. 2, lisez *Wiskero* au lieu de « Wulskero. »

1304				
Mart. 3	Laterani.	Facultas electo Rigensi concessa contrahendi mutuum usque ad summam duorum millium florenorum auri pro suis et ecclesiæ suæ negotiis apud Sedem Apostolicam expediendis.	Col. 303	No. 455
» 3	»	Arnoldo dicto de Puteo clerico Coloniensi conceditur officium tabellionatus.	361	540
» 3	»	Johanni Baliani de Antiochia et Agneti Guillelmi Barlays, Nicosiensis diocesis, indulget ut, cum nobiles degentes in insula Cipri nequeant commode ibidem invenire sibi pares, quibus possint matrimonialiter copulari secundum exigentiam proprii status, matrimonium invicem contrahere valeant non obstante quarto consanguinitatis gradu.	383	591
» 3	»	Consilio et communi castri Matellicæ, Camerinensis diocesis, facultatem concedit eligendi libere annis singulis potestates et officiales alios.	384	952
» 3	»	Quandam locorum permutationem de consensu Papiensis episcopi factam inter priorem ac fratres ordinis Prædicatorum Papienses et abbatissam ac conventum monasterii s. Thomæ, civitatis ejusdem, ordinis s. Benedicti, confirmat et communit.	403	633
» 3	»	Dispensat cum Waltero de Radragia super pluralitate beneficiorum et irregularitate exinde contracta.	460	729
» 3	»	Conceditur priori et fratribus ordinis Prædicatorum Albensibus ut de usuris et rapinis recipere valeant usque ad summam mille florenorum auri.	754	1224
» 3	»	Provisionem Aquensis ecclesiæ dispositioni Sedis Apostolicæ reservat [1].	755	1226
» 4	»	Indulget electo Noviomensi, ut in ecclesia sua recipi faciat in canonicos duas personas idoneas, eisque provideat de præbendis.	298	447
» 4	»	Fratri Nicolao de Mileto priori monasterii s. Anastasii de Urbe curam committit et administrationem in spiritualibus et temporalibus exercendam monasterii Sublacensis, Tiburtinæ diocesis.	302	454
» 4	»	Franciscum, rectorem ecclesiæ s. Blasii de Trajecto, vacanti ecclesiæ Satrianensi præficit in episcopum.	353	526
» 4	»	Episcopo Baiocensi supplicante, confertur magistro Symoni de Guibervilla canonicatus in ecclesia Baiocensi ibique præbenda reservatur.	359	536
» 4	»	Cuidam clerico regis Aragoniæ confertur una de duodecim præposituris in ecclesia Barchinonensi existentibus, quæ *mensatæ* vulgariter nuncupantur.	391	607

1. Sur la date de cette pièce, voy. la note 2 de la col. 755.

1304				
Mart. 4	Laterani.	Precibus capituli ecclesiæ Lateranensis annuens, statuit ut de cætero in eadem ecclesia sit certus canonicorum, beneficiatorum et acolythorum numerus.	Col. 406	No. 642
» 4	»	Consideratione Tani de Loglano familiaris domini papæ, pro Zoemio quondam Facioli de Loglano nepote suo in hac parte supplicantis, dicto Zoemio confertur beneficium quoddam sine cura quod duxerit acceptandum in civitate vel diocesi Veronensi.	408	644
» 4	»	Episcopo Tusculano, cui Bonifatius VIII concesserat medietates castrorum Scandriliæ, Castellucii et Roccæ Soldanæ per se nec non per hæredes suos jure feudi perpetuo retinendas, dictam concessionem Benedictus confirmat.	411	649
» 4	»	Tabellionatus officium conceditur Johanni dicto de Arboreto clerico Claromontensis diocesis — Conceditur idem officium Johanni dicto Relenghes clerico Tornacensi.	458	722
» 4	»	Tribus mulieribus in domo de Bucinate prope civitatem Cumanam sub observantia regulæ b. Augustini viventibus licentiam concedit transeundi cum bonis suis ad monasterium s. Claræ prope civitatem supradictam, ordinis ejusdem sanctæ.	473	752
» 4	»	Hermanno marchioni Brandeburgensi indulget ut, cum ad loca ecclesiastico supposita interdicto ipsum contigerit declinare, ibidem possit sibi ac familiæ suæ per capellanum proprium divina officia facere celebrari [1].	510	841
» 4	»	Abbati et conventui monasterii de Salopia, ordinis s. Benedicti, Conventrensis diocesis, confirmat ecclesiam de Scocoresden., Herefordensis diocesis, quam ex concessione diocesani episcopi dudum obtinent.	525	862
» 4	»	Fratri Johanni Oliverii de Parma, olim ordinis Minorum, indulget ut in quibuslibet monasteriis ordinis s. Benedicti, ad quem nuper convolavit, prælaturas, dignitates seu officia quæcumque assumi licite valeat, non obstante Nicolai papæ III constitutione.	558	929
» 4	»	Quibusdam civibus Romanis licentiam tribuit contrahendi matrimonium quarto consanguinitatis gradu nequaquam obstante.	648	1078
» 4	»	Electoribus magistri ordinis fratrum Prædicatorum apud Tholosam constitutis notum facit se omnes sententias sive notas, quas ipsi forsitan incurrerint, penitus revocare ita ut electioni celebrandæ obstaculum aliquod nequeat interponi [2].	755	1227

1. Col. 510, l. 19, lisez 671 » au lieu de « 571 ».
2. Sur la date de cette pièce, voy. la note de la col. 756.

1304				
Febr. 5	Laterani.	Confirmat litteras, quibus ipse dudum concesserat magistro Thomæ de Balliaco, Parisiensi canonico, ut quandiu Parisiis regeret in theologica facultate, posset præbendæ suæ per vicarium facere deserviri : dicit suæ esse intentionis ut prædicta gratia debitum sortiatur effectum, non obstante juramento quod præstitit dictus magister de ejusdem præbendæ oneribus personaliter et non per alium exercendis.	Col. 297	No. 446
» 5	»	Mandat episcopo Casertano ut compellat quasdam personas in regno Siciliæ constitutas ad exhibendum monasterio Vallis Serenæ, Parmensis diocesis, certas pecuniæ quantitates. — In e. m. scribitur episcopo Regino super aliquibus personis in provincia Lombardiæ constitutis.	349	521
» 5	»	Consideratione et obtentu fratris Martini ordinis Minorum capellani Portuensis episcopi, reservatur Bartholomæo nato Jacobi de Cazago, clerico Brixiensis diocesis, beneficium ecclesiasticum, quod duxerit acceptandum in eadem civitate vel diocesi.	369	560
» 5	»	Archiepiscopo Arelatensi concedit ut quatuor clerici, familiares et domestici ac commensales ejus, possint per quinquennium percipere fructus beneficiorum suorum.	393	610
» 5	»	Eidem archiepiscopo pallium transmittit per archiepiscopum Neapolitanum.	393	611
» 5	»	Ne quis in eundem archiepiscopum sententias excommunicationis vel interdicti aut suspensionis proferre possit auctoritate litterarum Sedis Apostolicæ, nisi litteræ ipsæ de hac indulgentia mentionem expressam fecerint.	393	612
» 5	»	Valeat idem archiepiscopus indulgentiam quadraginta dierum elargiri omnibus vere pœnitentibus et confessis, qui prædicationibus ejus interfuerint.	393	613
» 5	»	Valeat idem archiepiscopus duos instituere notarios.	394	614
»	»	Eidem liceat condere testamentum.	394	615
» 5	»	Eidem licentia conceditur disponendi libere de beneficiis ecclesiasticis in Arelatensi civitate vel diocesi vacantibus, quorum collatio juxta Lateranensis statuta Concilii ad Sedem Apostolicam devoluta est.	394	616
» 6	»	Archiepiscopo Lundensi mandat ut electionem Petri prioris ecclesiæ Othoniensis in Othoniensem episcopum diligenter examinet, et si eandem de persona idonea invenerit canonice celebratam confirmet.	356	532
» 6	»	Dispensat cum Francisco, monacho monasterii Mosacensis, Aquilegensis diocesis, ut ad omnes ordinis s. Benedicti administrationes promoveri valeat, defectu natalium non obstante.	415	652

1304				
Mart. 6	Laterani.	Abbati majoris monasterii Turonensis mandat, ut in monasterio s. Florentii[1] de Bonavalle, ordinis s. Benedicti, Carnotensis diocesis, certum monachorum numerum, prout expedire viderit, statuat et taxet.	Col. 520	No. 857
» 6	»	Confirmat compositionem per arbitrum quendam initam inter rectorem ecclesiæ s. Thomæ de Arena Paduanæ civitatis, et priorem conventumque monasterii de Porcilia extra muros Paduanos super certis parochialibus juribus.	521	859
» 6	»	Priori et conventui monasterii de Porcilia extra muros Paduanos indulget, ut familiarium et servitorum suorum, qui in eodem monasterio commorantur, audiant confessionem et ministrent ipsis cætera ecclesiastica sacramenta.	533	880
» 6	»	Indulgentiam unius anni et quadraginta dierum elargitur fidelibus, qui ecclesiam monasterii s. Florentii de Bonavalle, Carnotensis diocesis, devote visitarint in festivitatibus ejusdem s. Florentii ac ss. Marcellini et Petri martyrum, quorum corpora in dicta ecclesia requiescunt.	578	971
» 7	»	Statutum, quod electus Parmensis de senario in ecclesia de Sorbulo canonicorum numero ediderat, confirmatur.	308	466
» 7	»	Licentia conceditur patriarchæ Jerosolimitano instituendi duos notarios.	401	628
» 7	»	Indulget Austriæ duci ut in locis ecclesiastico suppositis interdicto liceat ei divina officia facere celebrari.	415	503
» 7	»	Mandat ut Johanni de Quiliano clerico Narbonensi provideatur de quadam ecclesia, quam acceptandam duxerit in civitate vel diocesi Carcassonensi, cujus tamen proventus valorem annuum sexaginta librarum Turonensium parvorum non excedant.	475	754
» 7	»	Episcopo Gratianopolitano indulget, ut clericus quidam unus ex domesticis et familiaribus ejus percipere possit usque ad quinquennium fructus redditusque ac proventus beneficiorum suorum.	479	764
» 7	»	Patriarchæ Jerosolimitano indulget ut, ubicumque fuerit, nulli pedagia seu plateatica pro animalibus, blado, vino, lana, lignis aliisque victualibus sibi necessariis solvere teneatur.	505	827
» 7	»	Priori et conventui ordinis fratrum Prædicatorum Alexandrinis, Aquensis diocesis, concedit ut de usuris, rapinis et aliis male ablatis usque ad summam mille florenorum auri recipere valeant.	553	917
» 7	»	Patriarchæ Jerosolimitano facultatem elargitur condendi testamentum.	561	935

1. Col. 520, l. 17 et 22, lisez *Florentii* au lieu de « Florentini. »

1304				
Mart. 7	Laterani.	Andreæ Rolandi clerico in minoribus ordinibus constituto indulget, ut oculi dextri macula non obstante in susceptis ordinibus ministrare possit nec non ad diaconatus ordinem ascendere et beneficium etiam obtinere.	Col. 650	No. 1086
» 7	»	Conceditur priori et fratribus ordinis Prædicatorum de Savilliano, Taurinensis diocesis, ut de usuris et rapinis usque ad certam summam recipere valeant [1].	755	1225
» 7	»	*Vid. supra 6 mart. nº 880, col. 533* [2].	818	1304
» 8	»	Decano et capitulo Morinensibus facultatem concedit convertendi in reparationem ecclesiæ cathedralis per manum sacrilegam incendio perpessæ duo millia librarum Parisiensium, quæ eis bonæ memoriæ Henricus Morinensis episcopus in sua ultima voluntate reliquerat, ut de ipsis præbenda una fieret in ecclesia prælibata.	369	561
» 8	»	Eisdem indulget ut fructus et proventus primi anni beneficiorum, quæ in diocesi Morinensi vacare contigerit, usque ad quinquennium percipiant in reparationem ecclesiæ supradictæ convertendos.	379	575
» 8	»	Indulgentiam unius anni et quadraginta dierum promittit eis, qui ad reparationem ejusdem ecclesiæ manum porrexerint adjutricem.	379	576
» 8	»	Rectori provinciæ Romandiolæ indulget ut in locis ecclesiastico suppositis interdicto divina officia audire possit.	416	636
» 8	»	Guillelmo de Sancta Cruce et Guillelmæ de Monte Rivello, uxori ejus, Bisuntinæ diocesis, indulget ut in matrimonio dudum contracto remanere possint, non obstantibus quarto consanguinitatis gradu nec non processibus factis occasione ejusdem matrimonii.	425	667
» 8	»	Priori fratrum ordinis Prædicatorum Sanctaranensi, Ulixbonensis diocesis, mandat ut Johanni Symeonis licentiam auctoritate apostolica largiatur construendi in fundo proprio, de bonis propriis, capellam et hospitale ad opus infirmorum ac pauperum, prout ipse Johannes affectat et proponit.	529	871
(Febr. 22 vel Mart. 8)	»	*Vid. supra 22 Febr.*	332	525
Mart. 9	»	Magistro Neapoleoni de filiis Ursi, archidiacono de Maiorica Legionensi, indulget ut archidiaconatum suum faciat per vicarium idoneum visitari. — Indulgentia similis eidem magistro conceditur pro archidiaconatu suo Stadiensi in ecclesia Cathalaunensi.	408	645
» 9	»	Quibusdam mandat ut episcopum Aquensem compellant ad imponendum finem molestiis, quas fratribus ordinis Minorum civitatis Aquensis intulit occasione loci quem habent infra civitatem eandem.	424	666

1. Sur la date de cette pièce, voy. la note 1 de la col. 755.
2. C'est par erreur que nous avons mentionné cette pièce parmi celles qui ne figurent pas dans le Registre du Vatican.

1304				
Mart. 9	Laterani.	Rectori ecclesiæ de Magres, Treverensis diocesis, remittit fructus indebite perceptos ex ecclesia de Hanliers, supradictæ diocesis, quam idem rector illicite recepit ac retinet quinque annis jam elapsis : omnem maculam in eo obortam occasione hujusmodi penitus abolet, cum eodem insuper dispensans ut dictas ecclesias insimul habere et tenere de cætero valeat.	Col. 478	No. 763
» 9	»	Dispensat cum quodam clerico Constantiensis diocesis, ut non obstante defectu natalium omnes ordines recipere ac beneficium ecclesiasticum obtinere valeat.	485	780
» 9	»	Valeat archiepiscopus Ebredunensis per vicarios idoneos provinciam suam facere visitari.	492	796
» 9	»	Eidem facultatem impertitur faciendi recipi duas personas idoneas in canonicos in ecclesia sua Ebredunensi ac providendi eis de competentibus præbendis.	492	797
» 9	»	Ordinationem factam a magistro et fratribus Hospitalis s. Johannis Jerosolimitani confirmat, qua statuitur ut in quibuslibet ecclesiis vel oratoriis seu capellis Hospitalis supradicti, certis horis et diebus, in honorem b. Johannis Baptistæ novem lectiones legentur missaque conventualis et horæ canonicæ solemniter decantentur.	531	874
» 9	»	Episcopo Agathensi committit, ut abbati et conventui monasterii de s. Tiberio, ordinis s. Benedicti, Agathensis diocesis, licentiam valeat elargiri locandi vel vendendi quasdam terras et possessiones incultas, ex quibus quasi nulla eidem monasterio provenit utilitas.	549	911
» 9	»	Episcopo et capitulo Osloensibus indulget, ut beneficia ecclesiastica, quæ dudum in civitate vel diocesi Osloensi vacaverunt quorumque propter hoc secundum Lateranensis statuta Concilii collatio devoluta est ad Apostolicam Sedem, personis idoneis possint conferre [1].	551	913
» 9	»	Cum in ecclesia Vivariensi sit canonicorum defectus, episcopo Vivariensi licentia tribuitur faciendi recipi duas personas idoneas in canonicos in eadem ecclesia, ac ipsis providendi ibidem de præbendis.	567	947
» 10	»	Valeat electus Satrianensis, postquam se fecerit in diaconum et deinde in presbyterum ordinari, munus consecrationis recipere.	353	527
» 10	»	Armanino quondam Huguitionis de Pomponesco, clerico Cremonensi, conferatur beneficium quoddam ecclesiasticum vacans ad præsens vel quam primum vacaturum in civitate Aquilegensi vel diocesi, cujus annui redditus valorem viginti marcharum argenti secundum æstimationem decimæ de illo hactenus persolutæ non excedant.	390	604

1. Col. 551, à la date de cette pièce, lisez *Au Latran* au lieu de « Pérouse. »

1304				
Mart. 10	Laterani.	Roskildensi episcopo committit ut duos notarios creare valeat.	Col. 464	No. 738
» 10	»	Idem episcopus absolvitur a juramento, quod præstitit tempore quo Roskildensi ecclesiæ præfectus est in pastorem de visitando per se vel alium singulis trienniis Apostolorum limina.	464	739
» 10	»	Valeat idem episcopus ecclesias et cœmeteria suæ diocesis, quæ per effusionem sanguinis seminisve violata fuerint, reconciliari facere per aliquam personam idoneam.	464	740
» 10	»	Ejusdem episcopi consideratione, conceditur cuidam clerico Trajectensis diocesis ut ad omnes ordines et ad quæcumque beneficia promoveri valeat, illegitimitatis macula non obstante.	465	744
» 10	»	Guillelmo Sicardi de Carcassona inquisitori olim pravitatis hæreticæ canonicatus confertur præbendaque reservatur in ecclesia Albiensi.	468	746
» 10	»	Episcopo Ariminensi mandat, ut abbati et conventui monasterii s. Juliani Ariminensis licentiam largiatur permutandi quasdam possessiones, ad præfatos abbatem et conventum pertinentes, pro aliis possessionibus magis vicinis et accomodis monasterio antedicto, dummodo ex permutationibus hujusmodi contingat conditionem ipsius monasterii fieri meliorem.	514	843
» 10	»	Cum mercatores de societate Amannatorum de Pistorio, qui se dudum post lapsum societatis ipsius a Romana curia absentarunt, redire cupiant ad eandem dictamque societatem reformare, satisfaciendo creditoribus suis, Benedictus XI hujusmodi proposito annuens mandat certis executoribus, ut debitores ipsorum mercatorum in Italia constitutos et quosdam alios compellant ad exhibendum pecuniarum summas, in quibus eisdem mercatoribus tenentur : pecunia autem sic collecta mercatoribus societatum Circulorum de Florentia et Clarentum de Pistorio integraliter assignetur, ut exinde per ipsos satisfieri possit creditoribus dictæ societatis Amannatorum, prout Apostolica Sedes duxerit ordinandum.	534	882
» 10	»	Super eodem scribitur diversis aliis executoribus.	536	883
» 10	»	Super eodem mandatum quoddam datur camerario domini papæ.	536	884
» 10	»	Super eodem mandatum aliud datur supradicto camerario.	537	885
» 10	»	Mercatoribus societatum Circulorum de Florentia et Clarentum de Pistorio significat de suprascriptis et mandata dat. Mercatoribus societatis Amannatorum plenam insuper securitatem exhibet in veniendo ad Sedem Apostolicam ibique morando et exinde etiam redeundo.	538	886
» 10	»	Super eodem mandatum aliud datur jamdicto camerario.	538	887

1304				
Mart. 10	Laterani.	Priori et conventui ordinis fratrum Prædicatorum Alexandrinis indulget ut de censu, quem communitas Alexandriæ solvere tenetur Romanæ Ecclesiæ, usque ad summam centum florenorum auri petere et exigere possint ab eadem communitate.	Col. 553	No. 918
» 10	»	Wlvingo nato Henrici de Pramperh beneficium ecclesiasticum confert in ecclesia Salzeburgensi, dispensatque cum eodem super pluralitate beneficiorum.	583	977
» 10	»	Decano ecclesiæ Nivernensi mandat, ut magistrum et fratres hospitalis s. Mariæ de Fontanillis Tornodorensis, Lingonensis diocesis, adversus molestatores tueatur ac protegat.	602	1000
» 10	»	Magistro et fratribus hospitalis supradicti concedit facultatem celebrandi officia dum generale terræ fuerit interdictum.	602	1001
» 10	»	Comitissæ Juliacensi indulget ut monasteria monialium Cisterciensis ordinis, in regno Franciæ et ducatu Brabantiæ consistentia, cum decenti et honesta mulierum comitiva ingredi valeat, dummodo abbatissarum et conventuum monasteriorum eorumdem ad id accedat assensus nec in ipsis dicta comitissa comedat vel pernoctet.	602	1002
» 10	»	Margaritæ reginæ Siciliæ viduæ precibus annuens, decernit ut magister hospitalis s. Mariæ de Fontanillis Tornodorensis, Lingonensis diocesis, quod dicta regina fundasse dicitur et dotasse, quandiu in eodem hospitali residentiam fecerit vel prosecutioni negotiorum ipsius reginæ institerit, proventus suos ecclesiasticos integraliter percipiat.	646	1075
» 10	»	Fratribus ordinis Prædicatorum provinciæ Lombardiæ Inferioris conceduntur conservatores super executione constitutionis quæ incipit *Inter cunctas*.	756	1228
» 10	»	Deputantur alii conservatores super executione constitutionis ejusdem.	818	1305
» 11	»	Potestatis et consilii civitatis Vicentinæ supplicationibus inclinatus, ipsis notum facit se inhibere ne contra cives de urbe prædicta vel ejus districtu, qui, relictis erroribus Ezzolini de Romano quibus olim adhæserant, nunc in fide catholica sunt constantes, ullus inquisitor hæreticæ pravitatis quomodolibet procedere de cætero præsumat.	339	508
» 11	»	Inquisitoribus hæreticæ pravitatis in Paduana et Vicentina civitatibus et diocesibus mandat, ut officium suum in illis partibus taliter studeant exercere, quod ad Sedem Apostolicam occasione processuum quos fecerint clamor ulterius non ascendat.	340	509
» 11	»	Priori et fratribus ordinis Prædicatorum de Cherio, Taurinensis diocesis, indulget ut de usuris, rapinis et aliis illicite acquisitis usque ad summam mille florenorum auri valeant recipere.	367	558

1304				
Mart. 11	Laterani.	Tiberio quondam Gufredi de Laturre, Mediolanensi presbytero, confertur beneficium ecclesiasticum quod duxerit acceptandum in Aquilegensi civitate vel diocesi, cujus vero annui redditus valorem viginti marcharum argenti non excedant.	Col. 398	No. 621
» 11	»	Priorissæ et conventui monasterii Vallis s. Mariæ, ordinis s. Augustini, Treverensis diocesis, confirmat parochialem ecclesiam de Schuffelingen, quam ipsis provide concesserunt Boemundus et Dytherus Treverenses archiepiscopi.	438	692
» 11	»	Regem Romanorum rogat et hortatur ut per se ipsum corrigat et emendet quidquid erga Maguntinum episcopum et ejus ecclesiam minus provide extitit attentatum.	439	696
» 11	»	Fructus redditusque et proventus, quos indebite perceperunt ex quibusdam beneficiis Johannes de Friburgo ejusque filius, ipsis remittit et donat.	506	830
» 11	»	Dispensatur cum Corrado, rectore parochialis ecclesiæ in Ahusen, Eystetensis diocesis, super irregularitate quam contraxit ex eo quod olim præfatam ecclesiam de facto obtinens, eam cum alio beneficio absque Sedis Apostolicæ licentia retinuit, et interim in ea residere vel se ad sacerdotium facere promoveri non curavit.	569	952
» 11	»	Potestatem, consilium et commune civitatis Tuscanellæ monet et hortatur ut rectori et fratribus hospitalis quod dicitur Domus Dei de Viterbio, secundum instituta et sub cura fratrum Prædicatorum viventibus, de damnis et injuriis illatis satisfaciant.	818	1306
» 11	»	Episcopo Viterbiensi de superiore epistola significat et mandata dat.	819	1307
» 11	»	Decano ecclesiæ Treverensis mandat, ut ea quæ de bonis monasterii de Mariendal [Treverensis diocesis] per concessiones illicite alienata invenerit vel distracta ad jus et proprietatem ejusdem legitime revocet.	819	1308
» 12	»	Executioni demandat quendam Bonifatii VIII processum olim factum contra Octonem et Conradum marchiones Brandeburgenses nec non eorum officiales ac fautores, qui excommunicationis et diversas alias incurrerant sententias, pro eo quod episcopos Havelbergensem ac Brandebourgensem et personas ecclesiasticas diocesium earumdem gravibus injuriis et pressuris afflixerant.	319	480
» 12	»	Precibus Mathildis comitissæ Atrebatensis annuens, mandat executoribus ut duas personas idoneas, quas dicta comitissa duxerit nominandas, recipi faciant in canonicos unam videlicet in Atrebatensi, alteram vero in s. Audomari, Morinensis diocesis, ecclesiis eisque de præbendis ibidem vacantibus vel quam primum vacaturis provideant.	388	600

1304				
Mart. 12	Laterani.	Cum Altegradus electus Vicentinus, olim archipresbyter ecclesiæ Paduanæ, omne jus quod sibi competebat in archipresbyteratu supradicto nuper resignaverit apud Apostolicam Sedem, Benedictus XI mandat eidem Altegrado ac episcopo Paduano ut archipresbyteratum sic vacantem cuilibet personeæ idoneæ conferant.	Col. 390	No. 606
» 12	»	Priorissam et sorores monasterii s. Mariæ Magdalenæ extra muros Spirenses, ordinis s. Augustini magistro ordinis Prædicatorum et priori provinciali provinciæ Theotoniæ ipsius ordinis committit. Easdem a cujuscumque potestate ac jurisdictione prorsus eximit : ipsis etiam indulget ut ad contribuendum in talliis, decimis aut exactionibus quibuslibet minime teneantur.	434	684
» 12	»	Priori provinciali et fratribus ordinis Prædicatorum in Theotonia concedit facultatem recipiendi fratres de Pœnitentia Jhesu-Christi de Bruxella, Cameracensis diocesis, qui ad ordinem prædictum cum ipsorum loco desiderant se transferre.	438	693
» 12	»	Episcopo Baiocensi concedit ut quatuor clerici, qui ejus insistunt obsequiis, fructus redditusque ac proventus beneficiorum suorum percipere valeant usque ad quinquennium.	479	765
» 12	»	Ordinem fratrum Prædicatorum a jurisdictione quorumlibet prælatorum de novo eximit, decernens ordinem ipsum Apostolicæ Sedi et Romano pontifici nullo medio subjacere.	758	1230
» 12	»	Ordinis fratrum Prædicatorum apud Tolosam in generali capitulo congregatorum, quos laudibus celebrat, piis se commendat precibus [1].	819	1309
» 13	»	Jacobino Cazolini et Guaschinæ Facii Gerardi ejus uxori, civibus Albinganensibus, indulget ut in contracto matrimonio remanere possint.	319	477
» 13	»	Concedat Barensis archiepiscopus cuidam personæ tabellionatus officium.	339	507
» 13	»	Idem officium conceditur Petro Silvatico de Terracen[a] clerico.	362	542
» 13	»	Albertino quondam Thomæ marchionis de Ponzono et Isottæ filiæ Thomæ comitis de Castino, Albensis diocesis, indulget ut matrimonium contrahere valeant, non obstante quarto consanguinitatis gradu.	382	586
» 13	»	Episcopo Nucerino confirmat ecclesiam s. Savini in Airone, quam Neapoleo s. Adriani diaconus cardinalis nec non Apostolicæ Sedis legatus, mensæ dicti episcopi concesserat.	448	709
» 13	»	Petro dicto Mostalst clerico Lemovicensis diocesis tabellionatus officium confertur. — Eadem concessio pro Johanne Deodati de Olonzaco clerico Narbonensis diocesis.	457	721

1. Sur la date de cette pièce, voy. la note 1 de la col 819.

1304				
Mart. 13	Laterani.	Dispensat cum quodam clerico Secoviensis diocesis illegitime nato super defectu natalium, ut ad omnes ordines et ad beneficia ecclesiastica promoveri possit.	Col. 494	No. 806
» 13	»	Confirmatur electio cujusdam Johannis in abbatem monasterii s. Trinitatis de Monte Sacro, ordinis s. Benedicti, Sypontinæ diocesis.	544	900
» 13	»	Magistro Parisio quondam Benvenuti de Altedo civi Bononiensi tabellionatus officium conceditur.	619	1025
» 13	»	Christi fidelibus qui ad reædificationem ecclesiæ b. Mariæ de Musterolo, Senonensis diocesis, manum adjutricem porrexerint quadraginta dierum indulgentiam elargitur.	647	1076
» 14	»	Monasterium Sancti Spiritus de Sulmone, Valvensis diocesis, ordinis s. Benedicti, tuendum suscipit omnesque ejus possessiones ac bona nominatim recensita, jura ac privilegia confirmat.	314	476
» 14	»	Dispensat cum Eustachio de Ays canonico ecclesiæ s. Petri Casletensis, Morinensis diocesis, super pluralitate beneficiorum.	493	802
» 14	»	Dispensatio similis pro Hugone de Hays canonico ecclesiæ s. Salvatoris de s. Paulo, Morinensis diocesis.	499	816
» 15	»	Deputantur executores super negotio quingentorum florenorum auri, quos Milevitanus electus ex licentia Sedis Apostolicæ mutuo recepit a quibusdam civibus et mercatoribus Romanis.	325	483
» 15	»	Consideratione Henrici Scrovegni civis Paduani familiaris sui, concedit Raynaldo quondam Manfredi Scrovegni [1] clerico Paduano, cujus idem Henricus patruus existit, ut non obstante illegitimitatis macula possit ad omnes ordines promoveri et beneficium ecclesiasticum obtinere.	411	648
» 15	»	Priorissam et sorores monasterii b. Mariæ de Pruliano, Apamiarum diocesis, ordinis s. Augustini, quas in ordinem fratrum Prædicatorum cooptatas declarat, committit magistro et priori provinciali provinciæ Tholosanæ ordinis ejusdem.	435	685
» 15	»	Eisdem priorissæ et sororibus confirmat ecclesias parochiales de Lunoso, de Fano Jovis, de Bram, de Villafrancha, de Fontanellis et de Forcia, quas dudum obtinuerunt et possident.	436	686
» 15	»	Priori et fratribus ordinis Prædicatorum Caturcensibus indulget, ut de usuris, rapinis aliisque male acquisitis valeant recipere usque ad summam mille florenorum auri.	436	687
» 15	»	Indulgentia eadem pro fratribus ordinis Prædicatorum Tholosanis [2].	436	688

1. Col. 411, l. 3, lisez *Scrovegni* au lieu de « Serovegni. »
2. Cf. la note 2 de la col. 436. La pièce est effectivement du 15 mars (Ripoll, Bullar. ord. Frat. Præd. II, 96.)

1304				
Mart. 15	Laterani.	Priori et conventui fratrum ordinis Prædicatorum Apamiarum confirmat locum, libertates ac immunitates, quæ ipsis abbas et conventus monasterii s. Antonini civitatis ejusdem olim concesserunt.	Col. 436	No. 689
» 15	»	Abbati monasterii Electensis, Narbonensis diocesis, mandat ut illos, qui monasterio s. Mariæ de Pruliano, Apamiarum diocesis, vel personis ejusdem injurias aut molestias inferre præsumpserint, efficaciter compescat.	437	690
» 15	»	Indulgentiam unius anni et quadraginta dierum elargitur eis, qui ad refectionem ecclesiæ fratrum Prædicatorum civitatis Caturcensis pia subsidia erogarint.	437	691
» 15	»	Vacanti ecclesiæ Majoricensi præficit in episcopum ac pastorem Guillelmum Barchinonensem canonicum.	505	828
» 15	»	Cum Guillelmus Alasandi canonicus Carpentoratensis ecclesiæ, in qua dudum expectat præbendam sibi auctoritate apostolica reservatam, asserat plures ibidem vacavisse præbendas, quæ ab aliis illicite fuerunt occupatæ in ipsius detrimentum, Benedictus XI mandat archiepiscopo Ebredunensi ut, vocatis Guillelmo et aliis supradictis, litterisque ac munimentis eorum diligenter inspectis, vice apostolica decernet quis illorum primam, quis secundam, et sic deinceps per ordinem qui præbendas alias debeant obtinere.	516	848
» 15	»	Guioni nato Dimitrii de Comitibus clerico Paduano illegitime nato, indulget, ut ad omnes ordines promoveri et beneficium ecclesiasticum obtinere valeat, defectu natalium non obstante.	546	905
(Febr. 14-Mart. 15)	»	*Vid. supra 14 Febr.*	819	1310
Mart. 16	»	Magistro Frederico de Borgorellis confirmat archipresbyteratum plebis de s. Genesio, quem dicto magistro contulerat Parmensis episcopus : teneatur autem dictus Fredericus sacros ordines infra certum terminum recipere.	333	498
» 16	»	Quibusdam personis Albensis diocesis indulget ut in contracto matrimonio libere remaneant.	359	538
» 16	»	Guillelmum monachum monasterii s. Winnoci Bergensis, Morinensis diocesis, quem prior et conventus dicti monasterii in abbatem postularunt, eidem monasterio præficit de apostolicæ plenitudine potestatis.	386	595
» 16	»	Priori et fratribus ordinis Prædicatorum Argentinensibus indulget ut de usuris, rapinis et aliis male acquisitis usque ad quingentarum marcharum argenti recipere valeant. — Concessio eadem pro fratribus dicti ordinis, Spirensis, Treverensis et Coloniensis civitatum.	389	601

1304				
Mart. 16	Laterani.	Johanni episcopo, quem nuper ecclesiæ Pactensi tunc vacanti præfecit in pastorem, mandat ut ad ipsam ecclesiam accedens, eam sollicite ac diligenter gubernare procuret.	Col. 415	No. 654
» 16	»	Archiepiscopo Bituricensi committit, ut monasterio b. Mariæ Exoldunensis providere possit de abbate, eidem præficiendo virum quemlibet idoneum, seu etiam Petrum de Campo Lumbini, quem monachi dicti monasterii, ignari ut asserunt cujusdam reservationis et inhibitionis Bonifatii VIII, in abbatem elegerant.	454	713
» 16	»	Valeat similiter idem archiepiscopus providere de abbate monasterio Fontis Gobaudi, prædictæ diocesis.	456	714
» 16	»	Archiepiscopo Cantuariensi concedit ut in vacantibus ecclesiis et vicariis suæ diocesis, in quibus abbas et conventus monasterii s. Augustini Cantuariensis jus patronatus habent, ipse institutionem et provisionem clericorum ac rectorum, abbas vero et conventus memorati præsentationem eorumdem exercere valeant, juxta dispositionem cujusdam sententiæ Bonifatii papæ VIII, non obstantibus infradictis.	489	792
» 16	»	Priori ecclesiæ Cantuariensis mandat, ut dispenset cum clericis, vicariis, vel rectoribus diocesis Cantuariensis super irregularitate, quam contraxerunt pro eo quod, diversis excommunicationum ligati sententiis ab archiepiscopo Cantuariensi, divina officia etiam in locis interdictis celebrarunt.	491	793
» 16	»	Episcopo Bethleemitano indulget ut, quandocumque ad celebrandum solemniter missam in locis exemptis fuerit invitatus, ibidem pontificalibus uti, omnia divino cultui deputata benedicere, ac fidelibus prædicationi suæ intervenientibus indulgentias elargiri valeat.	496	810
» 16	»	Magistro Cœlestino nato Jacobi de Pastrengo, clerico et familiari domini papæ, conferuntur canonicatus et præbenda, quæ vacant ad præsens in ecclesia Regina per consecrationem Guidotti Messanensis electi, olim ejusdem ecclesiæ canonici.	651	1088
» 16	»	Gentili de filiis Ursi senatori Urbis concedit licentiam emendi vel alias acquirendi tam infra quam extra Urbem jura bonaque mobilia et immobilia.	762	1236
» 16	»	Episcopo Parmensi licentiam elargitur conferendi Gerardo Tertio, canonico Cremonensi in minoribus tantum ordinibus constituto, archipresbyteratum plebis s. Pancratii, Parmensis diocesis, ea tamen conditione apposita ut Gerardus prædictus se faciat ad sacerdotium promoveri.	768	1241
» 17	»	Episcopo Roskildensi facultatem concedit disponendi libere de dignitatibus, personatibus, præbendis aliisque beneficiis ecclesiasticis dudum vacantibus in civitate vel diocesi Roskildensi, quorum collatio secundum Lateranensis statuta Concilii devoluta est ad Apostolicam Sedem.	463	737

1304				
Mart. 17	Laterani.	Eidem facultatem testandi concedit.	Col. 464	No. 741
» 17	»	Eidem episcopo committit potestatem absolvendi omnes clericos suæ diocesis, qui olim, dum gravis discordia vertebatur inter Daciæ regem et Lundensem archiepiscopum, mandatis Bonifatii papæ VIII parere contemnentes, sententias excommunicationis incurrerunt. Valeat quoque supradictus episcopus dispensare cum illis ex eisdem clericis, qui postmodum irregularitatis maculam contraxerunt.	465	742
» 17	»	Indulgentia unius anni et quadraginta dierum conceditur illis, qui ecclesiam b. Mariæ Virginis in civitate Tarviensi extructam devote visitarint in singulis ipsius b. Mariæ festivitatibus.	493	801
» 18	»	Episcopo Xanctonensi indulget ut diocesim suam possit per aliquam personam idoneam facere visitari.	363	548
» 18	»	Faciat idem episcopus recipi in canonicum Xanctonensis ecclesiæ magistrum Petrum Radulfi, ejusdem ecclesiæ presbyterum.	364	549
» 18	»	Monasterio de Bello Loco, ordinis s. Augustini, Macloviensis diocesis, quidam Robertus canonicus dicti monasterii præficitur in abbatem.	448	710
» 18	»	Consideratione Roskildensis episcopi, conceditur cuidam clerico ut ad omnes ordines et ad quæcumque beneficia promoveri valeat, illegitimitatis macula non obstante.	465	743
» 18	»	Episcopus Vasionensis [1], qui tempore Bonifatii VIII a spiritualium et temporalium administratione ac pontificalium executione certis ex causis suspensus fuerat, ad administrationem et executionem prædictas restituitur de gratia speciali.	474	753
» 18	»	Liceat episcopo Tullensi ecclesias et cœmeteria suæ diocesis, quæ per effusionem sanguinis seminisve violata fuerint, per alium reconciliari facere.	476	756
» 18	»	Indulget eidem episcopo ut personis idoneis, quas duxerit eligendas, de duobus beneficiis provideat in singulis ecclesiis majori Tullensi, s. Gengulphi ejusdem urbis, de s. Deodato ac de Dei Custodia.	476	757
» 18	»	Eidem episcopo, ut duo clerici familiares ejus possint usque ad quinquennium percipere fructus ac redditus beneficiorum suorum.	477	758
» 18	»	Rectori ecclesiæ de Hanuigdon, Saresbiriensis diocesis, qui dispensatione super defectu natalium mediante ecclesiam eandem olim assecutus est, indulget ut beneficium ecclesiasticum, si quod sibi canonice offeratur, insuper recipere ac retinere valeat.	499	814
» 18	»	Valeat Johannes de Trillowe presbyter illegitime natus, qui ecclesias de Tywa et de Torteberi, Lincolniensis ac Wigorniensis diocesium, insimul recepit, dispensatione super hoc vel super defectu natalium nequaquam obtenta, easdem ecclesias licite retinere.	499	815

1. Col. 474, l. 25, lisez *Raymundo* au lieu de « Raymondo. »

1304				
Mart. 18	Laterani.	Johannis Symeonis consiliarii et familiaris regis Portugaliæ supplicationibus inclinatus, priori fratrum ordinis Prædicatorum Sanctaranensi, Ulixbonensis diocesis, committit potestatem absolvendi dictum Johannem a quibusdam sententiis canonum, quas incurrisse dubitat, etiam si super hoc esset Apostolica Sedes merito consulenda.	Col. 528	No. 870
» 18	»	Henrico duci Sletiæ et domino Glogoniæ concedit facultatem construendi in terra suæ jurisdictioni subjecta duo monasteria ordinis s. Claræ.	595	994
» 19	»	Priori provinciali ordinis fratrum Prædicatorum provinciæ Lombardiæ Inferioris mandat, ut Jauninum quondam Petri de Musto de Venetiis absolvat ab excommunicationis sententia, quam olim incurrit pro eo quod galeam et lignamina deferri fecit in Alexandriam vendiditque Sarracenis.	248	351
» 19	»	Deputantur executores super gratia concessa Rogerio de Armanniaco faciendi visitari archidiaconatum suum Agenuensem per aliquam personam idoneam (*Vid. supra* 6 *febr.* nº 357, col. 252.)	253	358
» 19	»	Georgio de Salutiis canonicatus confertur et præbenda reservatur in ecclesia Eboracensi.	377	569
» 19	»	Bonifatio de Salutiis archidiacono Bochimkamiæ in ecclesia Lincolniensi, concedit ut archidiaconatum suum per aliquam personam idoneam visitari faciat.	377	570
» 19	»	Jacobo Bartholomæi de Senis confertur archipresbyteratus plebis de Colle, Vulteranæ diocesis.	387	597
» 19	»	Bernardo Roiardi capellano suo licentiam concedit percipiendi fructus et redditus præbendarum, quas in Xanctonensi, Caturcensi ac Petragoricensi obtinet ecclesiis, quarum canonicus existit, quandiu apud Apostolicam Sedem morabitur, vel scholasticis insistet disciplinis, aut in aliqua prædictarum ecclesiarum residentiam faciet personalem.	456	717
» 19	»	Petro Johannis Capulupi de Pontecurvo conceditur tabellionatus officium.	458	725
» 19	»	Episcopo Asisinati facultatem impertit faciendi recipi personam quamlibet idoneam in canonicum in ecclesia Asisinati ac providendi eidem de quadam præbenda.	483	776
» 19	»	Cum quodam Carisio archipresbytero ecclesiæ de Carlota, Faventinæ diocesis, dispensat ut archipresbyteratum eundem licite retineat, non obstante cujusdam irregularitatis vel inhabilitatis macula.	615	1019
» 19	»	Gaucerando de Calomonte confirmat ecclesiam s. Petri de Avist, Albiensis diocesis, quam ei diocesanus episcopus, cujusdam reservationis Bonifatii VIII ignarus, contulerat indebite.	624	1033

1304 Mart. 19	Laterani.	Abbati monasterii b. Mariæ de Cella, Pictaviensis diocesis, indulget ut, cum idem monasterium per mortem prioris claustralis et canonicorum in eo degentium sit collapsum, ea vice possit dicto cœnobio de priore claustrali et canonicis auctoritate propria providere.	Col. 633	No. 1050
» 19	»	Mercatoribus societatum Circulorum et Bardorum de Florentia ac Clarentum de Pistorio concedit ut de pecunia, quam in certis provinciis pro Romana Ecclesia receperint, retineant usque ad summas quas olim mutuarunt rectoribus provinciarum earumdem.	763	1238
» 19	»	Statuit ut nulla monialium sub cura ordinis fratrum Prædicatorum viventium ad abbatiam vel regimen alicujus monasterii alterius professionis possit assumi absque Sedis Apostolicæ licentia speciali.	769	1242
» 20	»	Regi Datiæ indulget ut, cum eum ad loca ecclesiastico supposita interdicto pervenire contigerit, liceat ei per capellanum idoneum facere celebrari divina officia.	380	579
» 20	»	Archiepiscopo Lundensi mandat ut tres clericos familiares regis Datiæ recipi faciat in canonicos in certis ecclesiis.	380	580
» 20	»	Eidem mandat ut, cum Burglanensis ecclesia vacet ad præsens, Johannem præpositum, quem concorditer canonici ejusde ecclesiæ in episcopum elegerunt, in Burglanensem episcopum confirmet.	380	581
» 20	»	Priori de Roda, Ilerdensis diocesis, mandat ut juxta tenorem cujusdam processus nuper facti contra priorissam et sorores monasterii de Zizena, prædictæ diocesis, faciat magistro et fratribus Hospitalis s. Johannis Jerosolimitani in Aragonia ab eisdem monialibus obedientiam debitam et reverentiam exhiberi.	401	629
» 20	»	Cum quibusdam personis Terracinensis diocesis dispensat super matrimonio illicite contracto.	443	700
» 20	»	Petro nato quondam Odorisii Thomasii, clerico Civitatis Papalis, conceditur tabellionatus officium.	458	723
» 20	»	Henrico de Hertelyaigton, Eboracensis diocesis, licentiam concedit habendi altare portatile. — Eadem gratia pro Carolo nato comitis Palatini et Lavaniæ [1].	562	939
» 21	»	Michaeli de Encra clerico et familiari domini papæ conceditur ut, quandiu in Romana curia vel alibi Sedis Apostolicæ insistet obsequiis, valeat fructus ac redditus beneficiorum suorum integraliter percipere.	362	544

1. Col. 562, à la date de cette pièce, lire *Au Latran 20 mars* au lieu de « Pérouse, 20 mai », et XIII kal. *aprilis* au lieu de XIII kal. « junii. »

1304				
Mart. 21	Laterani.	Gaspar de Montasia rectorem Campaniæ et Maritimæ in spiritualibus instituit.	Col. 367	No. 557
» 21	»	Electo Strigoniensi pallium concedit.	374	566
» 21	»	Olim cum Bonifatius VIII Isarnum et Johannem, tunc Rigensem ac Lundensem archiepiscopos, certis ex causis duxisset transferendos, Johannem scilicet ad Rigensem, Isarnum vero ad Lundensem ecclesias, Johannes tamen prædictus huic translationi de se factæ consentire noluit. Unde Benedictus cupiens ecclesiæ Rigensi sic vacanti de pastore idoneo providere, fratrem Fredericum ordinis Minorum, pœnitentiarium suum, dictæ ecclesiæ præfecit auctoritate apostolica in archiepiscopum, eique postmodum munus consecrationis manibus propriis impendit. Eum itaque hortatur ut ad ecclesiam suam accedens, ipsius curam gerat sollicitam.	385	594
» 21	»	Abbati monasterii s. Petri de Latigniaco, Parisiensis diocesis, ordinis s. Benedicti, concedit ut prioratum s. Genii extra muros Lectorenses, Cluniacensis ordinis, quem dictus abbas tempore translationis suæ ad monasterium de Latigniaco obtinebat, usque ad beneplacitum Sedis Apostolicæ retineat.	518	852
» 21	»	Citetur Guillelmus Vilate, qui se gerit pro abbate monasterii s. Petri de Nantho, Ruthenensis diocesis, ad comparendum coram Apostolica Sede super quibusdam suis excessibus responsurus.	600	998
» 22	»	Hugolino nato Jacobi de Solerio conferuntur canonicatus et præbenda, quæ nuper vacaverunt apud Apostolicam Sedem in ecclesia Yporiensi. Dispensatur etiam cum eo super defectu quem patitur in ordinibus et ætate.	532	878
» 22	»	Conferuntur Vitali de Mavihauto [1] capellano domini papæ canonicatus et præbenda in ecclesia Lectorensi.	629	1043
» 23	»	Cum apud civitatem Perusinam in proximo cupiat æstivare, rectori Patrimonii b. Petri in Tuscia mandat, ut, ad evitandum inibi nimiam victualium caristiam, facultatem concedat nuntiis communis Perusii emendi libere in terris et locis dicti Patrimonii granum, vinum et alia quæcumque victualia, nec non faciendi ea deferre ad civitatem supradictam sine pedagio vel gabella seu qualibet exactione. Moneat quoque rectores civitatum aliorumque locorum per Patrimonium constitutos, ne super hoc impedimentum inferre eisdem nuntiis vel quibusvis personis quoquo modo præsumant. — Eadem epistola scribitur rectori Marchiæ Anconitanæ et rectori ducatus Spoletani. Simile mandatum mittitur potestatibus, capitaneis, etc., per Patrimonium, Marchiam Anconitanam et ducatum Spoletanam constitutis.	375	567
» 23	»	Valeat Milevitanus electus recipere munus consecrationis.	377	568

1. Cf. la note de la col. 905. Col. 629, l. 26 et 29, lisez *Mavihauto* lieu de « Manihauto. »

1304				
Mart. 25	Laterani.	Magistro Bernardo Royardi capellano suo, archidiacono Xanctonensi, concedit ut per quinquennium possit archidiaconatum suum per aliquam personam idoneam facere visitari.	Col. 407	No. 643
(Janv. 13 - Mart. 25).	»	*Vid. supra* 13 *jan.*	357	534
Mart. 25	Ap. S.Petrum.	Obtentu Riccardi nati quondam Mathiæ de Annibalensibus militis, Romanorum proconsulis nec non Beneventani rectoris, archiepiscopo Neapolitano committit ut Laurentio Giroldi civi Beneventano, judicatus et tabellionatus officium conferat.	546	904
» 25	»	Regem Franciæ uxoremque et filios ejus ab omnibus excommunicationum sententiis, quibus ex quacumque causa forsitan astricti tenentur, penitus absolvit.	819	1311
» 26	»	Vacantibus canonicatu et præbenda in ecclesia s. Mariæ in Pesolis Narniensis, priori ipsius ecclesiæ conceditur licentia conferendi personæ cuilibet idoneæ canonicatum supradictum, atque de præfata præbenda eidem personæ providendi, ita ut in dicta ecclesia servetur septenarius canonicorum numerus.	439	695
» 27	»	Laurentio de s. Stephano clerico Suessionensis diocesis indulget ut, defectu natalium non obstante, ad omnes ordines promoveri possit ac beneficium ecclesiasticum obtinere.	585	980
» 29	»	Episcopo Baiocensi licentia conceditur conferendi personis quibuslibet idoneis quatuor beneficia ecclesiastica, quæ vacant ad præsens in diocesi Baiocensi.	462	733
» 29	»	Eidem episcopo conceditur ut beneficia ecclesiastica quatuor clericorum suorum, cum eos cedere vel decedere contigerit, personis quibuslibet idoneis conferre possit.	463	734
» 29	»	Pœnitentiario suo mandat, ut Contardo Carolo de Venetiis, qui sententiam excommunicationis incurrerat pro eo quod commercium fecerat cum Sarracenis, absolutionis beneficium valeat impertiri.	481	769
» 29	»	Valeat archidiaconus de Citravada in ecclesia Baiocensi, quandiu scholasticis institerit disciplinis, archidiaconatum suum per aliquam personam idoneam facere visitari.	516	845
» 30	»	Archiepiscopo Narbonensi indulget ut absolvere valeat nonnullos diocesis suæ clericos ab aliquibus sententiis nec non dispensare cum eisdem super irregularitate.	468	748
» 30	»	Eidem archiepiscopo concedit ut, non obstante prohibitione super hoc edita a Bonifatio papa VIII, recipere possit homagium a vicecomite Narbonensi pro jurisdictione et omnibus aliis, quæ dictus vicecomes in media parte ac toto burgo civitatis Narbonensis in feudum obtinet ab ecclesia Narbonensi ; addit quod archiepiscopus ac compositionem devenire valeat super prædictis cum eodem vicecomite de consensu capituli ecclesiæ memoratæ et duorum suffraganeorum suorum.	469	749

1304				
Mart. 30	Ap. S. Petrum.	Quasdam litteras prædecessoris sui confirmat, quibus Bonifatius VIII archiepiscopo Narbonensi concesserat sub certis conditionibus facultatem ordinandi et dotandi duas præbendas sacerdotales in ecclesia Narbonensi, ac instituendi in eisdem personas idoneas. Mandat igitur præfato archiepiscopo, ut ad executionem prædictarum litterarum valeat procedere.	Col. 471	No. 750
» 30	»	Archidiacono s. Flori in ecclesia Claromontensi indulget ut archidiaconatum suum usque ad biennium per aliquam personam idoneam faciat visitari.	495	808
» 31	»	Dispensat cum Rogero de Waltham rectore ecclesiæ de Langenenton, Dunelmensis diocesis, ut præter eandem ecclesiam nec non præbendam quam obtinet in ecclesia de Derlington cujus existit canonicus, beneficium aliud insuper recipere ac retinere valeat.	390	605
» 31	»	Dispensat cum Jacobino dicto Riccio, clerico Reginæ [1] diocesis illegitime nato, ut ad omnes ordines promoveri et beneficium ecclesiasticum obtinere possit, defectu natalium non obstante.	443	701
» 31	»	Dispensatio similis pro Fabiano Symonis de Lavazola clerico Cenetensis diocesis.	444	704
» 31	»	Priori et conventui fratrum Prædicatorum Duracensibus indulget, ut de usuris rapinis et aliis male acquisitis usque ad certam summam valeant recipere.	506	831
» 31	»	Priori provinciali ordinis fratrum Prædicatorum in Ungaria concedit facultatem dispensandi cum duobus fratribus sui ordinis, quos patres ipsorum ex matrimonio ab eis contracto ante susceptionem sacrorum ordinum secundum ritum Græcorum in sacerdotio genuerunt, ut ad administrationes, prælaturas et officia ejusdem ordinis assumi valeant.	507	832
» 31	»	Eidem mandat, ut aliquot fratres mittat in Albaniam, Cumaniam, Polacum et Duratium provincias, in quibus verbum Dei proponant. Eisdem fratribus diversa jura concedit.	522	860
» 31	»	Priori fratrum Prædicatorum Ragusino concedit facultatem absolvendi Marinum de Gote, Marinum de Grose et Junium de Wolcasco, cives Ragusinos, qui contra prohibitiones Sedis Apostolicæ in Alexandriam accedendo, prohibitaque victualia Sarracenis illarum partium deferendo, sententiam excommunicationis et pœnas alias incurrerunt.	524	861
» 31	»	Christi fidelibus vere pœnitentibus et confessis, qui, ad consummationem ecclesiæ fratrum ordinis Prædicatorum Ragusinorum manum porrexerint adjutricem, indulgentiam unius anni et quadraginta dierum elargitur.	527	866
» 31	»	Eadem gratia conceditur eis, qui ad consummationem ecclesiæ fratrum Prædicatorum Duracensium similiter manum porrexerint adjutricem.	527	867

1. Col. 443, l. 17 et 22 lisez *Regine* au lieu de « Reginensis. »

1304				
Mart. 31	Ap. S. Petrum.	Cum archidiaconatus ecclesiæ Duracensis jam per viginti annos et amplius vacaverit ac ejus collatio propter hujusmodi vacationem diutinam sit ad Apostolicam Sedem devoluta, Benedictus XI mandat priori fratrum ordinis Prædicatorum Duracensi, ut archidiaconatum eundem vice apostolica cuilibet personæ idoneæ conferat.	Col. 528	No. 868
» 31	»	Priori et fratribus ordinis Prædicatorum Ragusinis indulget, ut de usuris, rapinis et aliis male acquisitis recipere valeant usque ad summam centum Venetorum grossorum, in consummationem ecclesiæ quam ædificare incœperunt totaliter convertendam.	578	970
April. 1	»	Episcopo Pergamensi committit ut, una cum duobus inquisitoribus hæreticæ pravitatis sibi assistentibus restituere possit Ponrinum de Pirmardis civem Cremonensem ad pristinum statum et honores.	515	844
» 1	»	Dispensat cum Johanne dicto Loterel clerico illegitime nato, ut ad omnes ordines promoveri possit valeatque præter ecclesiam de Holin, Eboracensis diocesis, cujus rector existit, beneficium ecclesiasticum aliud recipere ac retinere.	628	1038
» 1	»	Eidem clerico indulget ut per quinquennium, quandiu studio facultatis theologicæ institerit, fructus, redditus ac proventus ecclesiæ suæ de Holin et alius beneficii, si quod ipsum obtinere contigerit, percipere valeat.	628	1039
» 1	»	Dispensetur cum Ottone nato quondam Friderici comitis de Occumburg super pluralitate beneficiorum nec non super irregularitate contracta ex eo quod dictus Otto, plura beneficia post Lugdunense Concilium assecutus, non se fecit prout tenebatur in presbyterum statutis temporibus ordinari.	640	1066
» 1	»	Eidem Ottoni concedit facultatem percipiendi proventus suos ecclesiasticos, quandiu in curia Salzeburgensis episcopi, cujus capellanus existit, ipsius episcopi insistet obsequiis.	641	1067
» 2	»	Episcopo Ostiensi, Sedis Apostolicæ legato, mandat moneat Lucanos et quosdam nobiles ac potestates earumdem partium, ut aliqua castra et loca ad episcopum et ecclesiam Lunenses spectantia, quæ quidem invadere et occupare præsumpserunt, eisdem episcopo et ecclesiæ restituant eisque satisfaciant de damnis illatis.	395	619
» 2	»	Quibusdam mandat ut Johanni electo Tharsensi pallium transmissum assignent.	398	622
» 2	»	Confirmat compositionem initam inter episcopum capitulumque Majoricenses et fratres ordinis Prædicatorum ejusdem loci super jure sepeliendi corpora decedentium in cœmeterio monasterii dictorum fratrum.	399	625

1304				
April. 2	Ap. S. Petrum.	Cancellario ecclesiæ Parisiensis mandat ut duobus fratribus ordinis [Prædicatorum ?], qui sibi fuerint juxta modum in eodem ordine observatum præsentati et alias idonei, licentiam largiatur regendi ac docendi in theologica facultate, non obstante prohibitione a Bonifatio papa VIII edita.	Col. 399	No. 626
» 2	»	Valeant fratres ordinis Prædicatorum Nivernenses quandam compositionem inire cum comite Nivernensi super eorum loco a jurisdictione temporali dicti comitis eximendo.	403	632
» 2	»	Archiepiscopo Narbonensi concedit facultatem disponendi libere de beneficiis ecclesiasticis in diocesi Narbonensi vacantibus, quorum collatio juxta Lateranensis statuta Concilii devoluta est ad Apostolicam Sedem.	468	747
» 2	»	Indulget eidem archiepiscopo ut tres clerici, familiares ejus, percipere possint fructus redditusque beneficiorum suorum, quandiu ejusdem archiepiscopi institerint obsequiis.	473	754
» 2	»	Priori et fratribus ordinis Heremitarum s. Augustini civitatis Ortanæ licentiam impertitur vendendi vel permutandi aut alienandi locum, quem ad præsens obtinent in civitate prædicta, ac transferendi se ad monasterium aliud, quod infra civitatem eandem ædificare proponunt.	547	906
» 2	»	Angelo Be[n]venuti de Camoraca canonico ecclesiæ s. Bartholomæi de Trevellaria, Tudertinæ diocesis, confertur beneficium quod duxerit acceptandum in civitate vel diocesi Tudertina. Dispensatur quoque cum eo super pluralitate beneficiorum.	571	955
» 2	»	Fratribus ordinis Minorum provinciæ Datiæ conceduntur conservatores super executione constitutionis *Inter cunctas*.	758	1229
» 2	»	Ordinem fratrum Minorum a jurisdictione quorumlibet prælatorum de novo eximit, decernens ordinem ipsum Apostolicæ Sedi et Romano pontifici nullo medio subjacere.	759	1231
» 2	»	Regem Franciæ, quem nuper absolvit ab omnibus excommunicationum sententiis, paterne monet ut Apostolicæ Sedis gratiam velut obedientiæ filius suscipiat et ad obedientiam matris Ecclesiæ se convertat.	820	1312
» 2	»	Deputantur conservatores super executione constitutionis *Inter cunctas*.		
» 2	»	In e. m. scribitur aliis conservatoribus.	822	1313
» 3	»	Regi Franciæ significat se Andræam abbatem monasterii Liskensis ecclesiæ Noviomensi præfecisse in episcopum ; regem hortatur eundem ut dictum Andræam propensius commendatum habeat[1].	822	1314
			252	356

1. Col. 252, à la date de cette pièce, lisez *A Saint-Pierre* au lieu de « Au Latran. »

1304				
April. 3	Ap. S. Petrum.	Petrum, quem Bonifatius papa VIII Signinæ ecclesiæ tunc vacanti præfecerat in episcopum, eundem hortatur ut ad Signinam ecclesiam accedens, ipsius curam et administrationem diligenter suscipiat.	Col. 389	No. 602
» 3	»	Valeat Dunelmensis episcopus usque ad summam quatuor millium florenorum auri mutuum contrahere pro suis et ecclesiæ suæ negotiis apud Apostolicam Sedem expediendis.	390	603
» 3	»	Ut possit Noviomensis electus recipere munus consecrationis.	402	630
» 3	»	Episcopo Dunelmensi indulget ut, cum Bibliensis episcopus ecclesia sua fuerit expulsus a Sarracenis et rebus suis ac redditibus spoliatus, eidem episcopo ad ipsius inopiam relevandam concedere possit prioratum de Goldingham, Sancti Andreæ diocesis.	404	634
» 3	»	Vacante ecclesia Ferrariensi per resignationem Ottoboni de Carreto, ipsius ecclesiæ electi, frater Guido prior provinciæ Lombardiæ Inferioris ordinis Prædicatorum eidem præficitur ecclesiæ in episcopum et pastorem.	408	646
» 3	»	Præposito Brugensis ecclesiæ, Tornacensis diocesis, concedit ut quinque canonicatus vacantes ad præsens in eadem ecclesia quinque clericis idoneis possit conferre, eisdem providendo de totidem præbendis.	420	662
» 3	»	Indulget archidiacono Leodiensi ut archidiaconatum suum per aliquam personam idoneam visitari faciat.	420	663
» 3	»	Præposito Brugensis ecclesiæ, Tornacensis diocesis, indulget ut duo clerici, ejus obsequiis insistentes, fructus beneficiorum suorum possint percipere usque ad triennium.	429	672
» 3	»	Electo Vicentino supplicante, confertur Gabrieli de Monte Silice canonico Brixiensi beneficium ecclesiasticum, quod acceptandum duxerit in civitate vel diocesi Paduana.	492	795
» 3	»	Jordano Merle canonicatum confert præbendamque reservat in ecclesia Baiocensi.	494	805
» 3	»	Valeat Panormitanus archiepiscopus contrahere mutuum usque ad summam mille florenorum auri.	652	1090
» 3	»	Eidem concedit, ut duabus personis conferre possit tabellionatus officium.	653	1092
» 3	»	Eidem, ut, cum ecclesia Panormitana propter absentiam canonicorum in ea residere non curantium patiatur defectum in divinis officiis, duas personas idoneas in eadem ecclesia recipi faciat in canonicos.	653	1093

1304				
April. 3	Ap. S. Petrum.	Cum nonnulli Panormitanæ diocesis sine aliquo titulo detineant ecclesias et beneficia, quorum collatio secundum Lateranensis statuta Concilii devoluta est ad Apostolicam Sedem, archiepiscopo Panormitano conceditur ut, amotis exinde detentoribus hujusmodi, ecclesias et beneficia supradicta personis idoneis conferat.	Col. 654	No. 1094
» 3	»	Eidem archiepiscopo concedit ut compellat nonnullos rectores et clericos suæ diocesis ad faciendum personalem residentiam in ecclesiis et beneficiis quæ ibidem obtinent.	655	1095
» 3	»	Electo Cephaludensi mandat ut de bonis ecclesiæ Panormitanæ, quæ a nonnullis pro magna parte nequiter occupari dicuntur, archiepiscopo Panormitano faciat justitiæ complementum exhiberi.	655	1096
» 3	»	Processum factum contra illos falsos et impios Christianos qui cum Sarracenis communicant in Christiani populi et Terræ Sanctæ dispendium (*vid.* n° 1101. *col.* 659) duci, consilio ac communi Venetiarum transmittit, eis districte mandans ut processum ipsum observent et a subditis suis faciant observari [1].	822	1315
» 4	»	Rectori parochialis ecclesiæ de Mansaco, Tholosanæ diocesis, licentiam elargitur studendi in jure per quinquennium et percipiendi per ipsum tempus proventus et fructus ecclesiæ supradictæ.	404	635
» 4	»	Deputantur executores super negotio mutui mille marcharum argenti, quod Roskildensis episcopus ex licentia Sedis Apostolicæ nuper contraxit pro suis et ecclesiæ suæ negotiis apud Romanam curiam expediendis.	406	640
» 4	»	Mandat ut Aynulfo, nato Robacastelli de Rohiate laici Mediolanensis diocesis, conferatur vel reservetur unum ex illis officiis, quæ in diversis provinciæ Mediolanensis ecclesiis ad collationem archiepiscopi spectant et in eisdem partibus *superstantiæ* vulgariter nuncupantur.	406	641
» 4	»	Roberto nato Rambaldi de Tervisio, familiari suo, ac Aliotæ Guidonis indulget ut matrimonium valeant contrahere non obstante quarto gradu consanguinitatis.	428	669
» 4	»	Duabus personis civitatis Januensis indulget ut matrimonium contrahere valeant non obstante quarto consanguinitatis gradu [2].	443	699
» 4	»	Parentino et Veglensi episcopis mandat ut Candium et Odericum diaconos, canonicos ecclesiæ Polensis, qui diversas offensas episcopo Polensi inferre præsumpserunt et alia enormia commiserunt, citent ad comparendum coram Apostolica Sede pro meritis recepturos.	466	745

1. Voy. la note 1 de la col. 823.
2. Col. 443, l. 5 lisez *Garvagni* au lieu de « Carmeyni. »

1304				
April. 4	Ap. S. Petrum.	Priori et conventui fratrum ordinis Prædicatorum Cremonensibus concedit facultatem vendendi vel distrahendi locum s. Guilielmi ad ipsos pertinentem.	Col. 492	No. 798
» 4	»	Eisdem ecclesiam s. Martini Cremonensis sitam prope locum eorum, quam eis Nicolaus IV concesserat, confirmat.	509	838
» 4	»	Alexandro nato Michaelis Mauretini de Venetiis, canonico Cameracensi, facultatem elargitur percipiendi usque ad quinquennium, quandiu scholasticis insistet disciplinis, fructus redditusque ac proventus præbendæ suæ Cameracensis.	651	1087
» 4	»	Ut possit Panormitanus archiepiscopus monasterio s. Mariæ de Cripta Panormitanæ, ordinis s. Basilii, dudum vacanti providere de abbate.	652	1091
» 6	»	Confertur Petro dicto Nannetis canonicatus cum præbenda in ecclesia Nannetensi.	434	682
» 6	»	Regem Franciæ monet et hortatur ut Robertum Cabilonensem episcopum ac ejus ecclesiam propitius commendatos habeat, eisque bona temporalia et jura ipsorum, quæ nomine dicti regis detineri dicuntur, prompta liberalitate restitui faciat.	438	694
» 6	»	Constitutionem a Bonifatio VIII editam, quæ vulgariter *Mare Magnum* nuncupatur et in qua libertates, privilegia juraque ordinis fratrum Prædicatorum confirmantur, de novo promulgat et communit.	545	902
» 6	»	Obtentu regis Datiæ dispensat cum Hermanno, ipsius regis capellano, super pluralitate beneficiorum.	579	972
» 6	»	Valeat Januensis archiepiscopus quibusdam civibus concedere licentiam ædificandi de novo quandam ecclesiam infra parochiam ecclesiæ s. Mariæ de Vineis Januensis.	591	988
» 6	»	Suasu et consideratione ducis Britaniæ, confert Thomæ de Anasto decanatum, canonicatum et præbendam Andegavensis ecclesiæ, quæ nuper apud Apostolicam Sedem vacaverunt per liberam resignationem magistri Egidii Rigaudi, olim ejusdem ecclesiæ canonici et decani.	615	1017
» 8	»	Consideratione regis Francorum, mandat ut Phylippo de Mornayo provideatur de quodam personatu vel dignitate in ecclesia Baiocensi, cujus idem Phylippus canonicus existit.	431	676
» 8	»	Obtentu Mathæi s. Mariæ in Porticu diaconi cardinalis, conferuntur Jacobo Mathæi Rubei de filiis Ursi, ipsius cardinalis consobrino, canonicatus, præbenda, præpositura nec non præstimonia, quæ vacant ad præsens in ecclesia Barchinonensi per promotionem Guillelmi olim canonici et præpositi Barchinonensis ad episcopatum Majoricensem.	478	761

1304				
April. 8	Ap. S. Petrum.	Consideratione Tusculani episcopi pro Johanne Palmerii de Turre consanguineo suo supplicantis, eidem Johanni confertur præpositura ecclesiæ s. Bartholomæi Leodiensis, quæ vacat ad præsens per promotionem Johannis præpositi ad episcopatum Pactensem.	Col. 559	No. 932
» 8	»	Benedicto Malocello et Catelinæ Oddoardi Spinolæ, civibus Januensibus, indulget ut non obstante quarto consanguinitatis gradu matrimonium invicem contrahere possint.	562	938
» 8	»	Reclusis Urbis quendam visitatorem deputat.	768	1240
» 9	Ap. Castrum Insule Pontis Veneni [1].	Ponzello quondam Ursi de filiis Ursi indulget ut habere possit altare portatile.	394	618
» 10	Ap. Mont. Rosolum [2].	Petitioni Florentinorum annuens, eis potestatem pro sex mensibus eligit ac nominat. Ipsos insuper hortatur ut pro reformatione status pacifici civitatis Florentiæ Ostiensi episcopo, Sedis Apostolicæ legato, efficaciter assistant.	824	1316
» 13	Viterbii.	Pandulfo nato Capotiæ quondam Pandulfi dicti de Cardinali beneficium ecclesiasticum confert, quod duxerit acceptandum in Balneoregensi civitate vel diocesi.	563	942
» 14	»	Certis conservatoribus mandat, ut monasterium s. Andreæ Vercellensis sub sua protectione suscipiant atque contra molestatores strenue tueantur.	428	670
» 14	»	Caveat Dunelmensis episcopus ne fructus, redditus ac proventus ecclesiæ s. Andreæ de Cestratona, Elyensis diocesis, multo plus quam valeant occasione solutionis decimæ taxentur.	429	671
» 14		Baldoyno nato Leonis de Mirvaldo Cevæ, et Verdinæ filiæ Antonii de Carreto, indulget ut ad sedandas inimicitias inter patres eorum exortas matrimonium contrahere valeant, non obstante quarto consanguinitatis gradu.	429	673
» 14	»	Abbati monasterii de Capite Montis, Januensis diocesis, committit potestatem absolvendi Petrum Malocelli civem Januensem ab excommunicationis sententia, nec non mitigandi pœnas et mulctas, quas dictus Petrus incurrerat pro eo quod indebite communicaverat cum Sarracenis.	430	674
» 14	»	Cum aliqui de domibus et generibus Bordorinorum et Guidalardorum Vercellensis diocesis sperent per legitima documenta posse probare progenitores suos fuisse quondam absolutos a quibusdam sententiis et pœnis in eos prolatis ab Innocentio IIII, mandatum datur certis executoribus super receptione probationum hujusmodi.	432	681

1. Isola Farnese.
2. Monterosi.

1304				
April. 14	Viterbii.	Abbati et conventui monasterii s. Andreæ Vercellensis ecclesiam castri s. Germani, diocesis Vercellensis, in proprios usus concedit sub certis conditionibus et censu diocesano episcopo annuatim solvendo.	Col. 459	No. 726
» 14	»	Confirmat compositionem initam inter priorem conventumque fratrum ordinis Prædicatorum Barchinoniæ civitatis, ex parte una, et Petrum episcopum canonicosque Barchinonenses ac clerum parochialem ejusdem diocesis, ex altera, super jure sepeliendi in cœmeterio dictorum fratrum corpora illorum, qui apud eos eligunt sepulturam.	507	833
» 15	»	Guillelmo Oberti Fulgosii canonicatus confertur præbendaque reservatur in ecclesia Burgensi.	456	716
» 15	»	Cum duabus personis diocesis Elnensis dispensat, ut in matrimonio olim illicite contracto, quarto duplicis affinitatis gradu non obstante, libere remaneant.	493	799
» 15	»	Certis executoribus mandat ut magistro Petro Gymardi, juris civilis professori, dignitatem quandam vacantem vel quam primo vacaturam in ecclesia Ambianensi conferant.	504	823
» 15	»	Priori fratrum ordinis Prædicatorum Bituricensi committit potestatem dispensandi cum quibusdam civitatis Bituricensis, ut non obstante quarto consanguitatis gradu in matrimonio contracto valeant remanere.	532	876
» 16	»	Episcopo Ostiensi, Apostolicæ Sedis legato, mandat, moneat iterum et inducat rectores civitatis Pistoriensis, ut a processibus, quos contra Baldum de Floraventis et consanguineos ejus facere moliuntur, omnino desistant. Faciat insuper dictus legatus teneri et custodiri domos ac turres prædictorum Baldi et consanguineorum ejus, ne rectores præfati eas audeant diruere.	421	664
» 16	»	Eracleo de s. Necterco [1] provideatur de quodam personatu, officio vel dignitate in ecclesia Brivatensi, Claromontensis diocesis, cujus canonicus existit.	430	675
» 16	»	Abbati et conventui monasterii s. Antonii, Viennensis diocesis, indulget ut ipse abbas et quilibet antistes catholicus, quem super hoc requirendum duxerint, reconciliare possint ecclesias et cœmeteria ad dictum monasterium spectantia, nec non ordinare canonicos ipsius monasterii. Habeant quoque campanas in capellis et ecclesiis suis.	460	730
» 16	»	Prioratum s. Crucis de Quinto, ordinis s. Augustini, quem olim Diensis et Valentinus episcopus monasterio s. Antonii, Viennensis diocesis, auctoritate ordinaria concesserat, dicto monasterio confirmat.	487	784

1. Col. 430, l. 44, et col. 431, l. 3, lisez *Nectereo* au lieu de « Nercereo. »

1304				
April. 16	Viterbii.	Abbati et conventui ejusdem monasterii indulget ut prioratum de s. Medardo, ordinis s. Augustini, Diensis diocesis, unire valeant dicto monasterio.	Col. 487	No. 785
» 16	»	Omnibus archiepiscopis, episcopis, abbatibus aliisque ecclesiarum prælatis mandat, ut quoscumque quæstuarios, qui ad eorum loca vel ecclesias nomine monasterii s. Antonii accesserint pro eleemosynis ibidem colligendis, minime recipiant, nisi ab abbate et conventu dicti monasterii fuerint specialiter destinati.	487	786
» 16	»	Priori de s. Valerio, Viennensis diocesis, mandat ut abbatem et conventum supradicti monasterii a vexantibus sollicite strenueque tueatur.	487	787
» 16	»	Decanum ecclesiæ Vapincensis rogat et hortatur, ut abbati et conventui ejusdem monasterii efficaciter assistat neque eosdem ab aliquibus injuriis affici vel alias injuste molestari permittat. — In e. m. pro eisdem diversis aliis conservatoribus.	618	1024
» 17	»	Priori monasterii s. Andreæ Taurinensis mandat, ut compescat illos qui priorissæ ac conventui monasterii s. Mariæ de Revello, ordinis s. Augustini, Taurinensis diocesis, molestias inferre præsumpserint.	432	678
» 17	»	Pandulfo de Sabello notario suo licentiam concedit percipiendi insimul fructus omnium beneficiorum suorum.	434	683
» 18	»	Certis executoribus mandat, ut Raymundo de Botovilla, clerico Tholosanæ diocesis, beneficium ecclesiasticum conferant in ecclesia Tholosana, cujus annui redditus, si illi animarum cura imminet, centum librarum, si vero eadem cura non imminet, octoginta librarum Turonensium parvorum summam non excedant.	525	864
» 18	»	Liceat episcopo Bambergensi concedere fratribus ordinis Prædicatorum qui cum ipso fuerint, ut cibis prohibitis vesci possint.	634	1053
» 18	»	Valeat idem episcopus elargiri duobus clericis quibuslibet suæ diocesis licentiam recipiendi ac insimul retinendi duo beneficia ecclesiastica, si ea ipsis canonice offerantur [1].	634	1054
» 18	»	Eidem episcopo permittit ut ecclesias et cœmeteria suæ diocesis, quæ forte violari contigerit, per idoneos presbyteros reconciliari facere valeat.	635	1055
» 18	»	Eidem, ut possit absolvere ab excommunicationis sententia clericos et laicos suæ diocesis, qui pro injectione manuum in personas ecclesiasticas nec non pro violatione ecclesiarum taliter sunt innodati. Valeat præterea cum hujusmodi clericis dispensare super irregularitate, si quam forte contraxerint.	635	1056

1. Cette pièce doit-être datée du 18 et non du 15.

1304				
April. 18	Viterbii.	Eidem, ut possit dispensare super duobus matrimoniis illicite contractis, prout sibi videbitur expedire.	Col. 636	No. 1057
» 18	»	Liceat eidem episcopo conventum fratrum ordinis Prædicatorum in aliquo loco suæ diocesis collocare.	636	1058
» 18	»	Eidem episcopo licentiam elargitur dispensandi super pluralitate beneficiorum cum duobus clericis suæ diocesis de quibus sibi videbitur.	637	1059
» 18	»	Cum nonnulli prædecessores Bambergensis episcopi palafredos, quos Ecclesiæ Romanæ in signum fidelitatis assignare tenebantur, eidem Ecclesiæ per plures annos omiserint exhibere, omnes palafredos sic non datos episcopo supradicto et ejus ecclesiæ remittit et donat.	637	1060
» 18	»	Eidem concedit liberam facultatem faciendi recipi quatuor personas idoneas in canonicos in sua Bambergensi et in tribus aliis collegiatis ecclesiis suæ diocesis, videlicet singulas in singulis, atque eisdem providendi de præbendis vacantibus seu quam primum vacaturis.	638	1061
» 18	»	Eidem, ut possit absolvere nonnullos suæ diocesis ab excommunicationis sententia, in cujus laqueum inciderunt pro eo quod constitutionem Bonifatii VIII quæ incipit *Clericis laicos* non servarunt.	638	1062
» 18	»	Eidem episcopo indulget, ut duabus personis idoneis tabellionatus officium conferre possit.	639	1063
» 18	»	Archiepiscopo Salzeburgensi committit, ut collationes et concessiones ecclesiarum, quas olim nonnulli Bambergenses episcopi fecisse dicuntur in ejusdem ecclesiæ detrimentum, provide revocet; easdem insuper ecclesias personis idoneis assignare procuret.	639	1064
» 18	»	Supplicante Bambergensi episcopo, dispensat cum Hermanno familiari et capellano ejusdem episcopi super pluralitate beneficiorum.	640	1065
» 18	»	Capellam regis Francorum sitam in civitate Parisiensi ab archiepiscopi Senonensis et cujuscumque alterius juridictione ac potestate totaliter liberat. Thesaurarius autem dictæ capellæ jurisdictionem obtineat in personas degentes in ea, quibus Benedictus XI concedit licentiam percipiendi insimul fructus omnium beneficiorum suorum.	777	1251
» 18	»	Regi Francorum gratia quædam conceditur super sepultura regum et reginarum Franciæ ac illorum qui eis sunt quarto consanguinitatis gradu conjuncti.	779	1252

1304				
April. 18	Viterbii.	Decretum revocat quo Bonifatius VIII omnes de regno Franciæ potestatem habentes licentiandi magistros aut doctores in theologica facultate seu in jure canonico vel civili ad hujusmodi potestate suspenderat.	Col. 783	No. 1255
» 18	»	Decretum revocat quo Bonifatius VIII provisionem omnium ecclesiarum cathedralium vel regularium, quæ tunc in regno Franciæ vacarent vel quas vacare contingeret in futurum, dispositioni Sedis Apostolicæ reservaverat.	783	1256
» 21	Ap. Montemflasconem [1]	Cum locus et perpetuum beneficium, quæ magister Petrus Andreæ de Fontesio olim clericus ecclesiæ s. Laurentii de Abano, Paduanæ diocesis, in eadem ecclesia obtinebat, per liberam resignationem ipsius nuper factam apud Apostolicam Sedem vacare noscantur, ea Benedictus XI confert Avezaco [2] quondam Martii de Montemerlo.	477	759
» 21	»	Petro de de Colingeburn, qui olim, cum subdiaconus tantum existeret, ecclesiam parochialem de Kemesene, Wigorniensis diocesis, obtinuit nec se fecit prout tenebatur in presbyterum ordinari, Benedictus remittit et donat fructus redditusque ac proventus indebite perceptos ex eadem ecclesia, decernens insuper ut ipsam præfatus Petrus de cætero retinere valeat.	519	855
» 21 [3]	»	Mercatoribus cameræ apostolicæ concedit ut de pecunia, quam ex proventibus terrarum Ecclesiæ pro ipsa Ecclesia receperint, retinere valeant usque ad certam summam, quam olim rectoribus Patrimonii et Romaniolæ de mandato Sedis Apostolicæ mutuarunt.	769	1243
» 22	Vulsenae [4]	Reginæ Francorum indulget ut monasterium s. Claræ juxta Pruvinum cum liberis suis et aliquibus aliis personis intrare valeat, quibuscumque statutis vel consuetudinibus non obstantibus.	790	1264
» 22	»	Eidem indulget ut quæcumque alia monasteria monialium seu sororum, cujuscumque ordinis, similiter intrare valeat.	791	1265
» 22	»	Liceat ejusdem reginæ confessori intrare monasteria monialium seu sororum, quorumlibet ordinum, ad quæ transmissus fuerit ab eadem regina.	791	1266
» 22	»	Valeat confessor supradictus audire confessiones reginæ ac familiarium ejus utriusque sexus, ipsis pœnitentias injungere et absolutionis beneficium impertiri.	791	1267

1. Montefiascone.
2. Voy. la note 2 de la col. 885.
3. Sur la date de cette pièce voy. la note de la col. 770.
4. Bolsena.

1304				
April. 29	Vulsenæ.	Cunctis fidelibus, qui ecclesiam s. Christinæ de Vulsena, Urbevetanæ diocesis, in festivitatibus ejusdem sanctæ devote visitarint, indulgentiam unius anni et quadraginta dierum promittit.	Col. 334	No. 503
Maii 2	Perusii.	Magistro Beltramo de Mediolano, capellano suo, concedit ut quandiu Sedis Apostolicæ institerit obsequiis fructus beneficiorum suorum percipiat integraliter.	548	908
» 7	»	Vertente dudum gravi discordia inter commune Venetiarum et Aquilegensem patriarcham super interpretatione cujusdam compositionis, fuit ab eisdem partibus in Bonifatium papam VIII et postea in Benedictum XI compromissum. Qui quidem Benedictus per præsentes litteras mandat patriarchæ Gradensi, ut partibus supradictis diem dicat ad comparendum per procuratores idoneos coram Apostolica Sede recepturis quod justitia suadebit: moneat tamen partes ipsas ut pendente lite ab omnibus novitatibus prorsus abstineant.	825	1317
» 8	»	Infradictis inquisitionem super statu monasterii s. Salvatoris Papiensis, ordinis s. Benedicti, ac reformationem ejusdem monasterii committit.	476	755
» 8	»	Abbas monasterii s. Johannis Parmensis restituitur ad administrationem ejusdem cœnobii, quod quidem Bonifatius VIII olim propter absentiam ipsius abbatis commendaverat episcopo Parmensi tenendum et gubernandum usque ad Apostolicæ Sedis beneplacitum voluntatis.	770	1244
» 8	»	Valeat Parmensis episcopus concedere abbati supradicto licentiam contrahendi mutuum usque ad summam mille florenorum auri.	771	1245
» 9	»	Roberto duci Calabriæ primogenito regis Siciliæ, ac Sanciæ filiæ regis Majoricarum indulget ut matrimonium invicem contrahere valeant, non obstantibus secundo affinitatis et quarto consanguinitatis gradibus.	440	697
» 9	»	Consideratione electi Vicentini, Lazaræ Hengulfi de Comitibus de Padua, moniali illegitime natæ, indulget ut ad omnes prælaturas ordinis s. Benedicti promoveri possit.	457	719
» 10	»	Bononienses monet et hortatur, ut quædam statuta ab ipsis edita contra episcopum et clerum civitatis ejusdem nec non contra libertatem ecclesiasticam provide revocent.	452	712
» 10	»	Dispensat cum duabus personis Augustensis diocesis super matrimonio illicite contracto, eisque indulget, ut non obstante quarto gradu consanguinitatis in eodem matrimonio valeant remanere. Prolem insuper ex ipsis susceptam vel suscipiendam legitimam nuntiat.	585	979

1304				
Maii 10	Perusii.	Hugueto nato Symonis de Carmeyno civis Januensis conferuntur thesauraria, canonicatus ac præbenda Nimociensis ecclesiæ, quæ nuper apud Apostolicam Sedem vacaverunt per liberam resignationem Bartholini de Flisco.	Col. 626	No. 1035
» 10	»	Certis executoribus committit curam et potestatem absolvendi personas ecclesiasticas regni Franciæ, quæ sententias excommunicationis incurrerunt pro eo quod procurationes debitas cuidam cardinali Sedis Apostolicæ legato in statutis terminis non solverunt.	771	1246
» 11	»	Pontio de Castillione, canonico ecclesiæ Carcassonensis, conceditur ecclesia quædam cum cura vel sine cura, ad collationem Carcassonensis episcopi spectans, quam primum in civitate vel diocesi Carcassonensi vacatura.	457	720
» 11	»	Archidiacono Bononiensi indulget, ut archidiaconatum suum per aliquam personam idoneam usque ad triennium visitari faciat.	463	735
» 11	»	Valeat idem archidiaconus percipere fructus beneficiorum suorum quandiu Sedis Apostolicæ institerit obsequiis.	463	736
» 11	»	Comiti Sabaudiæ concedit ut quatuor clerici, qui ejus obsequiis insistunt, fructus, redditus et proventus beneficiorum suorum percipere possint usque ad quinquennium.	482	772
» 11	»	Quibusdam executoribus mandat moneant et inducant Lugdunensem et Viennensem archiepiscopos, Valentinum episcopum, nec non abbatem monasterii s. Eugendi Jurensis, ut ab auxilio quod dalfino Viennensi præstant in guerra quam ille habet cum comite Sabaudiæ prorsus abstineant.	482	773
» 11	»	Obtentu Ludovici domini Vaudi pro Petro de Sabaudia fratre suo in hac parte supplicantis, confertur eidem Petro dignitas cum cura vel sine cura in ecclesia Carnotensi.	483	774
» 11	»	Aymoni filio comitis Sabaudiæ, archidiacono Eboracensis ecclesiæ, indulget ut, cum scholasticis insistens disciplinis nequeat visitare personaliter archidiaconatum supradictum, eundem per aliquam personam idoneam usque ad quinquennium possit facere visitari.	483	775
» 11	»	Cum ecclesia Paduana debitorum onere sit oppressa, Benedictus XI volens ei de alicujus subventionis remedio providere, monasterium de Pratalia, ordinis s. Benedicti, Paduanæ diocesis, episcopo Paduano usque ad duos annos commendat, eidem largiendo licentiam disponendi libere de redditibus prædicti monasterii, ut exinde commodius valeat incumbentia sibi expensarum onera supportare.	565	945

1304				
Maii 11	Perusii.	Homines et civitatem communis Velletrensis nec non eorum sequaces absolvit a quibusdam sententiis, bannis et condemnationibus.	Col. 585	No. 981
» 11	»	Valeat Rigensis archiepiscopus concedere duabus personis idoneis tabellionatus officium.	620	1027
» 11	»	Mandat ut Jacobello nato Petri Bellimontis de Parleonibus civis Romani, præter canonicatum quem obtinet in ecclesia s. Angeli de Urbe, assignetur unum vel plura beneficia in diocesi Capuana, cujus vel quorum redditus annui valorem decem unciarum auri non excedant. Collationem autem ipso Jacobello factam de canonicatu vacante in ecclesia s. Mariæ de Transtiberim de Urbe revocatam declarat.	628	1041
» 12	»	Communi civitatis Januensis scribit de quibusdam verbis olim a Bonifatio papa VIII coram cardinalibus editis super prohibitione commercii cum Sarracenis.	363	546
» 12	»	Tagino de Boncosis civi Mantuano confirmat tres partes decimarum ad ecclesiam Veronensem in loco de Boncosis spectantium, quæ nuper dicto Tagino in feudum perpetuum sunt concessæ.	442	698
» 12	»	Dispensat cum magistro Hugone Sampsonis super irregularitate et macula, quas contraxit retinendo sine licentia Sedis Apostolicæ quatuor ecclesias in Eboracensi, Norwicensi et Lincolniensi diocesibus. Fructus exinde perceptos ei remittit, ipsique concedit ut easdem ecclesias, una tamen dimissa, valeat insimul retinere.	482	771
» 12	»	Quibusdam committit facultatem absolvendi communitatem civitatis Januensis nec non aliquos de civitate eadem ejusque districtu ab excommunicationum sententiis et pœnis temporalibus vel spiritualibus, quas olim incurrerunt, pro eo quod Siculis ac regi Frederico tunc in rebellione Romanæ Ecclesiæ persistentibus favorem et auxilium exhibuerant.	500	818
» 12	»	Eisdem concedit licentiam absolvendi ab excommunicationum sententiis cæterisque pœnis et mulctis, quas incurrerunt accedendo contra inhibitionem Sedis Apostolicæ ad Sarracenorum partes, omnes de civitate et districtu supradictis, qui propter paupertatem et alias causas Romanam curiam adire nequeunt pro absolutionis beneficio obtinendo, dummodo mercatores seu patroni navigabilium vasorum non fuerint nec illuc mercimonia vetita portaverint.	501	819
» 12	»	Civitatem Januensem et singulares personas civitatis ipsius ejusque districtus restituit ad gratias, privilegia et indulta eis ab Apostolica Sede concessa, quæ certis ex causis Bonifatius VIII duxerat revocanda.	502	820

1304				
Maii 12	Perusii.	Petro quondam Consilii de Circulis clerico Florentino confertur beneficium ecclesiasticum quod duxerit acceptandum in Florentina vel Fæsulana civitatibus seu diocesibus.	Col. 568	No. 950
» 12	»	Liceat episcopo Fuliginati condere testamentum.	571	957
» 12	»	Mandat ut Gottifrido de Chremsa subdiacono Pataviensis diocesis conferatur beneficium quoddam ecclesiasticum, ad collationem Pataviensis episcopi spectans, cujus tamen annui redditus, secundum æstimationem decimæ de illo hactenus persolutæ, summam quinquaginta marcharum argenti non excedant.	588	984
» 12	»	Obtentu Henrici comitis Ruthenensis pro Amalvino de Landora consanguineo suo supplicantis, confertur dicto Amalvino canonicatus et præbenda reservatur in ecclesia Ruthenensi. Eidem Amalvino conceditur dispensatio super defectu natalium et ætatis.	602	999
» 12	»	Petro Pagani rectori parochialis ecclesiæ ss. Quirici et Julitæ de Aygone, Albiensis diocesis, indulget ut prædictam ecclesiam, quam dudum indebite retinuit, cum fructibus perceptis ex eadem licite retinere possit.	625	1034
» 12	»	Pœnam constitutionis Bonifatii VIII *Clericis laicos* restringit ad eos tantummodo, qui sæculares exactiones ab ecclesiasticis personis exigere præsumpserint vel exigi procurarint.	792	1269
» 13	»	Universis Christi fidelibus, qui ad consummationem ecclesiæ s. Stephani, ad ordinem fratrum Prædicatorum Pergamensium pertinentis, manum porrexerint adjutricem, indulgentiam unius anni et quadraginta dierum elargitur.	484	777
» 13	»	Priorissæ et conventui monasterii s. Mariæ Matris Domini Pergamensis confirmat monasterium monialium s. Petri de Brozate de Urgnano et ecclesiam s. Georgii de Ingiascha, quæ quondam Guiscardus Pergamensis episcopus dicto monasterio s. Mariæ univerat, statuitque ut dicta unio servetur, non obstante quod in eadem capituli ecclesiæ Pergamensis non intervenit assensus.	484	778
» 13	»	Priori et conventui ordinis fratrum Prædicatorum Pergamensibus concedit licentiam disponendi libere de beneficiis vacaturis in ecclesia s. Stephani Pergamensis quam obtinent, quodam contrario statuto nequaquam obstante.	485	779
» 13	»	Consideratione Viscontæ Gatti militis conceditur Bellebono Henrici Belleboni, ipsius Viscontæ consanguineo, beneficium ecclesiasticum, quod duxerit acceptandum in ecclesia Viterbiensi.	534	881
» 13	»	Personas ecclesiasticas nec non barones nobilesque et laicos alios de regno Franciæ totaliter absolvit ab excommunicationum sententiis, quibus propter captionem Bonifatii VIII vel alios excessus ex processibus ejusdem Bonifatii aut prædecessorum ipsius tenentur astricti. Absolutionem vero Guillelmi de Nogareto sibi et Apostolicæ Sedi specialiter reservat.	780	1253

1304				
Maii 13	Perusii.	Omnes processus habitos a Bonifatio papa VIII contra regem Franciæ ac ejus regnum, consiliarios, familiares, officiales et fautores ipsius, nec non sententias et pœnas in eosdem promulgatas Benedictus XI revocat; ipsos reducit atque reponit in pristinum statum, Guillelmo de Nogareto dumtaxat excepto.	Col. 781	No. 1254
» 13	»	Interdictum cui subjacet Appamiarum villa ex quodam decreto Bonifatii VIII, et excommunicationis sententiam quam idem pontifex tulerat generaliter in fautores comitis Fuxensis usque ad Apostolicæ Sedis beneplacitum suspendit.	784	1257
» 13	»	Ecclesiasticum interdictum cui Lugdunensis civitas subjacet usque ad triennium suspendit.	785	1258
» 13	»	Omnibus prælatis, doctoribus et magistris regni Franciæ, qui olim vocati ad Apostolicam Sedem per certas Bonifatii VIII litteras non comparuerunt termino constituto, Benedictus XI remittit inobedientiam hujusmodi, contumaciam et contemptum.	785	1259
» 13	»	Decretum revocat quo Bonifatius VIII damnavit memoriam Petri Flote, privavit filios ejus omnibus beneficiis, dignitatibus, officiis et gratiis, ipsosque ac posteritatem dicti Petri usque ad quartam generationem inhabiles reddidit ad ecclesiastica beneficia ulterius assumenda.	785	1260
» 13	»	Beraldum dominum Mercorii, consiliarium et nuntium regis Franciæ, absolvit ab omnibus sententiis et pœnis quas ex processibus Bonifatii VIII vel alias regi adhærendo prædicto forsan incurrerit. — In e. m. pro Guillelmo de Plasiano. — In e. m. pro Petro de Bellapertica.	789	1263
» 13	»	Cum Parmensis episcopus cupiat in ecclesia Baptisterii Parmensis cultum divinum et ministrorum numerum adaugere, ei Benedictus indulget ut præfatæ ecclesiæ pro cultu et numero hujusmodi ampliandis aliquas de ecclesiis ad suam collationem spectantibus nec populum habentibus valeat concedere.	793	1270
» 13	»	Eidem episcopo concedit licentiam adaugendi in præfata ecclesia tam canonicorum quam aliorum ministrorum numerum, distinguendi quoque præbendas et statuta condendi in eadem.	794	1271
» 14	»	Magistro Bernardo præposito Suessionensis ecclesiæ indulget ut omnium beneficiorum suorum fructus ac proventus percipiat, quandiu Sedis Apostolicæ institerit obsequiis.	460	728
» 14	»	Indulgentia unius anni, et quadraginta dierum conceditur eis, qui monasterio s. Claræ Yporiensis, ordinis ejusdem sanctæ, manum adjutricem porrexerint.	478	762
» 14	»	Petro filio Raymundi Fulconis vicecomitis de Cardona, clerico illegitime nato Urgellensis diocesis, indulget ut ad omnes ordines promoveri possit nec non ecclesiasticum beneficium obtinere.	516	846

1304				
Maii 14	Perusii.	Bartholomæo nato Giani de Circulis clerico Florentino confertur beneficium ecclesiasticum, quod acceptandum duxerit in civitate vel diocesi Aretina.	Col. 568	No. 949
» 14	»	Phylippo quondam Nicolæ de Cerchiis clerico Florentino confertur beneficium ecclesiasticum, quod acceptandum duxerit in diocesi Pistoriensi.	568	951
» 14	»	Obtentu Hugonis de Salodo ambaxiatoris comitis Brixiæ pro nepote suo Galeatio supplicantis, dicto Galeatio conceditur beneficium ecclesiasticum vacans vel quam primum vacaturum in ecclesia Veronensi.	570	954
» 14	»	Archiepiscopis, episcopis et personis ecclesiasticis regularibus et sæcularibus regni Franciæ notum facit se regi Francorum concessisse usque ad biennium decimam proventuum et redditum ecclesiasticorum regni prædicti, ut exinde præfatus rex ad correctionem et reformationem monetæ quam cudi facit valeat procedere.	787	1261
» 14	»	Quosdam executores deputat super eodem.	788	1262
» 15	»	Certis executoribus mandat ut ad restitutionem quatuor millium florenorum auri, quos Dunelmensis episcopus mutuo recepit a quodam mercatore Florentino, diligenter intendant.	447	708
» 15	»	Sicardo de Vauro capellano suo canonicatum confert præbendamque reservat in ecclesia Narbonensi. Dispensat etiam cum eo super pluralitate beneficiorum.	590	987
» 15	»	Certis executoribus mandat ut Nicolaum Feliciani Strigoniensem canonicum, qui præposituram ecclesiæ Scripsiensis detinet illicite, super quo legitime citatus ad instantiam comparere non curavit, excommunicatum denuntient et alias procedant contra eum donec ad Ecclesiæ mandata redierit.	641	1069
» 16	»	Priori et conventui fratrum ordinis Prædicatorum Imolensibus concedit ut de rapinis et usuris usque ad summam quinquaginta librarum Venetorum grossorum valeant recipere.	557	925
» 17	»	Episcopo Burgensi mandat, ut Christi fidelibus vere pœnitentibus et confessis, qui ad liberationem quarumdam personarum quæ a Sarracenis captivantur manum adjutricem porrexerint, indulgentiam quadraginta dierum largiatur.	630	1046
» 18	»	Citetur Trecensis episcopus ad comparendum coram Apostolica Sede.	792	1268
» 19	»	Marcio quondam Raynaldi de Bosculis et Johannæ quondam Raynerii de Pazzis Vallis Arni, civibus Aretinis, indulget ut ad sedandas graves inimicitias inter eorum progenitores exortas valeant non obstante tertio gradu consanguinitatis matrimonium invicem contrahere.	413	650

1304				
Maii 19	Perusii.	Plebano plebis s. Johannis de Castro Pennæ, Firmanæ diocesis, concedit ut ad suscipiendum majores ordines ratione plebanatus ipsius usque ad biennium minime teneatur.	Col. 495	No. 807
» 19	»	Priori et fratribus domus ordinis b. Mariæ de Monte Carmeli Messanensibus concedit licentiam transferendi se ad ecclesiam s. Cataldi de Saunnensibus, in contrata Ponteleonis Messanensi.	518	850
» 19	»	Abbati monasterii s. Mariæ de Precibus, Venetensis diocesis, committit potestatem faciendi recipi in canonicos in singulis Andegavensi, Cenomanensi et Abrincensi ecclesiis singulas personas, idoneas, quas Johannes dux Britaniæ ipsi duxerit nominandas.	579	973
» 19	»	Cum nuper acceperit quod rectores parochialium ecclesiarum ducatus Britaniæ pro sepulturis decedentium, sub colore juris funeraticii, nunc partem nonam, nunc sextam, et nunc tertiam de bonis mobilibus defunctorum extorquent ab hæredibus eorumdem, Benedictus duci Britaniæ notum facit se, ad instar Bonifatii VIII, inhibuisse ne rectores supradicti plebes suas exactionibus hujusmodi de cætero audeant affligere. Duci indulget eidem, ut ad observantiam consuetudinis istius minime teneatur.	579	974
» 19	»	Queritur de quadam alia prava consuetudine in eodem ducatu Britaniæ hactenus observata, cujus prætextu rectores ecclesiarum parochialium personas nupturas compellunt, antequam eis velint munus benedictionis impendere, ad exhibendum sibi exactiones indebitas et enormes. Unde certis executoribus mandat, moneant et inducant rectores præfatos ut ab hujusmodi consuetudine sub excommunicationis pœna omnino desistant.	581	975
» 19	»	Scribitur aliis executoribus ut similiter caveant, ne rectores ecclesiarum earumdem, occasione supradicti juris funeraticii, parochianos suos nequiter gravare, sicut expressum est superius, quoquo modo præsumant.	582	976
» 19	»	Citetur ad comparendum coram Apostolica Sede quidam Falco, qui se gerit pro abbate monasterii s. Mariæ de Corona, ordinis s. Augustini, Engolismensis diocesis.	604	1005
» 19	»	Liceat episcopo Taurinensi diocesim suam per idoneum vicarium facere visitari.	609	1010
» 20	»	Abbati monasterii de Balma, Bisuntinæ diocesis, mandat ut Henrico thesaurario ecclesiæ Bisuntinæ decanatum ejusdem ecclesiæ conferat, et Johanni de Rubeomonte archidiacono de Faverneyo assignet thesaurariam vacantem per resignationem Henrici supradicti.	525	863
» 20	»	Priori et fratribus ordinis Praedicatorum Fanensibus elargitur licentiam recipiendi de usuris, rapinis et aliis male acquisitis usque ad summam mille librarum Ravennatum.	556	924

1304				
Maii 20	Perusii.	Bartholomæo de Flisco priori sæcularis ecclesiæ de Ponte Lavanio, Januensis diocesis, indulget ut cum eodem prioratu canonicatum et præbendam in ecclesia Januensi retinere possit, constitutione contraria vel defectu natalium nequaquam obstantibus.	Col. 589	No. 985
» 20	»	Archiepiscopo Januensi mandat, ut certis personis de Janua civitate facultatem largiatur construendi quandam capellam in villa de Sexto, Januensis diocesis, ad honorem b. Mariæ Virginis. — Valeat idem archiepiscopus similem impertiri licentiam Conrado de Nigro de Janua, qui capellam ad honorem b. Nicolai in fundo proprio intendit ædificare.	590	986
» 20	»	Citetur Carpentoratensis episcopus ad comparendum coram Apostolica Sede super quadam accusatione responsurus ac pariturus Ecclesiæ beneplacitis in hac parte.	592	990
» 20	»	Domino de Castro Villano, Lingonensis diocesis, indulget ut fratribus et sororibus Cisterciensis ordinis, quotiens eos ad domum dicti nobilis declinare contigerit, licentiam valeat elargiri utendi pulmentis cum carnibus præparatis, quæ in ejus mensa communiter apponuntur.	617	1021
» 20	»	Eidem nobili et ejus uxori concedit, ut cum eos eorumque filios ad loca ecclesiastico supposita interdicto pervenire contigerit, ibidem sibi et familiæ suæ per capellanos idoneos divina faciant officia celebrari.	618	1022
» 20	»	Eidem nobili, qui tempore Nicolai pape IIII ab ultramarino voto fuerat certis ex causis absolutus, significat se absolutionem hujusmodi ratam et gratam habere.	644	1072
» 20	»	Quibusdam civibus Bellunensibus licentiam elargitur remanendi in contracto matrimonio, consanguinitate quadam non obstante.	645	1073
» 21	»	Episcopo Nimociensi mandat, moneat et inducat Græcos civitatis Nimociensis, ut oratorium quoddam, ad ipsos pertinens, loco fratrum Hospitalis s. Johannis Jerosolimitani contiguum, dictis fratribus concedant pro cambio competenti vel alio legitimo contractu.	477	760
» 21	»	Decano et capitulo ecclesiæ s. Mariæ Montis Brisonis, Lugdunensis diocesis, concedit ut in cœmeterio ipsius ecclesiæ habere valeant perpetuis temporibus liberam sepulturam.	481	770
» 21	»	Episcopo Bambergensi licentiam impertitur contrahendi mutuum usque ad summam ducentarum et quinquaginta marcharum argenti pro suis et Bambergensis ecclesiæ negotiis utiliter expediendis.	497	811
» 21	»	Magistro Petro de Bellapertica, quem nuper rex Francorum ad dominum papam nuntium destinavit, Benedictus XI proprio motu et consideratione dicti regis canonicatum confert præbendamque reservat in ecclesia Parisiensi. Dispensat etiam cum eodem super pluralitate beneficiorum.	520	856

1304 Maii 21	Perusii.	Episcopo Carnotensi committit, ut in ecclesia, quam Petronilla de Geriaco domicella familiaris reginæ Francorum, construi fecit in domo sua de Hennemonte, Carnotensis diocesis, fratres ordinis Vallisscolarium ad requisitionem ipsius Petronillæ instituat perpetuo ibidem Domino servituros.	Col. 571	No. 956
» 21	»	Priori s. Johannis de Massano, Ameliensis diocesis, committit potestatem dispensandi cum personis aliquibus super matrimonio illicite contracto.	584	978
» 23	»	Quibusdam civibus Suessanis concedit licentiam remanendi in contracto matrimonio, quodam impedimento non obstante.	533	879
» 23	»	Dispensatur cum Manfredo nato Rambaldi de Tervisio, ut canonicatum et præbendam Cameracensis ecclesiæ, quæ sibi nuper fuerunt assignata, non obstante defectu quem patitur in ætate assequi valeat.	643	1070
» 23	»	Magistro Gabrieli collectori decimæ in certis partibus regni Alamaniæ mandat ut totam pecuniam, quam pro Ecclesia Romana colligere potuerit, mercatoribus societatis Circulorum assignet seu faciat assignari.	796	1273
» 23	»	Decano ecclesiæ Frankenvordensis mandat, ut ea quæ de bonis monasterii monialium de Retercs, Præmonstratensis ordinis, Maguntinæ diocesis, per concessiones illicite alienata invenerit vel distracta, ad jus et proprietatem ejusdem legitime revocet.	826	1318
» 23	»	Eidem decano simile dat mandatum super bonis monasterii de Thron, [Treverensis diocesis], illicite alienatis et ad proprietatem dicti monasterii revocandis.	826	1319
» 24	»	Confirmat Minoritis in Lindovia privilegia sua super confessione audienda et funeralibus, quæ illis jam olim papa Bonifacius concesserat.	827	1320
» 25	»	Indulget archiepiscopo Arelatensi, ut in sua et in aliis cathedralibus ac collegiatis ecclesiis provinciæ Arelatensis personas idoneas recipi faciat in canonicos, videlicet singulas in singulis, eisque provideat de præbendis.	392	609
» 25	»	Cum Azzo et Franciscus marchiones Estenses castrum Argentæ ad ecclesiam Ravennatem pertinens detineant illicite, mandat Firmano episcopo ut ad partes illas personaliter se conferens, possessionem dicti castri nomine Ecclesiæ apprehendat et castrum ipsum faciat fideliter a personis idoneis custodiri, donec Apostolica Sedes aliter duxerit ordinandum. Quod si præfatos marchiones mandatis et monitis suis obedientes invenerit, sententias et pœnas in eos et alios latas præmissorum occasione valeat relaxare.	772	1247
» 26	»	Valeant fratres ordinis Prædicatorum Yporienses recipere de usuris, rapinis et aliis illicite acquisitis usque ad summam mille florenorum auri.	528	869

1304 Maii 27	Perusii.	Inquisitoribus hæreticæ pravitatis in regno Siciliæ deputatis vel deputandis mandat, ut commissum sibi inquisitionis officium in omnibus partibus dicti regni tam citra quam ultra Farum exequi valeant, non obstante quod insula Siciliæ nuper fuit concessa Friderico regi Trinacriæ.	Col. 508	No. 835
» 27	»	Obtentu regis Siciliæ, priori et conventui monasterii s. Petri Martini de Neapoli, ordinis Prædicatorum, concedit capellam s. Thomæ de Arena, eorum loco contiguam, in constructionem domorum seu officinarum dicti monasterii prout oportuerit convertendam.	551	914
» 27	»	Raynaldo de Roy laico Noviomensis diocesis licentiam impertitur construendi ac dotandi tres capellas in loco Pontis Episcopi, supradictæ diocesis, prout idem Raynaldus affectat et proponit.	616	1020
» 27	»	Cum inter communia Venetiarum et Paduæ gravis discordia sit exorta, Firmanum episcopum ad partes easdem destinat, ut inter dictas civitates concordiam reformare studeat et materiam dissensionum amputare.	776	1248
» 27	»	Duci et universitati Venetiarum de suprascripta epistola significat; eosdem hortatur ut Firmani episcopi monita et mandata devote recipiant et efficaciter adimpleant. — In e. m. communi civitatis Paduanæ.	776	1249
» 27	»	De eodem. Valeat Firmanus episcopus censuram ecclesiasticam exercere in omnes illos qui monitis et mandatis ejus acquiescere noluerint.	777	1250
» 28	»	Archidiacono Remensi concedit ut tres clerici, familiares ejus ac domestici, possint usque ad triennium fructus redditusque ac proventus beneficiorum suorum percipere.	504	826
» 28	»	Regem Trinacriæ rogat et hortatur, ut fratrem Thomam de Aversa inquisitorem pravitatis hæreticæ in regno Trinacriæ nec non inquisitores alios deputatos vel deputandos ibidem propensius commendatos habeat.	507	834
» 28	»	Abbati monasterii de Firmitate, Cisterciensis ordinis, Cabilonensis diocesis, indulget ut, quotiens eum contigerit in monasteriis et capellis seu ecclesiis sui ordinis proponere verbum Dei, omnibus vere pœnitentibus et confessis illuc accedentibus indulgentiam quadraginta dierum elargiri valeat. — Eadem gratia tribus aliis abbatibus conceditur.	543	899
» 28	»	Johanni de Kelles nato Godefridi de Brabantia, clerico Leodiensis diocesis, indulget ut non obstante illegitimitatis macula omnes ordines recipere ac obtinere beneficium valeat.	564	943

1304				
Maii 28	Perusii.	Antonio Alberti de Padua et Ymiliæ de Montagnono concedit facultatem contrahendi matrimonium, non obstante impedimento proveniente ex eo quod olim prædictus Antonius duxit in uxorem Antoniam Ubertini de Montegalda, quæ dum viveret quarto affinitatis gradu eidem Ymiliæ attinebat.	Col. 591	No. 989
» 28	»	Abbati monasterii Cistercii, Cabilonensis diocesis, concedit ut, quotiens in monasteriis vel ecclesiis seu capellis sui ordinis eum contigerit proponere verbum Dei, vere pœnitentibus et confessis qui interfuerint ibidem quadraginta dierum indulgentiam elargiri valeat.	619	1026
» 28	»	Valeat comitissa Juliacensis in locis ecclesiastico suppositis interdicto per capellanos proprios divina officia facere celebrari.	632	1049
» 28	»	Episcopo Parmensi facultatem elargitur concedendi ecclesiæ Baptisterii Parmensis prioratum s. Mariæ de Pizzolesio et ecclesiam s. Blasii de Viarolo, Parmensis diocesis, pro ipsa ecclesia Baptisterii magnificanda et divino cultu ac numero ministrorum augmentandis in eadem.	795	1272
» 28	»	Abbati monasterii Fuldensis, Maguntinæ diocesis, mandat ne permittat ut magistra et conventus de Retores, Præmonstratensis ordinis, Maguntinæ diocesis, a prædonibus et invasoribus indebite molestentur.	827	1321
» 29	»	Abbati et conventui monasterii s. Christofori de Bergamasco, ordinis s. Benedicti, Aquensis diocesis [1], confirmat duos prioratus quos obtinent ex concessione abbatis et conventus monasterii s. Michaelis de Clusa, prædicti ordinis, Taurinensis diocesis [2].	577	969
» 29	»	Rectori et fratribus hospitalis novi de Vogano de Castro Plebis, Clusinæ diocesis, indulget ut usque ad viginti annos de eleemosynis vel bonis quibuscumque, ipsis quoquo modo legatis vel collatis, canonicam portionem cuiquam solvere minime teneantur.	628	1040
» 29	»	De injuria quam nuper Pratenses intulerunt episcopo Ostiensi, Sedis Apostolicæ legato, vehementer queritur, mandans districte civibus Florentinis ut injuriatores eosdem et quoscumque alios pacis impeditores viriliter compescant.	827	1322
» 30	»	Episcopo Maurianensi mandat ut nonnullis suæ diocesis, qui pro violenta manuum injectione in clericos et personas ecclesiasticas in excommunicationis laqueum inciderint, beneficium absolutionis impendat.	493	800
» 30	»	Certis executoribus mandat, ut magistro Petro Bonegentis de Genazano cameræ papalis clerico fructus proventusque ac redditus præbendæ, quam obtinet in ecclesia Virdunensi, integraliter licet absenti ministrari faciant, juxta quarumdam Bonifatii VIII continentiam litterarum, quas capitulum ejusdem ecclesiæ ex frivolis causis omni robore destitutas reputabat.	502	821

1. Col. 577, l. 43, lisez *Aquensis* au lieu de « Taurinensis ».
2. Col. 578, l. 2, lisez comme ci-dessus au lieu de « prædictorum ordinis et diocesis ».

1304				
Maii 30	Perusii.	De eodem scribitur Petro supradicto.	Col. 503	No. 822
» 30	»	Indulget duabus personis Viennensis diocesis, quarto consanguinitatis gradu conjunctis, ut matrimonium invicem contrahere valeant.	521	858
» 30	»	Magistro Bittino de Con[eglano] capellano suo concedit ut, quandiu Sedis Apostolicæ institerit obsequiis, fructus, proventus ac redditus præbendarum et aliorum beneficiorum, quæ nunc obtinet in diversis ecclesiis, cum integritate percipiat.	548	907
» 30	»	Similis gratia pro magistro Sicardo de Vauro, capellano apostolico.	549	910
» 30	»	Armenos domus Sancti Spiritus Anconitani sub sua et b. Petri protectione suscipit. — Eisdem indulget ut nullus delegatus, subdelegatus, executor vel conservator Sedis Apostolicæ in eos excommunicationis, suspensionis aut interdicti sententias audeat promulgare absque Sedis ejusdem mandato speciali.	572	958
» 30	»	Episcopo Auximano mandat ut eosdem adversus molestatores quoscumque strenue tueatur.	572	959
» 31	»	Renovat et confirmat quasdam suas litteras, quibus contulerat Petro de Narbona canonicatum et præbendam in ecclesia Carnotensi.	504	825
» 31	»	Magistro Castellano de Tervisio capellano suo concedit ut, quandiu Sedis Apostolicæ institerit obsequiis, fructus omnium beneficiorum suorum percipiat.	548	909
» 31	»	Johanni Guillelmi Servat, clerico Londoniensi illegitime nato indulget, ut ad omnes ordines promoveri et beneficium ecclesiasticum obtinere possit.	561	934
» 31	»	Episcopo Gravinensi mandat, ut episcopo Melfitensi ejusque in hac parte fautoribus diem dicat ad comparendum coram conspectu apostolico, super quibusdam injuriis et gravaminibus, quæ guardiano et fratribus ordinis Minorum Melfitensibus intulisse noscuntur, de justitia responsuris.	587	983
» 31	»	Frater Rudolfus ex ordine Minorum vacanti ecclesiæ Foropopuliensi præficitur in episcopum.	593	992
» 31	»	Cum Andreas prior ecclesiæ s. Pauli de Materno, quæ ab ecclesia s. Mustiolæ Clusinæ dependet, ex superveniente sibi ægritudine demens factus sit, Benedictus mandat præposito ecclesiæ s. Mustiolæ, ut eundem Andream a præfato prioratu amoveat, et post amotionem hujusmodi ei faciat sive in prioratu sive in ecclesia prædictis vitæ necessaria quod vixerit ministrari. Prioratus autem ecclesiæ s. Pauli alicui ex canonicis s. Mustiolæ conferatur.	599	996

1304				
Maii 31	Perusii.	Priori et conventui ordinis fratrum Prædicatorum Perusinis capellam s. Stephani de Castellari cum ejus pertinentiis in proprios usus concedit, statuens ut, amoto ab eadem Nicolao canonico ecclesiæ Perusinæ, cui dictæ capellæ gubernatio commissa fuerat, ipsius corporalem possessionem sine difficultate qualibet apprehendant.	Col. 615	No. 1018
Jun. 1	»	Facino dicto Cardinali, canonico et magistro scholarum ecclesiæ Januensis, confertur præpositura ecclesiæ s. Salvatoris de Lavania, Januensis diocesis. Dispensatur insuper cum eodem, ut præposituram, canonicatum et magisterium supradicta insimul retinere valeat.	567	948
» 1	»	Vacante olim monasterio s. Mariæ de Trianis, Legionensis diocesis, Petrus de Villa Vincentii, ipsius monasterii canonicus, in abbatem canonice electus est; qui confirmationem electionis hujusmodi statutis temporibus obtinere non potuit. Nunc autem Bededictus mandat episcopo, priori fratrum Prædicatorum et guardiano Minorum Palentinis ut, si eundem Petrum idoneum invenerint ad monasterii jamdicti regimen exercendum, eum auctoritate apostolica in abbatem instituant. Alioquin de alia persona idonea dicto cœnobio celeriter provideant.	621	1029
» 1	»	Dispensat cum Johanne Wenceslai Otachari de Brunna, Olomucensis diocesis, ut non obstante illegitimitatis macula omnes ordines recipere ac beneficium ecclesiasticum adipisci valeat.	648	1079
» 1	»	Consideratione Guillelmi s. Nicolai in Carcere Tulliano diaconi cardinalis, Cipriano de Alexandris de Pergamo, ipsius cardinalis consobrino, confertur canonicatus præbendaque reservatur in ecclesia Leodiensi.	651	1089
» 2	»	Bonifatio Hugolelli de Turilia, cui Bonifatius VIII canonicatum contulerat præbendamque reservaverat in ecclesia Placentina, Benedictus XI providet de quadam præbenda ibidem vacante, non obstantibus infradictis.	559	933
» 2	»	Obtentu et consideratione archiepiscopi Narbonensis pro magistro Alberto nepote suo supplicantis, eidem magistro conceditur ut per biennium studio juris civilis immoretur et percipiat per idem tempus proventus suos ecclesiasticos, tam archidiaconatus ecclesiæ Carnotensis, quam aliorum beneficiorum suorum.	633	1051
» 2	»	Gratia similis pro magistro Hugone de Calancona, ejusdem archiepiscopi consanguineo.	634	1052
» 2	»	Olim cum Monsserato Eymerici, clerico illegitime nato, fuit auctoritate Nicolai papæ IIII dispensatum, ut ad omnes ordines et ad beneficium ecclesiasticum promoveri posset. Cum autem nullæ super hoc litteræ sint confectæ, Benedictus XI præfatam dispensationem præsentibus confirmat.	643	1071

1304				
Jun. 3	Perusii.	Philippo nato Caroli comitis Andegavensis, et Beatrici natæ Roberti ducis Burgundiæ, indulget ut non obstante duplici consanguinitate matrimonialiter valeant invicem copulari. Eadem gratia conceditur Hugolino nato ejusdem Roberti ducis Burgundiæ, ac Caterinæ natæ prædicti comitis Andegavensis.	Col. 488	No. 790
» 3	»	Priori et conventui fratrum ordinis Prædicatorum Imolensibus ecclesiam s. Nicolai Imolensis, eorum loco contiguam, pro ampliatione ipsius loci concedit.	557	926
» 3	»	Valeat Dunelmensis episcopus duos notarios instituere.	559	930
» 4	»	Reginum episcopum absolvit a juramento, quod tempore consecrationis suæ præstitit de visitando singulis annis Apostolorum limina.	498	813
» 4	»	Archiepiscopo Cantuariensi et Lincolniensi ac Wigorniensi episcopis mandat, ut de actis et regimine fratris Richardi de Hoton, qui se gerit pro priore prioratus ecclesiæ Dulielmensis, diligenter inquirant, et, eodem amoto, prioratum ipsum reforment tam in capite quam in membris.	519	853
» 4	»	Abbati monasterii s. Pantaleonis Coloniensis mandat, ut magistrum et fratres Hospitalis s. Mariæ Theotonicorum Jerosolimitani contra molestatores quoscumque tueatur. — In e. m. pro eisdem aliis conservatoribus.	534	922
» 4	»	Ministro fratrum ordinis Minorum provinciæ Coloniensis mandat, ut monasterium, nuper in civitate Coloniensi constructum ad honorem s. Claræ, ordini ipsius sanctæ incorporet et tres vel quatuor de monialibus de Nussia, præfati ordinis, ad dictum cœnobium pro eodem informando et instruendo transferat.	559	931
» 4	»	Priorissæ et sororibus monasterii s. Petri Urbevetani, sub cura fratrum ordinis Prædicatorum viventibus, indulget ut ad præstandum decimas vel ad exhibendum quascumque sæculares exactiones minime teneantur.	563	941
» 4	»	Mathæo s. Mariæ in Porticu diacono cardinali capellam s. Vincentii de Urbe, sitam inter basilicam Principis Apostolorum et palatium papale, cum pertinentiis ejus in spiritualibus et temporalibus committit gubernandam.	798	1275
» 5	»	Certis executoribus mandat, moneant et inducant rectores Castellanæ civitatis ac nonnullos clericos et laicos ejusdem civitatis et diocesis, ut quædam bona ab ipsis illicite occupata episcopo Castellano dimittant, eique de injuriis, violentiis vel damnis illatis eidem satisfaciant competenter. Quod si facere contempserint, ad id rectores præfati per censuram ecclesiasticam districte compellantur, clerici vero et laici supradicti citentur ad comparendum coram Apostolica Sede pro meritis recepturi.	526	865

1304				
Jun. 5	Perusii.	Ecclesia Capuana per obitum quondam Johannis pastoris solatio destituta, Andreas Brundusinus archiepiscopus, quem decanus et canonici Capuani in archiepiscopum postularunt, ad eandem ecclesiam transfertur.	Col. 550	No. 912
» 5	»	Episcopo Bononiensi mandat ut magistrum et fratres domus Militiæ Templi Jerosolimitani contra molestatores quoscumque tueatur.	554	920
» 5	»	Cum Jerosolimitanus patriarcha, ab ecclesia sua dudum exulans bonisque propriis totaliter destitutus, nihil habeat unde possit juxta sui status decentiam substentari, ei Benedictus XI curam et administrationem vacantis ecclesiæ Brundusinæ committit, ad ipsius inopiam relevandam.	564	944
» 5	»	Confirmat atque ampliat indulgentias, quas Gradensis patriarcha, archiepiscopus Duracensis et alii episcopi tempore consecrationis ecclesiæ b. Andreæ de Bigontio de Seravalle, Cenetensis diocesis, concesserant Christi fidelibus qui eandem ecclesiam certis diebus visitarint.	593	991
» 5	»	Episcopo Dunelmensi concedit facultatem dispensandi cum octo clericis suis, qui signum vivificæ crucis assumpserint, ut quilibet eorum duo ecclesiastica beneficia recipere ac retinere valeat.	612	1013
» 5	»	Valeat idem episcopus indulgere quatuor clericis suis, qui parochiales ecclesias post Lugdunense Concilium assecuti non se fecerunt prout tenebantur in presbyteros ordinari, ut easdem ecclesias cum fructibus exinde perceptis licite possint retinere.	613	1014
» 5	»	Fiat inquisitio super quadam alienatione possessionum Cretensis ecclesiæ, quas Constantinopolitanus patriarcha dicitur auctoritate propria vendidisse.	614	1015
» 5	»	Confirmat electionem Michaelis, thesaurarii monasterii s. Ysidori Legionensis, quem conventus ipsius monasterii in abbatem elegerat.	631	1048
» 5	»	Abbati et conventui s. Michaelis prope muros Bambergenses, quibus Otto Slavorum et Cassubiæ dux, Caminensis diocesis, jus patronatus s. Jacobi in Stettin, in Gustow, in Schune ac s. Spiritus et s. Michaelis juxta muros Stettinenses ecclesiarum et villam de Mandelcow cum terris contulit, hanc collationem confirmat.	828	1323
» 6	»	Cum archidiaconatus, canonicatus et præbenda ecclesiæ Bisuntinæ, quæ nuper Leoni Francisci de filiis Ursi fuerant assignata, per mortem ipsius Leonis de novo vacare noscantur, ea Benedictus XI Ubaldino Tani de Ubaldinis, capellano Francisci s. Luciæ in Silice diaconi cardinalis, confert providetque de illis.	641	1068

1304				
Jun. 7	Perusii.	Fratri Jacobo magistro domus Militiæ Templi Jerosolimitani licentiam concedit veniendi ad Apostolicam Sedem.	Col. 494	No. 803
» 7	»	Ut possit Eduensis episcopus concedere duabus personis tabellionatus officium.	561	936
» 7	»	Eidem episcopo facultatem concedit faciendi recipi personas idoneas in canonicos in Eduensi, Belnensi, de Vergeyo et de Castrocensorio Eduensis diocesis, ecclesiis, singulas videlicet in singulis, ac providendi eisdem de præbendis.	562	937
» 7	»	Liceat eidem episcopo censuram ecclesiasticam exercere in molestatores vel injuriatores, qui ejus vel Eduensis ecclesiæ bona aut jura invadere seu turbare præsumpserint.	620	1028
» 7	»	Guillelmum de Nogareto, Renaldum de Supino, Sciarram de de Columpna et eorum complices, qui scelestum flagitium in personam Bonafatii VIII Auagniæ commiserunt, incurrisse denuntiat excommunicationis sententiam a canone promulgatam. Eos peremptorie citat ad comparendum coram Apostolica Sede.	798	1276
» 8	»	Abbatissis et sororibus ordinis s. Claræ indulget ut ad præstationem decimarum vel ad exhibendum annuum redditum seu censum diocesanis episcopis, vel pedagia, telonea et alias exactiones minime teneantur. Præterea ipsas ipsarumque loca et monasteria a patriarcharum, archiepiscoporum, episcoporum et quorumcumque aliorum potestate ac jurisdictione prorsus eximit.	600	997
» 8	»	Gualvano de Gueng., presbytero Eboracensis diocesis, confirmat ecclesias de Lithom., et de Warton., quas insimul dictus Gualvanus indebite retinuerat. Ipsi præterea remittit fructus injuste perceptos ex eisdem ecclesiis, dispensatque cum eo super inhabilitate et infamia exinde contractis.	602	1003
» 8	»	Dispensatur cum Guillelmo de Tria, archidiacono Minoris Caleti in ecclesia Rothomagensi, super irregularitate quam contraxit pro eo quod plura beneficia insimul retinuit.	604	1004
» 9	»	Executores deputat super executione mutui contrahendi ab episcopo Bambergensi.	497	812
» 9	»	Magistro Bosolo de Basolis capellano suo mandat, ut ad partes diocesis Cæsanatis se personaliter conferens sibi nomine Ecclesiæ faciat assignari aliqua castra, ad ecclesiam Ravennatem pertinentia, quæ communitas civitatis Cæsenæ dicitur occupasse.	797	1274
» 10	»	Electo Messanensi concedit, ut tres clerici ejus valeant usque ad triennium percipere fructus redditusque ac proventus beneficiorum suorum.	649	1081

1304				
Jun. 10	Perusii.	Eidem electo, ut tres notarios instituere va leat.	Col. 649	No. 1082
» 10	»	Cunctis fidelibus, qui Messanensem ecclesiam in b. Mariæ Virginis festivitatibus devote visitarint, indulgentias promittit.	649	1083
» 10	»	Cum nonnulli clerici Messanensis diocesis de facto retineant beneficia ecclesiastica, quorum collatio propter diuturnam eorumdem vacationem devoluta est ad Sedem Apostolicam, electo Messanensi mandatur ut detentores hujusmodi ab illis beneficiis amoveat, singulaque beneficia singulis personis idoneis assignet.	650	1084
» 11	»	Andreas quondam Leonis de Setia, clericus Terracinensis diocesis, creatur notarius.	631	1047
» 11	»	Abbati monasterii Fructuariensis, Yporiensis diocesis, concedit ut quasdam ecclesias ad monasterium pertinentes antedictum unire valeat aliquibus prioratibus, præposituris, ecclesiis seu officiis dicti monasterii. — Eidem, ut nonnullas possessiones ejusdem monasterii cum aliis utilioribus permutare possit.	645	1074
» 12	»	Quamvis nuper pro reformatione monetæ regni Franciæ regi Phylippo concesserit, subventionis titulo, licentiam percipiendi usque ad triennium fructus redditusque ac proventus beneficiorum in eodem regno vacantium, magistrum tamen, præceptores, priores, bailivos vel officiales quoscumque ordinis Militiæ Templi Jerosolimitani a prædicta perceptione exemptos declarat.	544	901
» 12	»	Francisco s. Luciæ in Silice diacono cardinali conceduntur executores super negotio cujusdam annuæ pensionis centum marcharum Sterlingorum argenti, quam Wigornienses episcopi solvere eidem cardinali tenebantur.	596	995
» 12	»	Licentia contrahendi mutuum usque ad summam duorum millium florenorum auri archiepiscopo Ravennati conceditur.	609	1009
» 13	»	Abbati monasterii Gemblacensis, Leodiensis diocesis, mandat ut ordinem Cisterciensem contra molestatores quoscumque tueatur.	535	923
» 13	»	Obtentu et consideratione Albertini de Pergamo panetarii et familiaris domini papæ pro Meliorato nepote suo Sedis Apostolicæ gratiam implorantis, dicto Meliorato conceduntur locus et perpetuum beneficium, quæ in ecclesia s. Petri Pergamensis vacant ad præsens per obitum Venturini quondam Henrici de Soare, ejusdem ecclesiæ clerici.	629	1042
» 13	»	Abbati Præmonstratensi ejusque coabbatibus, præpositis et conventibus universis Præmonstratensis ordinis omnes libertates, immunitates et privilegia confirmat.	828	1324

1304				
Jun. 13	Perusii.	Thesaurario s. Floriani de Confluentia mandat, ut abbati monasterii de Marienstatt, Coloniensis diocesis, in perceptione redituum ipsius monasterii diligenter assistat.	Col. 828	No. 1325
» 16	»	Precibus Octaviani abbatis monasterii s. Johannis de Marzano, Castellanæ diocesis, libenter annuens, mandat ut quidam Finus Donati de Aretio, qui se gerit pro abbate dicti monasterii et ipsius administrationi se immiscet, citetur ad comparendum coram Apostolica Sede, contra præfatum Octavianum causam acturus.	623	1030
» 17	»	Abbati et conventui monasterii s. Benedicti in Petrafìcta, Perusinæ diocesis, ecclesiam et hospitale s. Thomæ sita in suburbio Perusii in burgo s. Julianæ, ad ordinem Cruciferorum spectantia, in usus proprios concedit, congrua portione fratri Bartholomæo ejusdem ordinis Cruciferorum, ad custodiam hospitalis et ecclesiæ deputato, quoad vixerit reservata.	546	903
» 17	»	Obtentu Sabinensis episcopi, conceditur Alvaro Nunii scholari Burgensis diocesis, ut non obstante illegitimitatis macula omnes ordines recipere valeat ac beneficium ecclesiasticum assequi.	566	946
» 17	»	Conceduntur conservatores episcopo Novariensi.	626	1036
» 17	»	Fatetur quod de censu trium millium unciarum auri, quem rex Trinacriæ pro insula Siciliæ solvere tenetur annis singulis Romanæ Ecclesiæ, ipsius regis nuntii duo millia unciarum eidem Ecclesiæ persolverunt.	806	1279
» 18	»	Deputantur executores super gratia concessa episcopo Baiocensi.	479	766
» 18	»	Electo Salernitano pallium per episcopum Ravellensem transmittit.	586	982
» 19	»	Cum Parisiensis episcopus, senio ac debilitate confractus, ecclesiæ suæ regimen et ministerium pontificalis officii omnino nequeat exercere, Stephanus de Sugiaco et Thomas de Bailliaco constituuntur administratores Parisiensis ecclesiæ.	610	1011
» 20	»	Diversis conservatoribus mandat ut magistrum et fratres domus Militiæ Templi Jerosolimitani contra molestatores quoscumque tueantur.	554	921
» 20	»	Episcopo Silvanectensi mandat ut, cum comes Andegavensis ad eripiendum Constantinopolitanum imperium e manibus schismaticorum intendere sit paratus, legata, redemptiones votorum omnesque alias obventiones, decimis tamen exceptis, quæ in regno Franciæ hujusmodi negotii prosecutione durante subsidio Terræ Sanctæ deputari contigerit, diligenter colligere procuret, ut exinde dicti negotii subveniatur expensis, prout Apostolica Sedes duxerit ordinandum.	605	1006

1304				
Jun. 20	Perusii.	De eodem. Fideles hortatur ut ad tanti consummationem negotii in auxilium prædicti comitis viriliter ac potenter assurgant. Omnes autem crucesignatos, qui cum eodem comite personaliter proficisci vel qui in expensis hujusmodi occasione faciendis contribuere curaverint, ab executione voti ultramarini totaliter absolvit.	Col. 607	No. 1007
» 20	»	Reginæ Franciæ precibus inclinatus, magistro Martino de Medunta archidiacono Lexoviensi concedit ut, præter archidiaconatum eundem, cancellariam Baiocensis ecclesiæ, canonicatus ac præbendas in Lexoviensi, Baiocensi, Ambianensi et Trecensi ecclesiis nec non beneficium ecclesiasticum in diocesi Noviomensi insimul retinere possit.	612	1012
» 20	»	Ut possit magister Benedictus de Aquino, notarius apostolicus, condere testamentum.	618	1023
» 21	»	Viterbiensibus districte mandat ut a repræsaliis, quas contra castrum Montisflasconis intendunt in proximo dirigere, prorsus abstineant.	800	1277
» 21	»	Queritur de injuria quam Ostiensi episcopo, Sedis Apostolicæ legato, Florentini et Lucani nuper intulerunt; mandat autem ut infra certum terminum Florentiæ et Lucæ communia per procuratores idoneos, nec non quidam cives earumdem civitatum personaliter peremptorie compareant coram conspectu apostolico super præmissis pariturі.	801	1278
» 22	»	Abbati monasterii s. Benedicti Salernitani mandat, ut magistrum et fratres Hospitalis s. Johannis Jerosolimitani contra molestatores quoscumque tueatur ac defendat. — Scribitur in eundem modum alii conservatori.	629	1044
» 24	»	Episcopum Novariensem hortatur, ut ad ecclesiam suam accedens eam prudenter ac sollicite gubernare procuret.	627	1037
» 24	»	Leonardo episcopo Albanensi mandat ut fratres Prædicatorum de Narnia in corporalem possessionem ecclesiæ s. Mariæ Majoris de Narnia inducat.	829	1326
» 27	»	Comiti Andegavensi notum facit se, postquam nuntios ejus super negotio imperii Constantinopolitani intellexit diligenter, eorum petitionibus animo libenti pro parte annuisse. Generalem vero crucis prædicationem concessionemque decimæ proventuum ecclesiasticorum, quas iidem nuntii nomine præfati comitis petierant, certis ex causis distulit.	608	1008

1304 Sans date[1]	Perusii.	Roberto comiti Nivernensi, primogenito [Guidonis] comitis Flandriæ, scribit de laboribus suis circa negotium pacis inter Philippum regem Franciæ et Navarræ et patrem Roberti, ejus fratres cæterosque Flandrenses; addit se patri ejus super hoc litteras dirigere speciales, inducentes eundem ut consideret jam suam provectiorem ætatem, cujus dies ad occasum proclivior propinquet ad vesperam, *etc.* Hortatur eum inducat patrem salubribus inductionibus, ut excellentium personarum consilia minime detrectet, sed acquiescat eisdem nec in dubio eventu guerrarum spem sibi suisque hæredibus successus prosperi repromittat, *etc.*	Col. 829	No. 1327

1. Voyez la note de la col. 829.

FIN DE LA TABLE CHRONOLOGIQUE

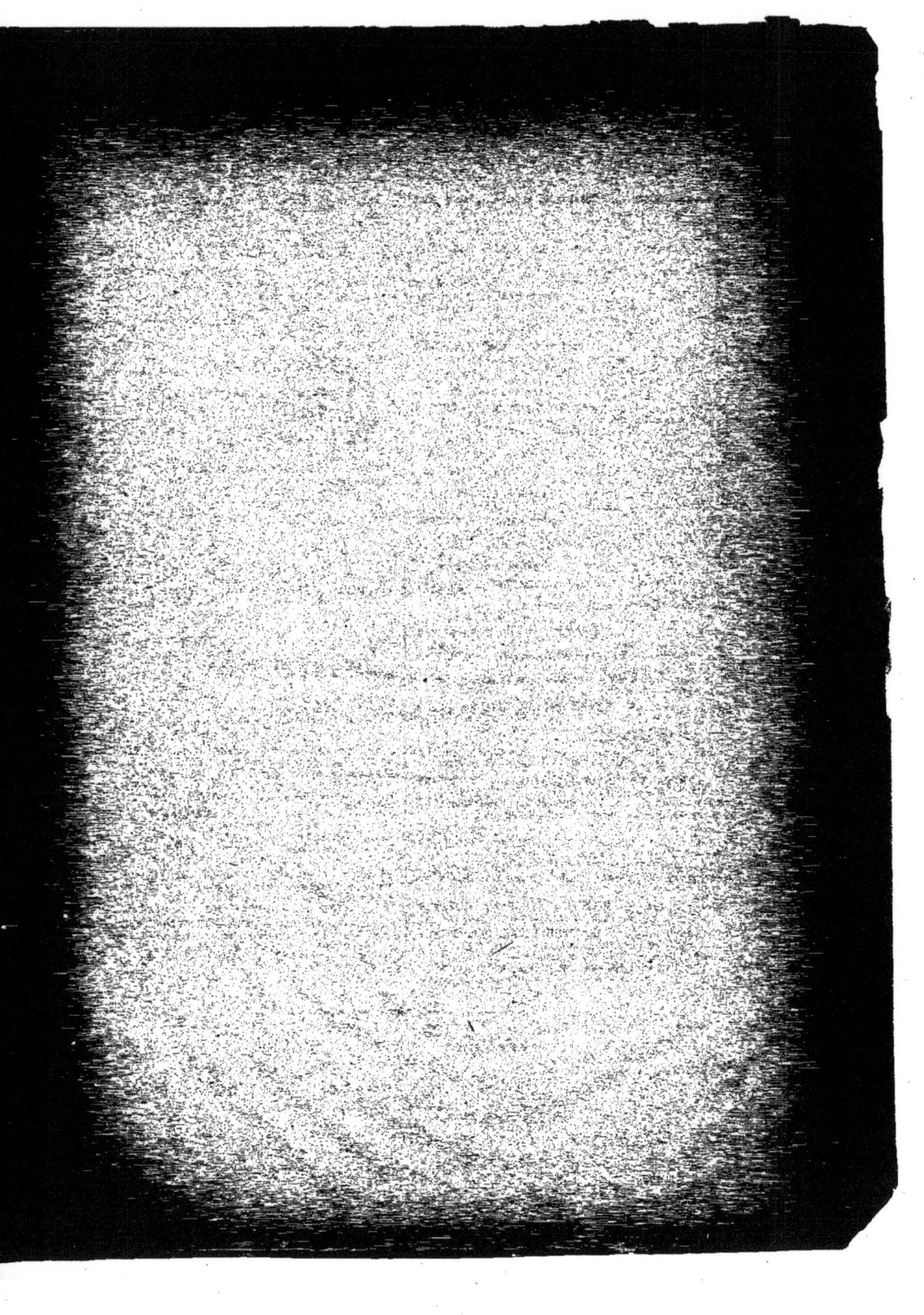

FASCICULE VINGTIÈME. — La trière athénienne, étude d'archéologie navale, par M. A. Cartault, ancien membre de l'École française d'Athènes, maître de conférences à l'École normale supérieure (*avec quatre-vingt-dix-neuf bois intercalés dans le texte et cinq planches gravées hors texte*) .... 12 fr.

FASCICULE VINGT-UNIÈME. — Études d'épigraphie juridique : De quelques inscriptions relatives à l'administration de Dioclétien. — I. L'**Examinator per Italiam**. — II. Le **Magister sacrarum cognitionum**, par M. Edmond Cuq, ancien membre de l'École française de Rome, professeur à la Faculté de droit de Bordeaux .... 5 fr.

FASCICULE VINGT-DEUXIÈME. — Étude sur la Chronique en prose de Guillaume le Breton, par M. François Delaborde, ancien élève de l'École des Chartes, ancien membre de l'École française de Rome .... 2 fr.

FASCICULE VINGT-TROISIÈME. — L'Asclépieion d'Athènes, d'après les récentes découvertes, par M. Paul Girard, ancien membre de l'École française d'Athènes, maître de conférences à la Faculté des lettres de Paris (*avec une grande carte et trois planches en héliogravure*) .... 5 fr. 50

FASCICULE VINGT-QUATRIÈME. — Le manuscrit d'Isocrate Urbinas CXI de la Vaticane. — Description et histoire. — Recension du Panégyrique, par M. Albert Martin, ancien membre de l'École française de Rome, maître de conférences à la Faculté des lettres de Nancy, ... 1 fr. 50

FASCICULE VINGT-CINQUIÈME. — Nouvelles recherches sur l'Entrée de Spagne ; chanson de geste franco-italienne, par Antoine Thomas, ancien membre de l'École française de Rome, maître de conférences à la Faculté des lettres de Toulouse .... 2 fr.

FASCICULE VINGT-SIXIÈME. — Les Sacerdoces athéniens, par M. Jules Martha, ancien membre de l'École française d'Athènes, maître de conférences à la Faculté des lettres de Lyon .... 5 fr.

FASCICULE VINGT-SEPTIÈME. — Les Scolies du manuscrit d'Aristophane à Ravenne. Étude et collation, par M. Albert Martin, membre de l'École française de Rome, maître de conférences à la Faculté des lettres de Nancy .... 10 fr.

FASCICULE VINGT-HUITIÈME. Première section. — Les arts à la cour des papes pendant le XVe et le XVIe siècle, recueil de documents inédits tirés des archives et des bibliothèques romaines, par M. Eugène Muntz, ancien membre de l'École française de Rome, conservateur de la bibliothèque, des archives et du musée à l'École nationale des Beaux-Arts. — Troisième partie : Sixte IV. — Léon X (1471-1521). Première section (avec deux planches). 12 fr.

— *En préparation* : Deuxième section.

FASCICULE VINGT-NEUVIÈME. — Les origines du Sénat romain, Recherches sur la formation et la dissolution du Sénat patricien, par M. G. Bloch, ancien membre de l'École française de Rome, professeur à la Faculté des lettres de Lyon .... 9 fr.

FASCICULE TRENTIÈME. — Étude sur les lécythes blancs attiques à représentations funéraires, par M. E. Pottier, ancien membre de l'École française d'Athènes, professeur suppléant à l'École des Beaux-Arts (avec quatre planches en couleur) .... 6 fr.

FASCICULE TRENTE ET UNIÈME. — Le culte de Castor et Pollux en Italie, par M. Maurice Albert, ancien élève de l'École normale supérieure, ancien membre de l'École française de Rome (avec trois planches). 5 fr. 50

FASCICULE TRENTE-DEUXIÈME. — Les archives de la Bibliothèque et le Trésor de l'Ordre de Saint-Jean de Jérusalem, à Malte, par M. Delaville le Roulx, ancien membre de l'École française de Rome. 8 fr.

FASCICULE TRENTE-TROISIÈME. — Étude sur le culte des divinités d'Alexandrie (*Sérapis, Isis, Harpocrate, Anubis*) hors de l'Égypte, depuis les origines jusqu'à la naissance de l'École néo-platonicienne, par M. Georges Lafaye, ancien membre de l'École française de Rome (avec cinq planches) .... 10 fr.

FASCICULE TRENTE-QUATRIÈME. — Terracine, essai d'histoire locale, par M. R. de la Blanchère, ancien membre de l'École française de Rome (avec deux eaux-fortes et cinq planches dessinées par l'auteur) .... 10 fr.

FASCICULE TRENTE-CINQUIÈME. — Francesco da Barberino et la littérature provençale en Italie au moyen âge, par M. Antoine Thomas, ancien membre de l'École française de Rome .... 5 fr.

FASCICULE TRENTE-SIXIÈME. — Étude du dialecte chypriote moderne et médiéval, par Mondry Beaudouin, ancien membre de l'École française d'Athènes, professeur à la Faculté des lettres de Toulouse .... 5 fr.

FASCICULE TRENTE-SEPTIÈME. — Les transformations politiques de l'Italie sous les empereurs romains (43 av. J.-C.-330 apr. J.-C.), par M. Camille Jullian, ancien membre de l'École française de Rome, professeur à la Faculté des lettres de Bordeaux. 4 fr. 50

FASCICULE TRENTE-HUITIÈME. — La vie municipale en Attique. Essai sur l'organisation des dèmes au quatrième siècle, par B. Haussoullier, maître de conférences à la Faculté des lettres de Bordeaux, ancien élève de l'École normale, ancien membre de l'École française d'Athènes 5 fr.

FASCICULE TRENTE-NEUVIÈME. — Les figures criophores dans l'art grec, l'art gréco-romain et l'art chrétien, par M. A. Veyries, ancien membre de l'École française d'Athènes .... 2 fr. 25

FASCICULE QUARANTIÈME. — Les ligues étolienne et achéenne, leur histoire et leurs institutions, nature et durée de leur antagonisme, par M. Marcel Dubois, ancien membre de l'École française d'Athènes, avec deux cartes coloriées .... 4 fr.

FASCICULE QUARANTE ET UNIÈME. — Les stratégistes athéniens, par M. Am. Hauvette-Besnault, ancien membre de l'École française d'Athènes, maître de conférences à la Sorbonne .... 5 fr.

FASCICULE QUARANTE-DEUXIÈME. — Étude sur l'histoire des sarcophages chrétiens. — Catalogue des sarcophages chrétiens de Rome qui ne se trouvent point au musée du Latran, par René Grousset, ancien membre de l'École de Rome, maître de conférences à la Faculté des lettres de Grenoble. 3 50

FASCICULE QUARANTE-TROISIÈME. — La Librairie des papes d'Avignon. — Sa formation, ses catalogues (1316-1420), d'après les registres de comptes et d'inventaires des archives vaticanes, par M. Maurice Faucon, ancien membre de l'École française de Rome. Tome Ier (avec une planche en héliogravure).

FASCICULES QUARANTE-QUATRIÈME et QUARANTE-CINQUIÈME. — La France en Orient au XIVe siècle, Expéditions du maréchal Boucicaut, par M. Delaville le Roulx, ancien membre de l'École française de Rome, 2 forts volumes.

FASCICULE QUARANTE-SIXIÈME. — Les archives angevines de Naples. — Étude sur les registres du roi Charles Ier (1265-1285), par M. Paul Durrieu, ancien membre de l'École française de Rome. 2 vol. (*Sous presse*.)

FASCICULE QUARANTE-SEPTIÈME. — Les Cavaliers athéniens, par M. Albert Martin. (*Sous presse*).

FASCICULE QUARANTE-HUITIÈME. — La Bibliothèque du Vatican au XVe siècle. Constitution pour servir à l'histoire de l'humanisme, par M. Eugène Muntz, avec la collaboration de M. Paul Fabre. (*Sous presse*).

Imprimerie générale de Châtillon-sur-Seine. — A. Pichat.

www.ingramcontent.com/pod-product-compliance
Ingram Content Group UK Ltd.
Pitfield, Milton Keynes, MK11 3LW, UK
UKHW020148220726
13923UKWH00001B/419

9 782329 092676